邱震海系列

2020
大布局
你的机遇在哪里？

邱震海◎著

人民东方出版传媒

东方出版社

图书在版编目（CIP）数据

2020 大布局 / 邱震海 著. —北京：东方出版社，2018.4

ISBN 978-7-5060-9960-8

Ⅰ . ①2… Ⅱ . ①邱… Ⅲ . ①中国经济—经济发展—研究 Ⅳ . ①F124

中国版本图书馆 CIP 数据核字（2017）第 284234 号

2020 大布局

（2020 DA BUJU）

- -

作　　者：邱震海

责任编辑：袁　园

出　　版：东方出版社

发　　行：人民东方出版传媒有限公司

地　　址：北京市东城区东四十条 113 号

邮　　编：100007

印　　刷：三河市金泰源印务有限公司

版　　次：2018 年 4 月第 1 版

印　　次：2018 年 4 月第 1 次印刷

开　　本：710 毫米×1000 毫米　1/16

印　　张：21.5

字　　数：260 千字

书　　号：ISBN 978-7-5060-9960-8

定　　价：49.80 元

发行电话：(010) 85924663　85924644　85924641

- -

目　录

序　言
新时代：中国将对人类有更大的贡献

当我打开电脑准备撰写这篇序言的时候，正好是 2017 年 10 月下旬的一个清晨。

此刻，静谧的书房窗外传来阵阵鸟鸣，一缕阳光迫不及待地隔着窗户挤进房间。这一切似乎都在急切地告诉人们，虽然已是深秋，但大地依然充满着勃勃生机。

此刻，中共十九大刚刚结束，中国正式进入了新时代。近 70 年的共和国历史，从"站起来""富起来"，到现在进入了"强起来"的时代。

在这个"强起来"的时代里，从现在开始到 2020 年前后，将是非常关键的一段时间。2020 年前后的目标实现了，后面的"两个 15 年"的宏伟规划才有基础，21 世纪中叶中国才能真正成为现代化强国。

在 2020 年之前的这几年里，无论是中国的经济发展，还是正在迅速改变我们生活方式的最新科技革命，都将再经历一场脱胎换骨式的革命，而这最终将深刻影响我们每个人的财富、每个企业的订单、我们当中很多人的工作位置，还有许多人的职业或事业转型。

此时此刻，你准备好了吗？

你有没有发现，这一轮人工智能的大潮来势之凶猛，已远远超过去 5 年移动互联网给我们带来的冲击。因为移动互联网带来的主要是便利，其特征是便捷+甜蜜；而人工智能则在带来便利的同时，将导致很多人职业转型，其特征是便捷+痛楚。未来几年，越来越多的人，将感受到这一"便捷+痛楚"。

你有没有发现，中国经济这一两年开始复苏，一大批年轻消费者的消费需求迅速升级，被学者们称为"消费大爆炸"的时代即将来临；但我们的制造业还大都停留在"制造便宜货"的阶段。因此，一方面是许多企业转型艰难；另一方面消费者则路远迢迢地跑到国外去"买买买"。

如果说，上面这两个现象，前者涉及可能受人工智能威胁的一些岗位和人士，后者主要涉及企业家，那么下面的这个问题就更加困扰每个人，那就是两个字：创新。

谁都知道，创新的时代已经来临。本书的对话将提出一个核心观点：2012年前，谁创新谁死；2012年后，谁不创新谁死。但是，究竟如何创新？什么样的事情才能被称为创新？我们会创新吗？中国目前的创新状况究竟如何？

最重要的是，谈创新，首先是思维模式的创新；如果不改变我们现有的思维模式，那么下一个倒下的会不会就是你，或者是我？

讲一个故事吧，你一下子就会明白。哥伦布当年发现新大陆后，受到许多人的刁难。有人给他出了一个难题：在没有任何东西的桌子上，把一个鸡蛋竖起来。面对这明显的刁难，哥伦布略一思索，把鸡蛋在桌上一击，蛋黄流了出来，但鸡蛋竖起来了。后来，西方的一些语言中就有了"哥伦布的鸡蛋"这一说法，借以表示突破常规的思维方法。

未来几年，你我最需要的就是这样的"哥伦布的鸡蛋"。

所有的这些，你可以在本书后面的章节里慢慢阅读、体会。

但这些后面可以阅读的内容，却不是我在这篇序言里要讨论的重点。

这篇序言的重点是：既然谈到了中国经济和国际科技大趋势，那么以国际和历史的视野，从理论上梳理一下中国曾经走过的，以及未来将要继续走的道路，显然是一件有意义的事情。

只是，下面的这篇长文可能略显枯燥，因它涉及对人类过去250年科技、经济、社会和政治的整体思考。

如果你只是对未来几年可能影响你实际生活的经济和科技趋势感兴趣，建议你可以跳过下面的文字，直接阅读本书后面的章节。但是，如果你是一个有思想的人，愿意将正在影响你生活的经济和科技趋势，放在历史和国际的维度下做一些更为深入的思考，以使你的人生过得更为通透，那么花一点时间阅读本文，也许不是一件浪费时间的事情。

还是从我们身边的事情说起吧。

仅仅 5 年：中国经济何以焕然一新？

此刻，在我脑中出现的，是我在前几本书里写过的几个故事。

我在 2015 年出版的《迫在眉睫：中国周边危机的内幕与突变》一书的序言里，曾记述过古城西安一位中年女白领对我说的话："邱老师，你别讲那些高深的理论，你就实实在在地告诉我，我手里的那几套房子，最近到底是卖还是不卖？"接着她又说："还有，我如果把手里那几套房子卖了，你得告诉我，2015 年有没有新的投资渠道，让我至少能保值？"

她说这话的时候，是 2014 年的深秋，距今整整 3 年。

我在书里评论这个故事的时候这样写道："2015 年即将开始的时候，大多的老百姓担心，中国的经济是否会出现断崖式的风险。"

再往前，我在 2014 年出版的《当务之急：2014—2017 年中国的最大风险》一书里，曾记述过地产大亨潘石屹与地产评论家牛刀的对话，时间是 2011 年房地产调控最严厉的时候。

牛刀，作为一个对地产调控充满期待的评论家，当时曾预言"2012 年中国楼市将崩盘"。那时的潘石屹，自称具有"民族资产阶级的软弱性"，说话总是小心翼翼，但还是说出了当时的房地产市场的一些实情："我想给牛刀说的最重要的一点就是，今天中国的房地产市场和十多年前海南岛的房地产市场是完全不一样的。当时海南岛的房地产市场基本没有最终的需求，全是草炒草建。而今天我们看到北京、上海的需求，北京房租上涨的幅度很快，这就是最真实的需求。"

几年过去了，当我们今天再回首当年的这些场景时，发现很多情况已时过境迁了。

今天的中国民间，恐怕没有几个人还会担心中国经济会出现断崖式下跌的风险。无论是从 2017 年第一季度开始的经济数据，还是散落在民间的信心，似乎都证明了这一点。

从 2017 年第一季度开始，中国经济不但出现回暖，甚至出现了我称之为"未触底已反弹"的现象。从 2011 年开始，我就与一些经济学家一直在跟踪、研究中国经济下行的趋势。"2017—2018 年中国触底"，是过去几年里各路经济学家似乎比较一致的共识。

但时至今日，这些预测似乎一个都没有应验。相反，最近几年里，人们看到的是：

● 中国经济开始企稳，而且 2017 年的全年经济增速有望维持在 6.9% 以上，这一点与 2012—2014 年人们的担忧相比，完全呈天壤之别。

● 2014 年的时候，有朋友告诉我，以后出门可以不带钱包，我还以为这是玩笑之言。但这几年，"不怕钱包没钱，就怕手机没电"在中国大陆真正成为日趋普及的现实。从美国、欧洲、东南亚、中国港澳台地区再回到中国大陆，没有人会否认，移动支付以及以移动支付为代表的新一代移动互联网，在中国大陆发展得最为兴旺。

● 与移动互联网发展几乎同时在中国兴旺的，是这几年在中国年轻人中方兴未艾的创业浪潮。大家可能都还记得，2012 年之前，中国年轻人几乎清一色的以报考公务员为自己的择业趋向。但不知从什么时候开始，报考公务员在年轻人中已悄悄地为另一种趋势所替代，那就是创业。2015 年上半年，国务院提出了双创——大众创业，万众创新。但其实，年轻人的创业之风在 2014 年就已悄然吹起。

既然谈到了 2014 年，那就来谈谈 2014 年这一年对中国意味着什么。

2014 年，中国经济发生了两件外人并不一定知晓的事情：一是中国资本对外投资的总量，首次超越中国引进外资的总量；二是中国首次成为世界最大的贸易伙伴国。这其中，前一条消息尤其值得重视。

也许你会问：这究竟意味着什么？对此，只要简单回顾一下过去30 多年中国改革开放的历程就可看得很清楚。

在改革开放后的相当一段时间里，吸引外资曾是其中非常重要的一环，由此招商引资也成为各级政府官员的业绩目标之一。这后面的背景不言自明：当时的中国极其需要外部资金和技术。

但随着中国的发展，中国资本对外投资日益成为趋势，并在 2014年首次超越引进外资的数量。几乎就是从 2014 年开始，世界各地出现了越来越多的收购西方品牌的中国企业家，就连德国最大的机器人制造公司，也被中国的企业家买下。

这个细微而不引人注意的现象，其实正是从一个侧面折射了中国正在"强起来"，而这将改变中国与世界的方方面面的关系。

除此之外，只要回顾一下过去几年你身边的现象就可发现，2014年是改变你我生活形态的关键一年。

2014 年之前，你我的生活形态几乎不是现在这个样子的：

● 从 2014 年开始，我们开始尝试用手机付钱、用手机约车。

● 从 2014 年前后开始，我们几乎不看电视了，而这之前每天晚上打开电视机是我们的日常习惯。

● 2014 年之前，我们的工作联系还主要是通过打电话，但从 2014年之后我们则更多地使用微信和微信群组来工作，一天也用不了一次电话在今天成为常态。

请注意：中国经济和社会的这些重大变化和进步，恰恰就出现在被我们称为经济下行的那几年里。

从 2014 年到 2016 年，人们发现，一些过去若干年里长期得不到有效治理的经济顽症，开始得到整治并初见成效，其中最典型的就是房地产市场。

"房子是用来住的，不是用来炒的"如一锤定音，给中国房地产市场的整治定了方向。2016—2017年，一系列房地产长效调控机制出台。经过一年的发酵，2017年"十月黄金周"里，第一次出现了看房人流大幅减少的冷清现象。

前文提到2011年我邀请潘石屹和牛刀进行的对话。这么多年过去了，中国的楼市始终没有崩盘，而上面提到的"中国楼市崩盘论"却早已"崩盘"。而那边厢，据坊间传闻，某房地产大佬则正以大手笔出售资产……

与此同时，一个"消费大爆炸"的年代似乎正在向中国走来。前几年，当我们忐忑不安地担心中国经济下滑时，中国的人均GDP却仍以加速度增长，以至于出现了"经济下行，财富增长"的令人匪夷所思的现象。

以消费促进经济的进一步发展，这是过去20年里多少学者和官员的雄心和梦想，只可惜都未能真正实现。只有到了2017年年尾的时候，人们才发现：这个时代真的来临了！

2007年，中国经济规模超过德国，成为"世界老三"。

2008年，也就是举办北京奥运会的那一年，中国成为全球最大的制造业国家，这一年中国的人均GDP达到3000美元，从而开启了本书后面称之为"享受型消费"的时代。

2010年，也就是举办上海世博会的那一年，中国经济规模超越日本，成为"世界老二"，那一年中国的人均GDP达到4200美元。

2011年，中国人均GDP达到5000美元。

2014年，如前所述，中国成为全球最大的贸易伙伴国，中国资本对外投资首次超越吸引外资的总额，那一年中国的人均GDP达到7594美元；

2016 年，中国的人均 GDP 达到 7900 美元。按照这一年开始的"十三五"规划，到 2020 年，中国的人均 GDP 将达到 12000 美元。

虽然这一步距离美国的 54000 美元和德国的 48000 美元还相去甚远，但全世界恐怕没有人不为中国的这一速度而惊讶。

2017 年夏天，英国《金融时报》敏锐注意到，中国消费者在海外的消费习惯，已从以前单纯的"买买买"转型到了"体验型消费"。

"消费大爆炸"时代的来临，正在带动中国各个产业的升级换代。

今天的中国，如果你从南到北对企业转型做一番调查就会发现，各地的企业转型各有千秋，有时几乎处于完全不同的时代。但有一点是肯定的，即越来越多的企业正在赶上方兴未艾的第四次科技革命的潮流，以智能化的工艺改进其自身的生产和工艺流程；凡是已经踏上转型之路的企业，无不显得信心满满，而这样的企业在今天的中国正越来越多……

这个时候，自然也不能不谈中国的创新。

谈到创新，这曾经是中国多少年的一个痛。"自四大发明之后，中国就没有给过世界更多的贡献"，这曾经是多少人对中国的责难，也确曾使我们感到无地自容。

但几乎也是从 2014 年前后开始，这一切发生了微妙而深刻的变化。如前所述，几乎是 2014 年前后，中国在引进移动互联网方面走在了世界前列。请注意，我这里使用的是"引进"二字，因为那时中国对移动互联网的使用，更多的仍是引进别人的核心技术，使之在中国的大地上开花结果。

但这几年，更准确地说是最近的一两年，中国在人工智能领域正在积聚能量。可以毫无愧色地说，在人工智能这个决定这一轮科技革命方向的领域里，中国与美国几乎处于同一起跑线上，第一个回合可能就将在 2020 年前后决出胜负。

今天的中国，似乎正处于厚积薄发的新起点上。将近 40 年的改革开放，在为中国积累了巨大财富的同时，也使这个民族的内在创造力正在呈井喷式的增长和爆发状态。

写到这里，一系列更为深层的问题渐次浮出：

● 导致中国潜力厚积薄发的根本原因是什么？

● 在所有这些转型、升级、厚积薄发的进程中，中国不是没有面临过风险，但几乎每一次都能化险为夷，同时取得更为长足的进步，其背后的根本原因是什么？

提出这些问题其实并非空穴来风。就以我正在撰写这篇序言的2017年而言，在过去的30年里，凡是遇到逢7的年份几乎都是世界金融市场的噩梦之年：

● 1987年10月19日，华尔街爆发了著名的"黑色星期一"，以至于30年后的今天，华尔街的许多人对此依然谈虎色变；

● 1997年下半年，从泰国开始继而蔓延整个亚洲，亚洲金融危机曾使多少人一夜赤贫；

● 2007年下半年，美国金融市场正在进入"崩溃前的最后疯狂"……

这几年：西方到底出了什么问题？

当你读到这本书的时候，时间已经进入2018年，距离由美国开始的世界性金融危机，正好整整10年。

10年后的今天，虽然西方各国的经济不同程度地进入了复苏轨道，但必须承认，世界经济从整体上说，还没有从10年前的那场危机中恢复过来。低增长率、低投资率、低贸易量、低利率、低物价等，就像依附在世界经济复苏轨道上的"魔鬼"，使世界经济复苏这趟列车始终步履艰难。

这几年，西方世界出现了越来越多让人看不明白的东西：美国的

"特朗普现象"、英国"脱欧"、欧洲集体右滑、民粹主义盛行、恐怖袭击更为猖獗……所有这些现象，孤立地看似乎都有其各自国家的国情背景，但若放在一起看，一定是折射了西方世界内部出现的一些共同的规律性的问题。

所有这一切，是过去250年世界市场经济（或曰资本主义）经济危机规律中极少见到的现象。

曾记得，自从18世纪60年代人类进入第一次科技革命，科技革命就持续不断地推动着当时刚刚兴起的资本主义，使其在后来的250多年时间里，成为人类几乎唯一能在最短时间内创造最大财富的一种经济体制。但持续不断的经济危机也始终与资本主义体制如影随形。不同的是：在过去250年时间里，资本主义的经济危机始终周而复始，似乎具有强大的自愈能力，甚至包括1929年的那场经济危机。

但这一次的情况却显然不同：2008年以来的10年里，资本主义体制的自我修复能力似乎出现了很大的问题，它不但体现在经济的自我修复能力上，而且还体现在如上所述的一连串社会情绪和政治动荡上……

这个时候，简单回顾历史是一件有意义的工作。

1918年一战结束，世界进入"潘多拉盒子被打开"的20年动荡期；1929年，美国爆发经济危机，继而蔓延全世界，1933年希特勒在德国上台。无论是经济学还是历史学的研究都已证明，在所有的这些历史事件之间，存在着相当严密的逻辑联系。

再把眼光拉回到当代。谁都知道，2008年的美国金融危机起源于华尔街银行家们的"金融创新"，亦即创新过度，监管缺位。此后，美国严格加强了金融监管。但将近10年后我们发现，特朗普上台后，在"让美国更伟大"的旗号下，美国又在大力放松金融监管，10年前的那一幕，像一连串阴影，在我们的眼前晃动……

资本主义到底怎么了？

这是过去10年里，许多西方学者（其中包括经济学家、社会学家、政治学家）和思想家不断提出的问题和做出的思考。

但10年来，几乎所有的西方学者和思想家都无法否认（不管他们是否愿意）的一个事实，就是国家的力量在现代市场经济中需要被重新审视和界定。

谁也无法否认的一个事实是：2008年的世界经济危机，如果没有世界各国政府的共同介入和干预，后果可能不堪设想。就连今天我们耳熟能详的20国集团（G20）领导人峰会，第一次会议就是2008年11月8日在华盛顿举行的，其直接成因就是当时各国政府的救市行动。

了解西方经济史的人都知道，国家和市场的关系始终是西方经济学的争论焦点之一。以20世纪为例，主张政府介入的凯恩斯和主张市场至上的哈耶克，几乎成为西方经济学的两大主要流派，其主张各有利弊。在德国，市场经济被称为"社会市场经济"，尤其强调和重新定义了国家与市场的关系，即所谓"（国家）在可能的情况下尽量少干预，在必要的情况下尽量多干预"（So wenig Staat wie moeglich, so viel Staat wie noetig）。

但是，从20世纪80年代开始，新古典自由主义几乎成为西方经济学的主流，其主要表现就是美国的里根主义和英国的撒切尔主义，主张市场力量至上，并实行大幅私有化以提高竞争力。20世纪90年代，我正在德国求学，亲眼所见当时欧洲一些国家的铁路等国营机构都被大幅实行私有化。

那个年代的西方，刚刚承接了20世纪80年代里根经济学和撒切尔经济学带来的繁荣，又正处于冷战结束的狂热之中，因此也正是所谓的新古典自由主义大行其道之时。当时，即便在西方，几乎没有人质疑过这一经济发展方向。一直到2008年，由于包括新古典自由主义在内的一系列经济政策导致了深重的金融和经济危机，许多人才如梦初醒。

但此时为时已晚，因为过去250年的资本主义虽历经不同的科技和经济发展水平，但其本质似乎一点都没有改变。

2017年9月，是马克思《资本论》诞生150周年。早在2008年美国金融危机爆发时，就有人提出"重读马克思"和"重读《资本论》"，因为虽然时代不同、科技发展水平不同，但现代资本主义的本质在马克思当年的著作中被揭示得十分清晰，而恰恰是现代资本主义的本质直接导致了 2008 年的世界经济危机。

曾误导过我们的新古典自由主义究竟是什么?

但是，讨论西方的危机不是我撰写本文的主要目的。我想指出的是，某些曾导致西方产生危机的思想，过去若干年恰恰深深地误导过中国经济的发展。这就是我在下面马上就要谈到的新古典自由主义。

可以毫不夸张地说，中国今天相当一部分经济上出现的问题，都可以归结到新古典自由主义的误导。

读到这里，也许你会吃惊。别急，我在本文后面马上就会谈到这一点。这里，有必要先简单谈一下，新古典自由主义究竟是个什么东西。

这里的背景是：在中文的语境中，新自由主义是个被广泛错用的概念；很多人狂批新自由主义，但岂不知他们批评的对象其实是新古典自由主义。

今天很多人嘴里所说的新自由主义，严格说来是西方经济学里的新古典自由主义，英文表达是 Neoliberalism，德文有时干脆就用 Neoklassiker（新古典主义）来予以形容。它是英国现代政治思想的主要派别，成形于 20 世纪 70 年代，成熟于 80 年代，主张在新的历史时期维护个人自由，调解社会矛盾，维护自由竞争的资本主义制度，因而成为一种经济自由主义的复苏形式，近 40 年来在国际的经济政策上扮演着越来越重要的角色。

既然被称为新古典自由主义，那么在它的倡导者看来，就是对亚当·斯密的古典自由主义的回归。读过或听过《国富论》的人都知道，亚当·斯密主张经济上放任自由，发挥市场的"看不见的手"的作用。在新古典自由主义看来，亚当·斯密的古典自由主义后来被人歪曲了，"市场之手"被人束缚住了，因此亟须在经济政策上重归亚当·斯密。

确实，在亚当·斯密的古典自由主义和20世纪70年代以后的新古典自由主义之间，还有一个被称为New Liberalism的经济学思潮，直译过来才是新自由主义。

这个思潮在19世纪70年代和20世纪70年代，存活了整整100年。19世纪70年代，英国经济危机严重，为适应新的政治要求，T. H.格林首先提出了既坚持英国自由主义传统，又实施国家干预，充分发挥国家作用的新理论。这个理论被称为New Liberalism。与亚当·斯密不同，New Liberalism提出自由应该是制度框架内的自由，而不是放任自流。

由此可见，19世纪70年代到20世纪70年代整整100年的新自由主义，其实是强调国家力量对市场力量的平衡，也是对亚当·斯密的古典自由主义的适度修正。从2008年经济危机整整10年后的世界经济情况来看，这反而是一种值得推崇的稳健做法。

在新自由主义（New Liberalism）存活整整100年的时间里，还产生了主张国家积极干预的凯恩斯主义以及德国的社会市场经济。凯恩斯主义、德国社会市场经济与新自由主义之间究竟存在多少思想资源上的联系或遗传？这是一个学术问题，不在这里讨论之列。但可以肯定的是，新自由主义倡导国家力量对市场力量的平衡，这不但具有积极、正面的意义，而且在二战后30年（1949—1979年）对西方经济的"大繁荣时代"做出了贡献，包括福利国家的完善与成熟。

但20世纪70年代，随着福利国家在欧洲遇到艰难，尔后的石油危机、连串经济危机又导致西方经济出现动荡，新自由主义逐渐式微。此时以哈耶克为首的学者逐渐兴起，并提出以回复古典自由主义为主要内容的新古典自由主义（Neoliberalism），主张再次强化市场力量，让国家力量淡出。

请大家注意新古典自由主义产生的时代背景。

哈耶克理论与凯恩斯理论的格格不入，早在 20 世纪 30 年代就已出现，两者的争论一直没有停止过。但哈耶克的理论受到美国和英国的重视，却是在 20 世纪 70 年代末以后，其直接支持者和体现者就是美国的里根政府和英国的撒切尔政府，即后来的里根主义和撒切尔主义（以大幅市场化和私有化来推动经济发展）。

20 世纪 40 年代末到 70 年代末，西方世界经历了二战后的 30 年"大繁荣"。70 年代末，这个"大繁荣"走到了尽头。其时，也是全球化开始产生的年代，同时更是互联网正在酝酿并即将横空出世的年代，世界从此进入了第四次科技革命的时代，其影响一直延续至今。在政治上，80 年代开始，世界进入了自由民主大潮，10 年后直接导致了苏联的解体和冷战的结束。

因此，20 世纪 70 年代末 80 年代初，当世界进入 20 世纪最后 20 年的时候，人类历史无论从科技、经济还是政治，都进入了一个崭新和特殊的阶段。因此，新古典自由主义就是在这个时候诞生并对西方经济产生了重大影响。

里根主义和撒切尔主义对 20 世纪 80 年代的西方经济做出了重大贡献，这是不争的事实。冷战结束后，新古典自由主义在 20 世纪 90 年代大行其道，继而形成"华盛顿共识"，但也终于在 2008 年的经济危机中受到挑战。

如前所述，过去 30 多年里对中国造成重大影响甚至误导的，主要是新古典自由主义（Neoliberalism），亦即主张以全盘市场化推动经济发展，强调国家力量全方位淡出。但中文世界把它称为新自由主义，可能是翻译时望文生义，也可能是照顾中文读者对"自由"二字的或爱或恨的感受，单刀直入，简单粗暴。岂不知曾存活 100 年，并产生过凯恩斯主义和德国社会市场经济的 New Liberalism，今天看来才是更有积极意义的。

中国经济：告别新古典自由主义的时间到了

读到这里，也许你已快睡着了吧？

如果你觉得上面这段文字太枯燥，可以直接跳过而读下面一段。如果你觉得尚有学术和思想价值，可以留着以后慢慢阅读和品味。

但我在这里的任务，不是以一大堆枯燥的西方经济学名词让大家恹恹欲睡，而是让大家尽快明白：西方经济学里的这些流派，与中国究竟有些什么关系？或者更准确地说，新古典自由主义经济学在过去的30多年里，曾经如何影响过中国，又对中国造成哪些伤害？

正在阅读本文的你一定了解，房地产、医疗和教育在中国是三件令人头疼的事情，房价高企、医疗和教育费用昂贵，曾经被称为"新三座大山"。

但你知道这"新三座大山"是哪里来的吗？

答案很简单：它们来自20世纪90年代的某个时候，我们以为市场化就是灵丹妙药，一股脑儿将住房、医疗和教育全面推向市场。

但当时，我们忘记了根本的一点，那就是：无论是住房，还是医疗和教育，它们既是商品，同时更是公共服务产品。作为商品，它们必须具有价格和价值，过去计划经济年代的几乎免费住房、医疗和教育自然难以为继；但作为公共服务产品，它们又必须以服务全社会绝大多数人为目的。

一个健康、稳健、安全、祥和的社会，必须达到这么一种境界：这个社会的所有人，不管是穷是富，不管有病还是健康，甚至不管能力大小，都必须获得与其尊严底线相符合的住房、医疗和教育。当然，这个社会依然是市场经济，因此住房可有大小之分，医疗和教育的程度与水准也可有一定差异，但作为社会公共服务产品，它们必须符合人的最低的尊严底线。

从20世纪90年代开始的住房、医疗和教育市场化，显然严重偏离了这一境界，而其根源恰恰就是20世纪80年代风靡西方世界的新古典自由主义经济学。

你一定觉得奇怪：远在西方的那些新古典自由主义经济学思想，又是如何来到中国的呢？

在我 2013 年出版的《中国人成熟吗？》一书中，曾有一个小节"中国主流经济学家的盲点在哪里"，我在这个小节里这样写道：

改革开放初期，一批学习马克思主义政治经济学出身的经济学者，开始接触到西方的市场经济理论，立刻为之迷恋，进而在中国的改革开放进程中，为高层提供了大量具有强烈市场化倾向的参考意见，以为在计划经济的中国，只要实行了全面市场化，就能解决一切问题。

虽然我对中国一些主流经济学家依然怀有敬意，但从他们身上，我能颇为清晰地感受到这些思维的盲点。时至今日，当世界经济危机过去后，我还读到一些主流经济学家在大批凯恩斯主义，几乎将凯恩斯主义等同于计划经济。岂不知，西方的市场经济核心不光是市场化，而是程度不同地带有政府干预的成分，无论是英国的凯恩斯主义还是德国的社会市场经济，都是如此。

当然，凯恩斯主义和社会市场经济下的政府干预，又完全不同于中国的政府干预角色。前者是成熟市场经济性形态下的政府适度干预，政府不拥有对经济活动的生死大权；而后者则是一个脱胎于计划经济的、正在艰难地向市场经济过度的经济形态，政府角色依然没有完全脱离计划经济的思维和色彩。

……

如果循着上面的思路，中国这些年的改革进程，存在着绝对市场化和绝对行政化两个截然不同的倾向：前者一味迷恋市场化，结果忽视了政府应该提供公共服务的责任，并导致了政府角色的缺位；而后者则继续固守计划经济遗留下来的高度行政化特征，导致政府角色的严重越位。

……政府角色的越位，导致腐败盛行和特殊利益集团的膨胀……而政府角色的缺位，则导致高度市场化下的民众利益受损，人民连医疗、住房、教育这些最基本的公共服务都无法公正地享受到，何谈对社会乃至执政党的信心？

……

因此，中国的许多问题表面上看是一个社会乃至政治问题，如果仔细分析，其实是一个广义经济模式的问题。

5年之后回头看当年的这段文字可以发现，其中的一些逻辑对今天的中国依然是适用的。

不同的是：5年前，当我们思考这一问题的时候，还只是把它放在中国的维度上；而5年后的今天，我们既需把它放在中国的维度上，也需把它放在世界的维度上。因为过去这5年，无论中国还是世界，都发生了几乎是翻天覆地的变化。

5年前的这个时候，中国经济刚刚进入所谓的"下行通道"，上上下下都处于紧张、焦虑和忐忑不安之中；其时，世界经济也处于焦虑和骚动之中。那个时候的中国，坦率地说是无暇他顾，但无暇他顾的最后结果其实是无暇自顾。原因很简单：以为不抬头看路就能拉车，最后一定是连车也拉不成。

但5年后的今天，无论是中国自身还是世界，许多局势都在渐渐明朗化。在这个时候，重新站在世界的维度来审视中国、审视世界，并审视中国究竟能为世界做什么，同时通过为世界做什么而进一步促进中国自身的发展，就有了厚实的基础。

在中国内部，过去5年，当人们以为经济下滑一定难以避免，以至于呼唤更多市场力量介入的时候，中国经济居然奇迹般地回升了（"未触底已反弹"），而且中国赶上第四次科技革命潮流的步伐居然已经走在了全世界的最前沿，令中国经济转型前景光明；过去5年，当全世界都以为中国的各种债务风险一定会引发系统性金融风险的时候，中国居然平稳地渡过了难关。

在世界范围内，如前所述，世界经济并未真正从 10 年前的经济危机中走出来，同时各国民粹主义盛行，直接催生了一连串匪夷所思的现象……

更值得注意的是下面两个现象：一、过去将近 40 年里，西方世界的贫富分化在迅速扩大，2013 年法国学者皮凯蒂出版的《21 世纪资本论》详尽而深刻地揭示了这一点，其他西方学者研究贫富分化的各类著作近年也层出不穷；二、第四次科技革命正在快速而剧烈地改变着人类的生活方式和生产流程，同时正在引发新的产业革命，而新的产业革命的爆发又必将引发更大规模的贫富分化。

西方世界和人类这 250 年的根本问题，我在本文的后面将会谈到。这里先谈一下中国应该告别新古典自由主义的问题。

在过去 30 多年时间里，人们可以看到中国经济发展的两个重要规律。一、只要不遵循市场的规律，一味采用计划经济的僵化做法，中国经济就进入一潭死水的状态；反之，只要采用市场经济的做法，经济就立刻被搞活，财富立刻就滚滚而来。二、只要是单纯实行市场化，在财富滚滚而来的同时，社会不公、贫富差距立时扩大，不但经济风险逐渐增加，而且社会矛盾立时激化。

前些年，我们经常把这个问题归结为政府的"越位"和"缺位"问题，以为政府"越位"才导致僵化，而政府"缺位"则导致社会不公。这自然是就市场经济下政府职能的转型而言。其实，我们的认识还应该更深入一步，从市场经济的本质上来审视问题。

所谓市场经济，西方的左派学者称之为资本主义。必须承认，市场经济是过去近 250 年人类摸索出来的唯一能在最短时间内推动经济、积聚财富的一种经济制度。但是，市场经济最大的优点是效率，而最大的缺点则是不公。因此，市场经济显然是一把双刃剑，过去 250 年西方社会经历的所有风波，几乎都逃不出这一铁律。

对中国来说，由于新中国成立初期的计划经济实践被证明行之无效，20世纪70年代末开始改革开放，90年代开始实行社会主义市场经济。这无疑是一个非常正确的战略决策。没有改革开放和市场经济，今天的中国难以想象。

但毋庸讳言，从90年代开始，有一股全盘市场化的风潮在推动着中国经济，以为市场化就是灵丹妙药。每当社会公共产品提供不足、社会矛盾激化时，一些人士就认为，这是由于市场化不到位，只要继续市场化就能解决所有问题。岂不知，社会公共服务产品不足、社会矛盾激化，恰恰是由于市场化过度，或至少是在推动市场化的过程中，国家宏观调控之手没有紧紧跟上所造成的。

前面提到的住房、医疗、教育之所以全面推向市场化，就是在那个年代造成的失误，以至于今天的所谓住房、医疗和教育改革，与其说是改革，还不如说有一部分是在纠正当年改革的失误，亦即所谓"纠错"。在计划经济的年代，住房、医疗、教育完全由国家大包大揽，自然是完全错误的做法，但推向市场则不等于把社会公共服务产品完全市场化。这就像给不会游泳的人发一个救生圈，然后就强行推入海中，最后的结果及其导致的怨气是不言而喻的。20世纪90年代把住房、医疗、教育全盘推向市场后，当国家之手完全淡出，中国普通百姓经历的动荡和磨难，就有点像上面的这个比喻。

如上所述，这种做法有当时非常特殊的时代背景，那就是新古典自由主义大行其道的年代，我们的一些学者和智囊也不幸染上了这一"疾病"。而现在到了正本清源的时候了。

从过往的实践来看，市场经济导致的不公，恰恰可以用中国制度的优势予以弥补。当然，在市场经济发展过程中，原有的计划经济特征的政府形态也面临转型。但对政府与市场的关系进行重新全面的定义，已是当务之急了。

这些需要重新定义的内容包括：哪些是带有明显计划经济调整的政

府干预，必须坚决改革，还市场以活力；哪些是政府应该提供的公共服务产品，应作为对市场经济的适当而必要的补充。

实际上，过去的中国曾经有一些做法，虽然有不少缺点，但现在看来却至少维持了政府提供的社会公共服务产品，比如曾风靡全国的"赤脚医生"就是一个覆盖了全国农村的公共医疗网络。市场化下需要做的，不是拆除这一网络，而是如何使这一网络更具现代专业性。这几年，一些地区正在尝试重建农村基层医疗网络，取得了不错的成绩，但拆除了全部重建，毕竟是件耗时费力和令人唏嘘的事情。

另外，谈到城市化（或城镇化），许多人都认为，其途径就是让农民拥有土地，并实行土地流转。岂不知，这一目标说易行难。若按照这一做法，起初拥有然后又通过流转最终失去土地的农民，既融入不了城市，又无法返回农村，最后只能沦为许多第三世界国家那样的"平民窟"的栖身者。而中国的做法显然不同。中国城市化过程中之所以没有出现大规模的"贫民窟"，与中国的"以代际为基础的半工半耕模式"有密切的关系。

所有的这些原有体制的做法，一定有继续改革和完善的必要。但在从"富起来"走向"强起来"的今天，我们已到了对自身优势和纯市场化的弊端进行全方位思考的时候了。

至少，中国经济彻底摆脱新古典自由主义的误导，现在是时候了。

市场经济遇到科技革命："赢家通吃"必然来临？

但是，仅仅摆脱新古典自由主义的误导，对已经进入新时代的中国来说，仍是远远不够的。今天的中国，已经到了站在人类过去250年的历史维度下，站在东西方发展模式共同的高度，来审视自己和审视人类共同问题的时候了。

共和国开国领袖毛泽东曾经有一句话："中国应当对人类有较大的贡献。"在仅仅"站起来"的阶段，这句话只是一个憧憬和愿景；在

"富起来"的阶段，当中国忙于"和国际接轨"时，距离这句话的实现依然有很长的距离。只有在走向"强起来"的今天，这句话的实现才有了现实的基础。我们只需把这句话稍稍改一下即可："中国将对人类有更大的贡献。"

本文前面提到，西方这些年出现了一系列似乎令人看不明白的东西，比如美国特朗普上台、英国的"脱欧"、欧洲大陆连绵蔓延的极右思潮和政治生态明显右滑，还有持续不断的针对西方世界的恐怖袭击……

孤立地看，这些现象似乎都有其各自国家的国情背景，但若放在一起看，一定是折射了西方世界内部出现的一些共同的规律性的问题。

这些共同的规律性问题归纳起来就是：过去将近 40 年，西方社会（尤其是美国）的贫富差异有了迅速而剧烈的扩大，中产阶级萎缩。皮凯蒂的《21 世纪的资本论》一书就是在这样的背景下诞生的。近年，在西方世界可以观察一个财富分配加剧不平衡的趋势，归纳起来就是"两个 50%"和"三个 1/3"。

所谓"两个 50%"，就是整体的社会财富只掌握在 50% 的人手中，而另外 50% 的人群则完全不拥有任何财富。这已经是一个非常可怕的结论了，但更为可怕的结论还在后面。

所谓"三个 1/3"，乃指在掌握财富的 50% 的人群中，1% 的人群拥有 1/3 的财富；9% 的人群拥有 1/3 的财富；而 40% 的人群则拥有最后 1/3 的财富，这部分人群才是西方社会的中产阶级。换言之，长期以来被称为西方社会"稳定器"、"安全阀"和"橄榄形结构基础"的中产阶级，在这个财富大蛋糕的分配中其实完全是个弱势群体。

但 20—40 年前的情况不是这样的。研究表明，美国社会贫富差距扩大最为迅速和剧烈的时期，是小布什和奥巴马任期的 16 年：

● 1974 年，美国顶层 1% 收入所占只有 8%，到了 2007 年已提高到 18%，而到了近年则更是——如前所述——提高到了逾 30%。

● 在克林顿担任总统的 1993—2000 年，美国顶层 1% 享受的整体收入增长的收益只有 1/2，而这一数字到了小布什担任总统的 2002—2007 年则提高到了 2/3。

● 从 1979—2006 年，美国实际平均家庭收入上升了近 50%，而最贫穷的 1/5 家庭的收入即便算上各种福利，也仅上升了 10%。

读到这里，你一定会问：资本主义已经存在了几百年，为什么过去近 40 年贫富差距尤甚？过去 40 年中，为什么近 20 年尤其严重？

这就必须谈到方兴未艾的这一轮科技革命。

翻开世界历史可以发现，过去 250 年是发展最快的一段时间，原因很简单：自从 1760 年进入第一次科技革命后，人类的发展便一发而不可收拾。但在其中，有三场革命性的变革却始终如影随形，那就是：科技革命、产业革命、社会革命。

以 1760 年的第一次科技革命（机械化革命）到 1860 年第二次科技革命（电气化）的这 100 年为例，由于机械化革命的诞生，英国在 18 世纪 80 年代进入了工业化，引发了最早的产业革命。由于大机器生产的诞生，大量的农民进城，成为城市里最早的产业工人，这就是最早的城市化诞生的过程。在这个过程中，大机器生产领域里的劳资矛盾开始激化，继而引发社会矛盾，这就是 19 世纪上半叶马克思主义诞生的背景。1843 年，恩格斯以人类最早的产业——纺织业及其重镇曼彻斯特为例，撰写了《英国工人阶级的状况》一书；1848 年，马克思、恩格斯合著的《共产党宣言》诞生；1864 年，第一国际诞生，马克思主义从理论走向有组织的行动；1867 年，《资本论》第一卷诞生。

从上面的简单勾画可以看出，18 世纪 60 年代至 19 世纪 60 年代的这 100 年间，科技革命、产业革命和社会革命先后发生，如影随形，其根源是科技革命。马克思的《资本论》其实就是对这 100 年欧洲社会由于科技革命而产生的重大变化的系统分析，马克思主义和国际共产主义运动就是在这一背景下诞生的。

正当马克思主义诞生的年代，人类又在19世纪60年代进入了第二次科技革命——电气化。电气化的产生，使人类进入了第一次全球化，而第一次全球化的结果，又直接促使当时的各资本主义国家为争夺世界市场的冲突白热化。这就进入了被列宁称为"资本主义最高阶段"的帝国主义，并直接导致了第一次世界大战的爆发。

第一次和第二次科技革命，使资本主义体制的根本矛盾得以暴露并激化，人类也由此进入了探寻出路和方案的阶段。因此，整个20世纪实际上是人类为解决18世纪下半叶到19世纪引发的矛盾而寻找出路和解决方案的100年。只不过，这一个世纪走得很艰难，但问题的根源并没有因此而得到消除。

二战结束后，资本主义的根本矛盾得到了些许缓和或掩盖，那就是二战后30年的"大繁荣"阶段。其间有天时、地利、人和的诸多因素，最重要的因素是：当时还没有出现如机械化和电气化那样根本颠覆人类生活和生产形态的科技革命。既然这样，市场经济下的贫富不均就没有达到引发社会革命的地步。

战后30年的"大繁荣"，可以说是西方社会将效率与公正处理得最好的阶段。可惜好景不长，因为以互联网为载体的第四次科技革命很快就打碎了这一"盛景"。

20世纪80年代开始，世界进入了第四次科技革命，亦即信息化革命，同时人类进入了第二次全球化。这个进程迄今已延续了将近40年，中国的高速发展恰好就是在这40年里。

大家可以回想一下，这40年里世界出现了哪些新生事物，又发生了哪些变化。

你想起来了吗？

对，你可能想起来了。大概有三个事物，是过去40年里几乎所有人都印象深刻的：一是互联网的诞生；二是全球化的发展；三是金融创新的大幅飞跃。

先说说互联网。互联网的诞生，意味着世界进入了以信息化为特征的第四次科技革命时代。其间，两个阶段是有时代意义的：2000 年前后，世界进入了宽带时代，电商诞生并不断发展；2010 年进入了移动互联网时代，2G 时代速度很慢，3G 时代时间很短，但直到 4G 诞生，我们的生活和生产方式才发生了根本改变。

但这种根本改变，在社会学上的后果却是剧烈而严重的。

首先，大家可能已经发现，时至今日，在互联网领域环视全球，就只剩下了那么几家巨头公司。如今，若再有新的互联网公司诞生，几乎就只剩下了被这几家巨头吞并的命运。这就是传统意义上的垄断，而这些垄断完全是随着科技力量的发展，自然而然形成的。这一点，十分类似马克思时代的康采恩的垄断。不同的是，今天是在更高的科技水平上的垄断。

这就是"赢家通吃"的逻辑。150 年前的机械化和电气化时代如此，今天的互联网、大数据时代也是如此，未来的人工智能时代将更是如此。

其次，在这种高度垄断的基础上，财富的分配开始迅速倾斜。举例来说，每一年的某一个时刻，当全民在为某一个网购节日而狂欢的时候，其实就财富分配的角度而言，是全民在为某一个互联网巨头"打工"而已。这一点，似乎也与马克思时代因垄断而产生的财富分配不均颇有类似之处。不同的是，今天的财富分配不均以更为隐形的方式呈现，却丝毫不能掩盖"相对贫困"的状况及其本质。

谈到互联网，不能不谈下面的这个值得注意甚至警惕的现象。

警惕"现代市场经济再封建化"

听上去，这个标题似乎是个耸人听闻的说法，其实这却是在当今西方市场经济里已经实实在在存在的事情，从哈贝马斯开始就已经引起了西方学者的注意和研究。

德国哲学家哈贝马斯早在 20 世纪 60 年代就发现，西方社会正出现"公共空间的再封建化"（德文：Refeudalisierung der Oeffentlichkeit），后来被西方学者归纳为"现代资本主义再封建化"（德文：Refeudalisierung des modernen Kapitalismus）。哈贝马斯发现，在当代资本主义社会里，由于商业力量的介入，某些公共领域出现私有化，其社会公器的作用被大幅削弱，因此当代西方在某些地方出现了倒退现象，一些过去曾经已被克服的封建的残余开始沉渣泛起，其主要表现在两个方面：一是"财富阶层的特权化"；二是媒体使命的淡化。

如果说，这是 20 世纪 60 年代西方社会出现的现象，半个世纪后的今天，随着科技力量的更为迅猛的发展，当西方社会的"现代资本主义封建化"则更有增无减。以媒体为例，从表面上看，西方媒体依然喧闹，但实际上其背后商业势力的影响则十分明显。

与此同时，随着新媒体和"点赞经济"（Like Economy）的崛起，越来越多的精准定位的自媒体开始壮大。过去的大众传媒虽然也受到商业势力的操纵，但毕竟还具备"大众"的特征，亦即以大众关心的话题为使命。但精准定位的自媒体则基本上是"小众传媒"，亦即以精准的受众定位为诉诸对象。比如，今天一个以售卖红酒或以妇女服装搭配为定位的微信公众号，其商业利润甚至可能超过一个报道大众关心事务的主流媒体；今天，一个"大众传媒"可能处境很艰难，但一个"小众传媒"可能日子很好过，其中的逻辑就是商业投放大都从"大众传媒"流向了更为精准的"小众传媒"。

但问题是，在"小众传媒"那里，其精准定位的粉丝与其说是受众，还不如说是更为直接的客户或消费者；"小众传媒"与其说是"媒体"，还不如说只是更为直接的"销售平台"，因为它不具备大众传媒的社会公器的特质。所有的大众传媒所具备的媒体使命，在"小众传媒"那里几乎都不存在，也不需要。

更严重的是，在社交媒体时代，越来越多的人倾向于从"小众传媒"，而不是从"大众传媒"获取资讯，继而导致"大众传媒"的日益式微，而越来越多的分发平台则也以精准的算法向其客户推送资讯，并在潜移默化中影响、左右了客户的资讯基础和价值形成。

必须承认，包括算法（Algorithm）在内的现代科技是人类难以回避的趋势，而其从整体上看必然将有益于人类。但在资讯的发放上，如果说大众获得的资讯不是在自由流通的公共空间里可以任意获取，而是经过一些出于商业和其他利益的"算法"（Algorithm）的推送，那么不但公众借以形成价值观的资讯基础将被严重扭曲，而且社会的公共空间也将由此而严重萎缩。

另外，在垄断不断出现，"赢家通吃"的环境下，越来越多的"食利一族"出现并壮大，支付已不再是对劳动付出的报酬，而且越来越多的非合约制员工出现，所有这些都带有一定的"前资本主义时代"的特征。

现代社会之所以区别于封建社会，有两个重要的特征，那就是：一、公共空间的出现；二、平等观念的建立。前者有赖于全面、公正的大众传媒，而后者则有赖于对财富分配的掌控和社会公平正义机制的确立。但在互联网时代催生的、在当今西方已经十分明显的"再封建化"风潮中，现代社会的这两大基石都正在受到挑战。

这一小节的部分内容，对中国读者来说，有的也许很接地气，而有的也许稍有隔靴搔痒之感。但作为一种当代科技革命下的全球性现象，还是有必要在这里提出来加以讨论。

只有国家力量能扭转"赢家通吃"

再谈谈全球化。所谓全球化，最简单地说，就是各种资源的全球配置。但从全球范围而言，当各种资源全球配置的时候，实际上是在富裕经济体和贫穷经济体、发达产业与落后产业放在同一个水平上，任其自由竞争；若相关经济体和产业不做自我保护措施，那么其遭遇的"滑铁卢命运"一定是难以避免的。

由此我们可以知道，为什么在全球化最鼎盛的时期，凡是世贸组织开会，必有抗议团体如影随形。这也可以解释，为什么19世纪末由电气化革命而导致的第一次全球化，最后居然以第一次世界大战的方式终结。

过去40年，有两个现象值得高度关注：一、一部分发展中国家与富裕国家的差距在缩小（比如中国和印度），而另一部分欠发达国家与富国的差距却在扩大；二、无论是发达国家还是发展中国家，过去40年里的贫富差距都在急剧扩大之中。其原因当然是十分复杂的，但基本上都与我们讨论的几个问题有关。其中，第一个现象显然与全球化密切相关；而后一个现象，就涉及下面要说的金融创新问题了。

现在该谈谈金融创新了。毋庸讳言，过去的近40年，是全球金融创新大发展的年代，全球经济尤其是发达国家的经济贡献是不言而喻的。但这里出现一个重要的问题，即金融在一个经济体中的占比过大、过高，往往是经济不健康的苗头，而这一特征目前恰恰就出现在很多经济体身上。

研究1500—1800年的世界经济史可以发现，人类最早期的工业活动都是手工劳作，其中最早的产业是"衣食住行"里的首位——纺织业。18世纪60年代机械革命产生，纺织业的手工作坊渐渐被机器替代，大机器生产开始产生；当大机器生产需要扩大规模时，金融业就应运而生了；金融业产生后，大机器生产如虎添翼，社会物质极大丰富，最后就产生了对外贸易的需求；而在当时全球封闭的状态下，西方世界往往是用船坚炮利打开世界贸易大门的。

在上面这个发展链条中，金融显然是作为对大机器生产的补充和支持而出现的。但在过去的40年里，金融的这一补充和支持的作用有所减弱，其作为一个独立产业的作用明显增强。尤其在过去近20年里，这一点表现得尤为明显，各种金融创新手段层出不穷，在带来表面繁荣的同时，也酿成了2008年的美国金融危机。

如今，美国金融危机虽然已过去了将近10年，但被西方学者称为"金融资本主义"的某些本质依然没有消除。特朗普上台后，为了振兴美国经济，又重新放宽了对金融的监管。与此同时，过去10年里，各种金融科技手段大发展，其中鱼目混珠的现象十分严重，金融令人走火入魔的本质不但没有改变，而且还有加剧之势。

金融创新的大发展，先不管其对实体经济的影响，首先带来的是财富分配的巨大不公。在美国，金融从业人员的薪酬1980年还处于全社会薪酬的中间位置，但到了2000年则已超出中间线60%。前面提到了"两个50%"和"三个1/3"的财富分配怪圈，有很大部分都可归咎于金融创新的发展。

但是，无论是互联网、全球化还是金融创新，就其本质而言都来源于科技的发展。自18世纪60年代第一次科技革命以后，人类就难以拒绝科技革命的潮流，而且也已深深卷入其中。人类已不可能返回到过去那种返璞归真的年代，这是一个带有哲学色彩的困惑。

如前所述，科技革命一旦产生，很快就会传导到产业革命并继续造福人类。但产业革命一旦掌控不好，很快就会引发社会革命；而引发社会革命的最直接的因素，就是产业革命过程中导致的财富分配不公，或用今天的话来说就是贫富差距扩大。马克思之所以伟大，就是因为他准确分析了1760—1860年欧洲在科技革命基础上产生的产业革命及其在劳资领域里的贫富不均现象。

从《资本论》第一卷诞生到现在，150年过去了。今天的科技和产业发展水平，都与150年前不可同日而语，但由科技和产业革命导致的财富分配不公和贫富差距扩大的本质依然相同。

必须指出的是，当科技革命遇到市场经济环境，恰好是推动产业革命的极好契机，但也是财富分配不公的极大诱因。150年前的马克思没有预见到两个事物：一是科技革命的继续迅猛发展；二是中产阶级的产生往往对社会能起到稳定作用。

1883 年马克思去世的时候，世界刚刚进入第二次科技革命——电气化，第一次全球化也才刚刚露出端倪。第一次全球化导致的帝国主义争夺世界和第一次世界大战的爆发，被列宁捕捉并经历到了。当然，马克思没能预见到后来的自动化和信息化革命，似乎是一个遗憾。20 世纪上半叶到中叶发生的事情，如凯恩斯主义、新自由主义（New Liberalism）和"大繁荣"的出现，似乎让人觉得，资本主义似乎有自我修正机制。但直到这一轮科技革命爆发才让人感到，西方资本主义逃不出这一铁律，乃是由于其制度设计使然。

在马克思的那个年代，城市化的社会里只有资本家和产业工人两个截然对立的群体，中产阶级尚未产生。从 19 世纪末开始，中产阶级在欧洲产生，并继而被称为社会的"安全阀"和"稳定器"，一度似乎让人觉得资本主义的自我调节机制又在发挥作用。但直到最近若干年，由于财富分配不公，中产阶级在西方社会萎缩，人们才发现，还是有一些规律性的东西没有改变，那就是：当科技革命遇到市场经济的环境，必然导致产业革命和财富大爆炸；但是，在财富大爆炸的同时，若仅仅依靠市场的力量，又必然会导致财富分配不公和社会矛盾爆发。

250 年来，纯资本主义体制始终无法摆脱三个根本性的痼疾：一、持续不断、挥之不去的经济危机；二、无法提供周全到位的社会共同服务产品；三、无法从根本上解决"赢家通吃"、贫富不均问题。

19 世纪末的社会主义者倡导消灭私有制，以全面公有制和计划经济来规划社会大生产，解决贫富不均矛盾，并以无产阶级革命的方式予以实现。20 世纪的实践证明，这至少有些理想化了。但社会主义作为对资本主义的补充，这一点却依然有效。

如果说，市场经济的最大贡献就是提高效率，而其最大的缺点就是不公；那么，社会主义的最大贡献就是维持社会的公平正义。人们不应由于过去一些道路实践的失败而对这一根本理念产生动摇，而应该继续探索在高度发达的市场经济体制下，继续维持社会公平正义的有效途径。

中国的体制优势和历史使命

现在，让我们把目光从历史拉回到现实，从世界拉回到中国。

如前所述，虽然人们对中国经济总有种种期待、抱怨甚至责难，但是至少到目前为止，尤其是在实施市场经济的 20 多年时间里，中国没有发生过一起重大的经济危机。这在某种程度上，已经"颠覆"了市场经济的根本规律。与此同时，每当经济遇到重大挑战的关头，中国总能化险为夷……

这背后自然须归功于中国国家力量的强有力的干预。虽然从理论上说，国家力量的干预，会对市场的活力构成挑战，但在危机来临时，国家的力量就像一道最后的保障，保障了人民生活不会遭遇重大的动荡。这无论如何都是国家应该扮演的角色。如前所述，2008 年美国经济危机后，如果没有国家力量的干预，美国恐怕不会那么早走出经济危机的阴影。

当然，国家力量的干预应该适度，政府与市场关系的理顺将依然是中国改革的重要目标。但是，以市场力量拓展上线，增强经济的活力和繁荣，同时以国家力量守住底线，维护经济安全和人民财富的稳定，这已经成为中国经济模式的重要特征。

不仅如此，国家力量在社会财富分配中，应当扮演越来越多的角色。这在西方市场经济的理论和实践中，尤其在最近几年，正在被越来越多的学者所重视。中国具有天生的体制优势，在这方面就更可做好平衡。

人类的现代化历程一路走来，无论是 18 世纪的机械化、19 世纪的电气化，还是 20 世纪末开始的信息化，以及正在汹涌而来的人工智能，只要是科技革命遇上市场之手，那么"赢家通吃"的逻辑就必然难以避免。而能扭转这一逻辑，并能让民众既受益于科技进步和市场繁荣，同时又能避免贫富不均的，只有国家的力量。

因此，当21世纪的1/5时间即将过去，当科技之手和市场之手正在催化新的社会不公，而这种社会不公也正在导致世界进入新的动荡的时候，具有体制优势的中国的国家之手，就更具有重要的现实和理论意义。

在经济领域告别新古典自由主义的中国，同时应该告别的是二元对立思维，亦即非"左"即右，不是市场经济就是计划经济，而更应采用一种协同、融合的思维展开经济和其他领域的治理。

过去250年的世界经济实践证明，市场经济是迄今唯一能在短时间内增加财富、促进经济繁荣的经济体制，其秘诀就在于"让市场在资源配置中起主导性作用"。但这不等于说，纯市场化就是灵丹妙药，国家力量就必须全部淡出而无所作为。

当然，这样做绝非让国家力量凌驾于市场力量之上，也绝非让官员寻租空间死灰复燃，而恰恰是探索在高度发达的市场经济环境下，国家力量与市场力量的兼容和彼此界限的界定。

过去150年，在人类探索的进程中，两种体制的融合已是大势所趋。凡是成功融合的经济体，都获得了可持续发展的空间

从这个意义上看，进入新时代后，中国正在从事的事业，不但是中国自己的事业，而且也是全人类共同的事业。

第一章
2020 年前：你的生活将这样改变

2015 年 3 月底，深圳，中国凤凰大厦四楼。

一场由我策划、主持的电视节目《首席经济学家大辩论》正在进行之中。

那一年的春天，弥漫着各种经济形势的焦灼：中国的股市已经开始疯狂，全中国大城市的人们都在谈论股市，甚至借钱炒股，一切都在以疯狂的形式接近 6 月 26 日股市大跌的那一刻。只不过，在那个癫狂的时刻，虽然人人知道"当大妈也在谈股，你就该撤出"的道理，但人性的贪婪已经迷茫了几乎所有人的理性。

与此同时，一线城市的房价则一反几乎所有人的预测而继续攀升；而其他的宏观经济数据则显示，中国经济正在继续下行触底……

那一年的春天，美国军方对原本对华温和的太平洋战区司令洛克利尔展开内部调查，并酝酿将对华强硬派哈里斯推上司令的宝座。5 月 27 日，哈里斯正式上任，而 6 天前他就以候任司令的名义派遣美军"海神"侦察机到中国在南海岛屿的上空盘旋侦察。

"南海打不打，房价跌不跌"——在 2015 年春天的时候——成为国人的集中焦虑。

已数不清这是我第几次策划、主持类似的中国经济辩论节目了，但也许是话题比较尖锐，抑或形式比较新颖，只记得几乎每一次都能引起比较强烈的关注。

我最早策划、主持的中国经济辩论节目，是在2009—2010年。第一个节目是《经济学家对话家庭主妇》。2010年年尾，中国房价开始疯涨的时候，我又策划、主持了《中国房价向何处去？——潘石屹对话牛刀》。2011年秋天，我策划、主持了《中国经济何时下行？我们怎么办？》。从2014年开始，我又一连3年策划、主持了《首席经济学家大辩论》节目。

　　无独有偶，所有这些节目中，张燕生都是我的常客。他时任发改委对外经济研究所所长，后来又担任中国国际经济交流中心首席研究员。我们认识于2007年，还一起到日本讲过学。一来一往中，我们成了很好的工作伙伴和朋友。我在后面的章节里，还会间或提到我们两人这些年的交往。这些公务和私人的纽带，间接促成了这本书的写作。

　　记得《经济学家对话家庭主妇》节目播出时，很多朋友都说"话题新颖""形式有趣"。经济学家习惯于数字思维、逻辑思维，而家庭主妇则习惯于感性思维、人性思维。把同一纬度下的这一硬一软的两种不同思维组合起来，必定会产生吸引人的东西。

　　那次出席节目的经济学家是张燕生和易宪容。张燕生那时还是发改委对外经济研究所所长，而易宪容则是中国社科院金融研究所研究员。每当两位大学者用各种数据和"价格传导"等经济学术语论证经济形势时，两位美女家庭主妇则会从人性、主妇的角度提出各种质疑。两位大学者既要怜香惜玉，又要把艰深的经济学原理讲得让主妇们都能听懂、接受，确实充满了挑战，也使节目充满悬念和情趣……

　　2011年秋天《中国经济何时下行？我们怎么办？》播出时，张燕生虽然没有上面那样面对美女家庭主妇的压力，但大家可能记得，那一年中国房地产疯涨，也是中国经济在4万亿的刺激下变得更加走火入魔的一年，"高处不胜寒"。"中国经济什么时候将实质性下行？"这是很多人心中有、口中无的一个问题。

　　就在那一次节目中，张燕生提出了他的"2015猜想"，认为中国经济可能在2015年前后实质性下行。现在回头看，他当年的这一预测是准确而有根据的。也是在这次节目中，张燕生又提出了"中国经济弯道超车"的概念。本书后面还会提及这一点，这里暂先打住。

现在回头看，当年我们讨论的问题，已被这几年的形势发展所印证。虽然其间充满各种不确定因素和挑战，但这恰恰构成了本书所要讨论和解决的问题。

一、焦虑的中国人：房价究竟涨还是跌？

也许是验证了普希金著名的诗句"一切过去了的，都会成为亲切的回忆"，现在回想起来，那是一个充满各种不确定因素的阶段，但似乎是一个美好而令人怀念的时代。

那时，移动互联网虽然已经降临，但4G时代尚未来临，我们的生活方式还没有发生根本的改变；我们依然生活在现金、信用卡和直接沟通的时代，出门靠打出租，交友靠通电话。几十年的传统生活方式走到了最后的阶段。

那时，微博等互联网碎片化的工具已经产生，人们虽然已很难再潜心捧着一本厚厚的书阅读，但那依然是电视最后辉煌的时代。无数人晚饭后聚集在电视机前，看着某一台晚会或比赛，抑或听着某一位电视评论员指点江山，然后为之亢奋、激动或沉思……

但2014年4G通用以后，上面的这些生活方式似乎在短短的几个月之内就被抛弃了，而且被抛弃得那么干脆、那么绝情……

但无法被抛弃的，却是人们对经济和民生的担忧。2014年是中国经济大幅下行的一年，但也是中国房价开始又一轮疯涨的一年。

从2009年以后，房价几乎成为中国人的一个集体"痛点"或"痒点"，有人为之疯狂，有人为之沮丧……

2014年3月全国"两会"后，我出版了《当务之急：2014—2017年中国的最大风险》一书，提出了未来几年中国经济存在的几大隐患。该书出版后，连续几年畅销各地，由此可见当时人们对中国经济的普遍关心或担忧。

那一年的 11 月 21 日,央行宣布降息,开启了后来一年多持续降息、降准的大门。第二天,我在节目中公开预言,由于实体经济依然不振,因此此刻的降息很可能成为流通性泛滥,资金再次"脱实入虚"的有利契机,一如 2009 年后的 4 万亿无端托高了房价。现在回头看来,2015 年年中的股灾,某种程度印证了我当时的这一预判……

中国房价为什么不可能跌?

回头来讲 2015 年 3 月的《首席经济学家大辩论》。

张燕生又是这次节目的嘉宾,另两位嘉宾也是我的老朋友——曾任农业银行首席经济学家的向松祚,以及花旗银行大中华区首席经济学家刘利刚。

虽然几位都是我的老朋友,但一上节目现场,他们的观点却呈现出极大的差异,一场唇枪舌剑在所难免。那天争论的焦点主要是中国企业的创新路径,以及究竟用什么样的途径才能真正推进中国企业的创新。我在这里就不详细引述这场争论的细节了,也许本书后面的章节还会有机会提到。我只记得我和向松祚的一小段对话:

> **邱震海**:老百姓现在只关心两个问题:南海打不打?房价跌不跌?
>
> **向松祚**:老邱,我可以告诉你,南海不会打,房价一定跌。

我第一次见到向松祚是在 2012 年年底北京某报刊的年会上,他侃侃而谈,对中国经济存在的深层次问题毫不留情地进行剖析。从这以后,我开始经常邀请他出席我当时主持的两档谈话节目,而他在每一次节目中几乎都会向中国经济的深层次问题猛烈"开炮"。虽然他后来经常自嘲说,"我批评了十多年了,也没人听我的",但至少他的"开炮"还是给我留下了深刻印象。

我必须承认,向松祚的分析逻辑是对的。以中国房价与居民收入之比而言，中国的房价一定已经荒唐至极。以国际的经验来看，一个正常的房价与居民年收入之比，应该在 10：1 的范围之内。换言之，如果一个年轻人的年薪是 10 万元，那么正常的房价若是 100 万元，应该是在可以承受的合理范围之内。即便以日本当年房地产崩盘的经验来看，房价与年收入之比超过 15 倍，就已经进入高风险的范围。那么，今天北京一个动辄 1500 万元的学区房和小中产 20 万—30 万元的年薪的比例，恐怕已经可以令房价崩盘无数次了。

但问题是：中国的楼市，有中国楼市的逻辑。

我经常开玩笑说，今天中国的城市人口已经分成了两部分人群，不是男人与女人，而是有房一族和没房一族。

有房一族和没房一族，其心态是完全不同的：有房一族不但希望房价不要跌，而且还希望房价大涨，这样手里的资产才能保值和增值；而没房一族则不但希望房价跌，而且还希望它暴跌，这样才能买得起房。

有房一族和没房一族，其年龄结构、社会影响力和破坏能力也都不尽相同。论年龄，有房一族基本都在 35 岁以上，很多都是各个公司、单位的骨干，属于社会"沉默的大多数"，轻易不发声，承受力强，一旦难以承受，后果也很严重；而无房一族则大都是年轻人和社会底层人士，他们没有社会影响力，却有巨大的爆发力……

这当然属于社会学讨论的范围，大家若有兴趣，可以茶余饭后做些调研和讨论，我在这里就暂且打住。

但我要补充的是，即便是有房一族，这几年也被分了群，即究竟是在一二线城市的有房一族，还是在三四线城市的有房一族。因为一二线城市的风险是房价太高，而三四线城市的风险则是房价不涨，所以前者面临的压力是"抑房价"，而后者的压力则是"去库存"，可谓八仙过海，各显神通。

对于各自在一二线城市和三四线城市的有房一族来说，其内心的活动则是完全不同的：前者担心的是房价终于撑不住而跌，哪怕是微跌；而后者则担心房价始终不涨，或涨势太慢……

但无论是哪一类城市的有房一族，有一个宿命是相同的，即用著名时评人石述思 2017 年 6 月在一次由我主持的论坛上的说法，是"被打了节育针"——限购了。今日中国，没有限购的二线城市已经不多了，三线城市恐怕也很难找到。

　　读到这里，你大概也会得出结论：中国的房价不会暴跌，也不允许暴跌，即便这后面有着无穷无尽的荒唐。这后面的逻辑显然不光是楼市的。

　　稍微研究一下中国高房价的成因就都可知道，它不仅来自需求端（刚需、投资甚至投机炒房），而更多地来自另外两个深层原因：一、地方政府"土地财政"盛行；二、货币流通性过大。

　　这几年，人人在说供给侧改革，但其实最需要供给侧改革的就是房地产市场。只要上面两个深层次原因不解决，再加上人民生活水平的提高及其导致的刚需持续增长，尤其是计划生育政策取消之后的出生率上升，那么房价稳步（而非急剧）上升就是一个必然的趋势。

　　君不见，过去那么多年的打压房价，恰恰印证了我的一句话："哪个城市限购政策取消之时，就是当地房价洪水般上升之日。"2017 年 6 月，石述思在我主持的一个论坛上讲得更为直接："凡是打压房地产的地方，大概也都是你可以看房的地方。"

　　但是，中国房价不允许暴跌，还有另外一个更为深层的原因。读过我的其他著作的朋友，可能都还记得我在书中表达的一个观点：由于中国经济脱胎于计划经济，尚未完全转向成熟的市场经济，因此今天中国经济的基本形态是"经济政治学"，即经济活动的背后很多是非经济思维在起作用。

　　谁都知道，经济下滑不能靠行政措施去"托"，但不"托"又能怎样？谁能承受每年几千万人失业的巨大社会风险？

　　因此，中国经济的问题，从来就不是"托"还是"不托"的问题，而是"托"到什么程度的问题。

中国经济为什么必须挺住?

不知大家有没有注意到,中国经济在经历了连续几年的风雨飘摇之后,终于在 2017 年年初迎来了一丝曙光。来自官方媒体的各种报道显示,中国经济似乎正在显现复苏,或至少有企稳的迹象。

2016 年,中国经济总量实现了 6.7% 的增长,重夺世界第一。各种经济指数也显示,中国的经济似乎正在摆脱前些年的低迷迹象。

早在 2016 年年底,《稳增长"组合拳",冲刺四季度经济》就已经成为媒体的主标题。进入 2017 年第一季度,《中国经济稳中求进寻找中速增长均衡点》《国企利润增四成,实体经济复苏在路上》《中国贡献全球经济 1/3 新增量,外媒聚焦"中国引擎"》,则更是成为媒体头条标题。

2017 年这一年,持续低迷和结构性变化,依然是主导世界经济的主要因素。从全球经济层面上看,世界经济低速运行和缺乏拉动增长的总需求空间,依然是两个挥之不去的阴影。虽然美国经济一枝独秀,甚至在 2016 年 12 月、2017 年 3 月和 6 月几次宣布加息(2017 年还将有几次加息机会),但 2008 年全球金融危机对世界经济的基本面形成巨大冲击,在平面和增长两个方面把世界经济压到了一个较低的水平,这一基本特征依然没有消除。

从这一全球基本面来看中国经济 2016 年的表现,人们终于感到一丝的欣慰。

我把这一现象归结为"未触底已反弹"。

自 2014 年后,我经常和各路经济学家探讨的一个问题就是:中国经济将在什么时候触底?又将在什么时候反弹?这背后的逻辑十分简单:如果我们知道了经济低谷在哪里,触底将在什么时候,那么就可以从现在开始为此做好一些准备。当时,很多学者的看法是:2017 年或 2018 年将是经济触底的时刻,更有一种悲观的观点认为,触底将在2019 年来临……

然而,现在的情况显然是,中国经济在还没有触底的情况下,已经开始了反弹的进程。从经济回升的角度来说，这无论如何都是一件好事。

但是，下面的问题来了：中国的经济企稳，究竟是基于其健康的结构性因素，还是依然未能摆脱原先的"老套路"，亦即投资拉动、货币推动……

发出这个疑问不是偶然的，因为2009年以后那4万亿所带来的后果实在太大、太可怕了。如果没有4万亿，今天中国的资产价格（尤其是房价）可能完全不是现在这个局面。今天中央描绘中国经济一直是三句话"经济增速的换挡期、改革的阵痛期、前期刺激措施的消化期"，这最后一句说的就是4万亿带来的后果。

这里省略一万字，直接跳到重点：凡是稍微关心一点近年中国经济政策的人都知道，2009年的4万亿之所以出台，可谓"好心办了坏事"，其目标是为了"保8"（保住每年至少8%的经济增长率）。前些年，中国经济设定的最低目标是"保7"。据说在一次内部会议上，经济当局的最高负责人一度还承诺，保住7.2%应该没有问题。但实际情况是，2016年上半年当"十三五"规划出台之际，中国最高当局给未来五年设定的经济增长底线是6.5%。换句话说，中国经济底线从2009年时的"保8"，经过2013年的"保7"，已经大幅降到了2016—2020年的"保6.5"。

顺便给大家介绍一个浅显的背景：2007年，亦即距今将近10年之前，中国经济的增长率达到14%；而2016年上半年则仅为6.7%。

下面的问题来了：未来五年，如果中国经济保不住6.5%怎么办？

这当然完全是一个假设的问题，但也确实是一个十分可能变为现实的问题。如果保不住，又会有一个4万亿降临吗？……

2016年6月，我在广州主持一个金融论坛。出席论坛的有商务部原副部长、国家外汇管理局原副局长、国务院发展研究中心金融研究所所长，以及来自外资银行的首席经济学家。

论坛上，我同样提出了这个问题："如果保不住6.7%怎么办？"

听了我的这个问题，国家外汇管理局原副局长先是愣了一下，然后说："不可能发生这种情况。"

"您怎么知道不能发生这种情况？万一发生了，怎么办？发不发行货币？"我追问道。

这里的背景，大家也许知道，过去若干年，我们采用行政措施"托"经济，主要采用两招，一是发行货币，二是搞基建投资。两者都被我称为"强心剂"，短期一定带来"脸色红润"，但长期却必定带来无穷的后果。时至今日，中国经济最高当局用来描述中国经济的三句话"经济增速的换挡期，改革的阵痛期，前期刺激措施的消化期"，其最后一句话说的就是这个意思。两大刺激措施中，在政府与市场的关系尚未理顺，经济结构调整尚未到位的情况下大发货币，必然导致大量货币进入并冲击市场。

西方有句谚语"有一千个观众，就有一千个哈姆雷特"，那意思从狭义上说的是戏剧"接受美学"里对于观众参与对角色的创造。这句话用到其他场合就被演绎成：凡是对一些重要的信息，不同的人会有各自不同的看法。

不过，从现实主义者的角度看，无论是哪个国家，都会把"稳增长"作为经济发展的重中之重，即便这个说法将因国情而有所不同。

20多年前我在欧洲读书的时候，曾惊奇地发现，欧洲许多国家政府的执政目标之一就是"充分就业"，亦即竭尽全力保证就业率，降低失业率。从今天中国的眼光来看，这不就是"稳增长"的另一个写照吗？

但只要仔细想一想就知道，保证"充分就业"背后的某些行政措施，不见得是完全符合经济规律的。但这就是任何一个国家的现实。若没有"充分就业"，欧洲的社会稳定就会出现严重问题，届时遭到连累的恐怕是包括经济增长在内的许多领域。

这么一想，你恐怕就会坦然得多了。

读到这里，你如果刚刚开始陷入思考，那么请允许我再为你提供另一个思考的角度。

谁都知道，2016年特朗普当选美国总统，折射了美国社会多年来出现的一些深层次问题。这些深层次问题到底是什么？归纳起来，无非是底层百姓日子过得不好，中产阶级萎缩，贫富不均加剧。但这些问题背后的本质又是什么？那就涉及市场经济机制中的一些根本性问题了，其中之一就是被西方学者称为"金融资本主义"的那个东西。

我曾在很多场合举过一个例子：不少从事实业的企业家都有体会，买房建厂不如卖厂买房。深圳一位从事电子业的老板告诉我，他搞了20年的实业，最后发现最值钱的原来竟是他的厂房。

其实，这样的荒诞在美国早就出现过了，其背后就是金融的魅力和金融的荒诞。在人类经济发展史上，从手工作坊进入大机器生产是一个飞跃，大机器生产高速发展后又依赖金融业的支持，又是一个飞跃。这两个高速飞跃后，产生了对外贸易，亦即自由贸易的前身，于是有了西方对东方用坚船利炮打开国门的侵略之举。但就其发展阶段和本质而言，金融确实是促使大机器生产如虎添翼的重要因素。用今天的话来说，就是金融为实体经济服务。

但金融之所以为金融，就是因为它是资本，而所有的资本都是逐利的，于是，那些操作资本的"聪明人"就想出了无数花招。于是，法国学者皮凯蒂在《21世纪资本论》一书里提出的那个著名的公式就出现了：

$$R > G$$

这里的 R 是资本利润率，或称资本回报，G 是经济增长率。这个公式简单说来就是，任何时候资本的利润率都将高于经济增长率。这个结论很残酷，但却是事实。于是，下面的结论就十分符合逻辑了：如果经济增长率下降，那么资本利润率与经济增长率之间的落差就将增大，资本在整个国民经济总收入中的占比就会上升。

于是，一个更残酷的结论出现了：所有提高经济增长率的努力，其实都是为了缩小与资本利润率的差距而已，或抵消资本回报的负面冲击而已；一旦经济增长率下降，那么整个经济就将陷于被资本全盘接管和玩耍的境地。

这个结论太令人沮丧了！

但这就是市场经济的客观现实和客观逻辑，除非我们像朝鲜一样全盘拒绝市场经济。自从走上市场经济的那一天起，我们其实就已经"开弓没有回头箭"，只不过市场经济所有的弊端，在美国这个市场经济最发达的国家首先展开出来而已。

既然这样，我们怎么办？

读到这里，你也许已经被上面的一大套学术理论搞得恹恹欲睡。但这段学术阐述的核心结论就是：只要经济还在增长，那么所有的矛盾就都有缓冲的机会；但若经济增长不再或急剧放缓，那么所有的矛盾就都将浮出水面。

这个时候，引述下面这句名言也许是贴切的："不管白猫黑猫，抓住老鼠就是好猫。"谁都知道，这句话的作者是邓小平。这句名言稍稍改一下就变成了："不管采用什么手段，能稳住经济就是好手段。"

记得法国人有一句名言："战争太重要了，以至于不能只把它交给将军们。"

我们不妨把这句话稍作改动，也许将成就另一句名言："经济太重要了，以至于不能只从经济角度来思考问题。"

中国经济将长期中低速运行？

我之所以说了这么多不是废话的废话，是希望给各位读者提供一个更广阔的背景和更多元的思维逻辑。这些背景和思维逻辑，在我们观察和思考中国经济与社会时，一直都是需要的。

好了，现在我们暂且把这些宏观的东西摆在一边，先聚焦于中国经济的一些基本面的问题吧。

我与张燕生的对话，就从这里开始。

我与张燕生的相识，起源于2007年春天我邀请他出席我的节目，与美国商务部前副部长展开对话。当时他的职务是发改委对外经济研究所所长，中国经济政策里应该有一些他的思考的影子。与美国人的对话很成功，我和张燕生也成了朋友和合作伙伴。

人与人之间的默契，很多时候是由于"化学成分"相投。我与张燕生的关系，大抵就是如此。2007年晚秋，我们一起在大阪出席一个会议，会后张燕生又邀请我一起赴关西大学讲课。10年过去了，我们有过几次合作，但在关西大学的讲课经历一直是我们的美好回忆。

如前所述，早在2011年9月，当中国经济还因4万亿刺激措施而处于高峰时，我请张燕生出席节目，预测一个当时看来似乎有点痴人说梦的问题，即：中国经济什么时候将实质性放缓。

2011年下半年谈这个问题，是需要一点勇气的。当时4万亿的风头正劲，大家的日子都过得不错；房价飙升，令很多人一夜之间衣食无忧，甚至把中国一线城市的人们分成了几个截然不同的阶级。但在我看来，即便是一个健康的经济体，也有一个周期性下降的问题，因此未雨绸缪是明智的战略之举，更何况由4万亿撑出来的风头本身就是不健康的。

当时，张燕生提出了"2015年猜想"，亦即中国经济将在2015年前后面临拐点。当时，至少在公开舆论上，这一观点不但大胆，而且是很需要勇气的。就在这次节目上，张燕生还提出了"中国经济弯道超车"的说法。

6年过去了，我一直记得他的"弯道超车"的说法。开车的朋友都知道，在同一个道路上，面向同一个方向，用同一种速度，后面的车无论如何不可能赶上前面的车。只有在一种情况下才可能实现超越，那就是当弯道出现的时候，这就是弯道超车。

中国经济的"弯道超车"将出现在什么时候？这个"弯道"是什么？它将在什么时候出现？中国经济能否抓住这个"弯道"？中国经济

是否已具备了抓住这个"弯道"的能力？

6年过去了，我很想与张燕生再次探讨这些问题。

在这6年时间里，中国的宏观经济形势发生了很大的变化。

2016年5月9日，《人民日报》发表一篇文章，引起了几乎全世界的关注。你也许会觉得我说得有些夸张，但只要看一下这篇文章透漏的信息，以及释放这些信息的消息来源，就可以知道文章的重量了。文章的标题是《开局首季看大势——权威人士谈中国经济》。

这里的"权威人士"的说法引起了海外媒体的密切关注。文章发表当天，在中国香港，有几个驻港外国记者指着iPad上的这篇文章问我："这里的'权威人士'到底是谁？在中国，到底谁是'权威人士'？"说实在的，他们的问题也正是我的问题。

"你认为，在中国谁是'权威人士'？"我又把问题抛回给他们。

文章长达11000多字，总共回答了五个问题：一、经济形势怎么看？二、宏观调控怎么干？三、供给侧结构性改革怎么推？四、预期管理怎么办？五、经济风险怎么防？但其中，最为核心的观点是：

- 综合判断，我国经济运行不可能是U形，更不可能是V形，而是L形的走势。这个L形是一个阶段，不是一两年能过去的。
- 分化是经济发展的必然。有的资源开始寻找新去处，这就产生了创新；有的比较迟钝，还停留在原处等着熬着，指望着什么时候"风水轮流到我家"。
- 在新常态下，我们最需要优化资源配置，培育新动力、形成新结构，这意味着分化越快越好。
- 无论是地区、行业还是企业，总有一部分在"二八定律"的分化中得到"八"的好处，脱颖而出，前景光明。

一般情况下，在谈论经济下行的复苏前景时，人们习惯于用一些英文字母来形象地予以形容，比如V形、W形、S形、U形、L形等，每一个字母的背后都蕴藏着完全不同的复苏轨迹和逻辑。

所谓 V 形，那就是经济突然下滑，然后跌到低谷后又迅速上升。这种形态属于经济遭遇重创，突然下滑，然后又突然遇到重大需求，因而迅速反弹。一般而言，这种形态只有在两种情况下才会发生：一是战争爆发以及战后重建；二是重大灾害以及灾后重建。W 形和 S 形的复苏形态是比较糟糕的，那意味着经济复苏的轨迹很不稳定，其中存在着巨大的不确定因素和隐患。

比较靠谱的是 U 形。从该字母的形态上可以形象地看出，经济下滑到低谷后，在底部盘整一段时间，再继续上扬复苏。无论从人性的感受还是经济学的理性分析，这种形态都是人们能够接受和值得期待的复苏轨迹。当然，U 形复苏的关键是，经济下滑到底部后，在底部盘整多长时间？同时，在盘整期间又做些什么？这两个问题的答案，将决定经济重新上扬后的新的质量和形态。

据"权威人士"接受《人民日报》的采访，描绘中国未来经济复苏的轨迹是 L 形，乍一看有点让人吃惊。从该字母的形态上看，L 形意味着中国经济在跌到低谷后，相当长一段时间将在底部徘徊，而不会再有上扬的势头。

现在回头来看，这些疑问都是对 L 形经济的误解。

所谓 L 形经济，其最精髓的内容有两个：一、中国经济将告别长达数十年的两位数增长，而将长期维持一个中速运转的形态（注：试想，中国经济若能在未来 20 年维持 6% 的增长，那将是一个了不起的贡献）；二、中国经济的增长动能将不可能是简单、粗放的生产要素拉动，而必将转为由创新和核心技术驱动的拉动方式。

从这个意义上说，我更愿意用小 U 形和大 U 形的说法来比喻中国经济新旧两种形态之间的差异。

所谓小 U 形，就是一般人们希望的，中国经济下行触底，然后在底部徘徊一段时间后迅速回升。由于是在底部徘徊不久就上升，那么其拉动的手段必然就是一些常规手段，如基建投资或宽松的货币政策。如果这样，那么人们在 U 形的底部咬咬牙，过一段紧日子后就可以迅速重建天日。但这种回升的经济形态，其动能基本没有改变，依然是靠基建投资、货币政策和简单的生产要素拉动。换言之，这种回升之后的经济依然是"旧常态"，虽依然高速增长，但却毫无意义。

而所谓的大 U 形就完全不同。可想而知，大小 U 形的差别就在于底部的长或短。作为大 U 形的经济复苏，其在底部徘徊的时间必然很长。但唯其时间很长，就有了充分调整和转型的时间。但这段时间将多长？3 年、5 年、10 年，还是 20 年？

其实，大 U 形底部的时间长或短，取决于我们在大 U 形的底部做些什么。而在大 U 形的底部做些什么，取决于我们对中国经济形态的基本认知。

今天的中国经济实际上具有两个面向的特征：一是由计划经济向市场经济的转型；二是从一个落后经济体向发达经济体的转型。前者乃中国特色，无先例可循，而后者则具有普遍意义。

从现阶段来说，既然中国经济进入了"中等收入陷阱"，那么就应该在大 U 形的底部，认真对待其中出现的问题，而这些问题由于涉及经济发展的普遍规律，因此在其他发达经济体中都或多或少地有所体现。

很多朋友问我，这个大 U 形底部究竟将延续多久？我的回答很简单："权威人士"之所以用 L 形来形容未来若干年中国经济的状况（虽然这不可避免地引起了一些误解）就是要破除大家对小 U 形的迷思，亦即在小 U 形的底部过几天苦日子，熬一熬、撑一撑，靠货币政策或基建投资拉动经济，结果重新恢复之后的经济形态依然是"旧常态"；未来几年，中国必须在扎扎实实地完成下面三大经济结构的调整，这三大结构完成之时，亦即中国经济重新腾飞之日。

同时，我还要告诉大家的是：根据其他发达经济体走过的道路和经验，完成这三大经济结构调整，一般的时间是 5—8 年。我们都说中国人民勤劳勇敢，那么我们把这个时间缩短一些，就 6—7 年的时间。具体来说，在 2025 年到来的时候，我们必须全面完成这三大经济结构的调整。

这三大经济大结构调整，具体如下：

一、简单的生产要素拉动，变为创新驱动；

二、由基建投资和货币政策拉动，变为创新拉动；

三、由经济结构中第二产业主导，变为服务业主导，尤其是生产类的服务业主导。

这就是常说的中国经济转型的核心内容。而在这段转型期内，经济适度下行，勒紧裤带似乎都是可以预见的现象。

但经济学家或官方释放的这些信号，与我们在民间感受到的氛围，总是有些看似不符合的地方。

请听我下面细细说来。

二、"消费大爆炸"来临：你的钱该怎么花？

从前几年开始，中国经济就有一个看似诡谲的现象：一方面，经济已经进入下行的通道，理应勒紧裤带；另一方面，这一点在人民的消费习惯上却完全没有体现出来。

都在说经济下行，但扪心自问，作为消费者，你的周围感觉到经济在急剧下行了吗？绝大部分人的答案恐怕都是否定的。

看不懂的中国之一：经济下行，为何仍要"买买买"？

从 2015 年开始，有好几个"黄金周"的时间，我正好也在日韩和欧洲等地，也借机到当地商城感受一下商业气氛。

2015 年 10 月，我在韩国首尔的商业中心区，发现当地几乎被中国旅游者和购物者所"攻陷"。微信和支付宝已经通用无比，几乎每一个商家的门口，都有至少一位华人售货员。离开首尔，我又到了东京，发现银座等地几乎也是一样的场景。用中国网民的话来说，"攻陷首尔"

"攻陷东京"是中国购物大军形成的一股无可阻挡的大潮。

这之前的两个月，我到了伦敦。到机场办理退税手续，发现中国"购物军团"的退税长队一直排到了退税大厅的外面……

看了这些场景，任何人都会发出疑问：这是经济正在下行的中国吗？

2016 年 10 月，我在巴黎"老佛爷"商城见到的场景更为夸张。整个商城 2/3 的顾客是中国人，绝大部分的游客都是 35—40 岁的夫妇，手牵一个 10 岁左右的孩子，手里推着两个空的大箱子，完全一副扫货的雄心和架势……

名牌 LV 专卖店门口，排着长长的队伍。上前一问，清一色的全是中国顾客……

"这些名牌在中国也有，为什么要跑到这里来买？"我问其中一位顾客，虽然多少有些明知故问。

"同样品牌的包，在这里折算人民币只要 9600 元，而在国内却要 11000 元，而且我在这里保证不会买到假货。"一位年轻女士的回答十分坦率。

就在我抵达首尔、东京的几个月前，有一位财经作家写了一篇文章《到日本买个马桶盖》。原因是他发现他的公司中层到日本开年会，回来的行囊里大都装着两样东西：日本的电饭煲和马桶盖。

"为什么要到日本买电饭煲？"他这样问他的下属。

下属的回答也很简约和干脆："日本的电饭煲做出来的米饭就是好吃，晶莹剔透和不粘锅底，国产电饭煲绝对比不上。"

那么马桶盖呢？相信不需要再继续询问和讨论，答案已经十分明了。

这位财经作家于是在返程的飞机上写了那篇著名的《到日本买个马桶盖》，并提出了一个令人深思的问题：中国的制造业结构面临深刻转型。

都说中国也是制造业大国，但如果中国的制造业制造不出让自己的消费者满意的产品，那么这个制造业大国就无论如何是不称职的。

深层的原因是：我们的消费者变了。他们不再像我们的父辈那样仅仅只从价格的角度来审视商品；他们更愿意从价值的角度，来满足自身对高品质和审美的追求。

而这一切细微的变化，就发生在中国经济下行的过程中。

这是一个十分微妙而有意思的过程。一切又回到了本小节开头提出的问题。

一方面，中国经济进入下行通道，似乎人人应节衣缩食，开源节流；另一方面，在日常生活中，却似乎很难感受到这一点。

最关键的是：在经济下行的时候，我们不但没有节衣缩食，而且还开始买好的，甚至更贵的东西。这是一个值得高度关注的现象，后面还会重点提到，这里暂且打住。

在过去 30 年时间里，我亲身经历了 3 次经济危机，不过都是在中国大陆以外的地区。让我来告诉你，经济真正发生危机的时候，人们的生活是什么样的。

我经历的第一次经济危机，发生在 1991 年后的德国。当时，两个德国刚刚统一，波黑战争刚刚打响，欧洲也恰好遭遇经济危机的袭击。其时，我正在德国读书。那时的情况是，人们会认真计算晚上是否要去餐厅吃饭，夏天是否还要照常去度假，因为手里的这份工作明年很可能不保。1994 年，正当德国经济危机陷入低谷时，大众汽车公司甚至还推出了一个"四日工作制"方案，即每人每周仅工作四天，但相应工资减少 1/10，以换来公司不裁员，保证充分就业；每个员工都必须在公司的新合约上签字，表示接受这一方案……

我经历的第二次经济危机，是 1997 年 10 月以后在中国香港，那是我从德国抵达香港 3 个月的时候。那年的 7 月 2 日，泰国金融危机首先爆发，并逐渐蔓延到亚洲各地。10 月 22 日，一场股灾席卷香港，导致多少人的资产顷刻间大幅缩水。起初，很多人以为股灾会稍纵即逝，但没想到一波接着一波，并很快波及楼市。香港楼市开始一落千丈，办公室里多少人唉声叹气。接着，很多公司开始裁员，一些稍有良心的公司宣布不裁员、不加薪；再往后，越来越多的公司加入到裁员、减薪的队伍之中。这一路狂跌中，到了 2003 年年初，"非典"（又称"SARS"）爆发，电子媒体每天实时播报死亡人数，人人出门戴着口罩，房价跌到了 20 年来前所未有的低谷。我的一位朋友素以"买楼达人"著称，但那一次他对我说："命都保不住了，谁还有心思买楼？"

我经历的第三次经济危机，是在 2008 年后的美国。那年的 9 月 15 日，雷曼兄弟忽然倒闭，由两房危机引发的美国金融危机随即爆发，并迅速席卷全球。作为全球最自由的经济体，与美元挂钩的港币开始迅速贬值，但幸亏那时近在咫尺的人民币开始升值。但在美国国内，中产阶级的生活一落千丈。

2014 年我到美国度假，在一家二手书店发现一本畅销书，书名叫《第三世界美国——我们的政治家在如何抛弃中产阶级并出卖美国梦》。书名颇为耸人听闻，禁不住拿起书翻阅。书的作者名叫安丽娜·修弗恩顿，是美国的一位报社总编辑和畅销书女作家，20 世纪 80 年代初从希腊移民美国，经历了过去 30 多年美国市场经济发生重要变化的一段时间。我在本书的后面，将不断谈到这 30 多年在美国和西方的市场经济领域，究竟发生了哪些重要变化。

该书出版于 2010 年，那是美国金融危机爆发两年后，美国经济正进入急剧衰退期的时候。书里写了一连串真实的故事，我选择了两个翻译出来。

第一个故事：

隆·贝德纳和玛丽·麦克科宁住在加州，是一对夫妇，但去年离婚了，不是因为他们不再恩爱，而是因为只有这样他们才能获得他们所需的资源。由于健康状况长期不佳导致了失业和破产，他们的银行账号上只有 300 美元了。离婚后，麦克科宁就可以作为她 1989 年去世的丈夫的遗孀，获得社会保障遗孀自助。"我们现在的生活是一个星期一个星期来计划的。"

第二个故事：

瑾贝莉·里约斯住在马里兰州，刚刚卖掉了她的结婚戒指，这样她才能支付一些家庭费用。"这不是玩笑，请做一个严肃的买家吧。"她在广告里这样写道。……卖掉了结婚戒指后，她在浴室的镜子里看着自己，准备洗个淋浴，只有这样她才能大哭一场而不惊扰家人。"我当时的感觉是，这是我留下的最后一件值钱的东西了，"她说道，"我从浴室出来，像平时一样笑意盈盈，竭力让丈夫和女儿感到这是一件好事情。"

我直接或间接经历的这三次经济危机，从今天中国大陆的角度来看，似乎有恍如隔世之感了，或至少可谓"不知有汉，无论魏晋"。

十多年前，日本管理学大师大前研一曾对中产阶级提出了三个问题：

一、房贷是否给你的生活带来了很大的压力？

二、你是否不敢结婚，或不敢生儿育女？

三、孩子未来的教育费用是否让你忧心忡忡？

大前研一认为，如果这三个问题的答案有任何一个为"是"，你就不算中产阶级。

这三个问题对今天的中国中产阶级，也依然是适用的。但这三个问题标准似乎稍高了一些，而且适用的人群也不是那么广泛。

今天，我在这里要提出另外三个问题，作为给读者各位鉴定你的经济状况的标准：

一、今晚如果有朋友远道而来，你是否会因开支原因，为和他（她）一起到餐厅吃饭而犹豫？

二、你是否担心明年会失业？

三、你是否会压缩你和家人旅游或度假的时间和开支？

如果这三个问题中，有两个答案为"是"，那么中国经济就真的是进入了危机阶段了。

但我们看到的大部分实际情况是，在今天中国的大城市，谁会为晚上是否要去餐厅吃饭而纠结？谁又会天天为明年保不住工作而发愁？即便是在 2003 年"非典"肆虐的那几个月里，广州的各大餐厅也依然天天爆满……

另外，从社会治安的角度看，从欧美回到中国，你会发现在中国的大中城市，深夜行走似乎不用太过担心，而这在欧美许多城市是难以想象的事情。其间固然有国情的不同，但社会治安与社会就业之间的关系，是社会学里一个不争的命题。

1991—1992 年，我经常到民主德国地区采访。那是德国刚统一，几乎百废待兴的一段岁月。在民主德国大城市的街头，到处可见身强力壮、无所事事的男青年，眼睛贼溜溜地盯着过往的路人；我有一个德国朋友，就是在光天化日之下遭到了抢劫和殴打。这情景让我想起 20 世纪 70 年代上半叶，在上海的街头也有很多这样的男青年，当时被称为"流氓阿飞"，时不时就有抢劫、殴打发生……

不知怎么，今天每当我在中国街头见到快递小哥勤快、敬业地送着快递的时候，我就会想起当年的这些场景。我时常对朋友说："年轻力壮的男孩子一定要有事情做，不然就很危险。"

有一天中午，在广州一个办公大楼底层的电梯口，由于午餐时间电梯繁忙，一位美团外卖的快递小哥几次都进不了电梯，急得哭了起来："能否让我先搭电梯？外卖送晚了，我要被扣很多钱。"

今天中国的治安相对良好，相当程度上与就业情况相对良好有着密切的关系。

不仅如此，就在所谓的经济下行的过程中，中国消费者的品位反而提升了。按照一般的常理，凡是经济下行，不但要节衣缩食，而且更要打消一些不切实际的购物欲望，因此消费者的消费品位是下降的，而不是提升的。但中国的情况正好相反：经济下行期，中国的年轻消费者却依然全球各地"买买买"，而且买的不再是过去的便宜货，恰恰是比过去更加昂贵的商品。

这哪是经济下行期的消费行为？这分明是对未来充满信心的消费行为！

从一般的经济学规律来看，这是一个让人看不懂的国家，又一次颠覆了人类经济史的一般规律！

其实，说中国经济下行，是一种不甚准确的说法。无论是经济增速从 2007 年的 14% 下降到 2017 年第一季度的 6.9%，还是人们对未来 L 形经济的担忧，其实谈的都是中国经济增速放缓，而非总量的减少。

我经常半开玩笑说，今天中国经济的下行，一则以忧，一则以喜。从表面上看，经济下行似乎总是坏事，但我们若以少年的身体骨骼成长来作比喻就可发现，18 岁以后生理成长放缓是一个必然、正常的趋势，相反 18 岁以后将日益知识丰富、人格成长、智慧成熟。这就是人格的转型过程。

从这个意义上说，中国经济不可能长达数十年维持两位数的高速增长。若真有这么一天，那么中国经济也一定长成了一个怪物。因此，现阶段中国经济自然下行，一如少年的骨骼生长在 18 岁之后的放缓，不但是个自然现象，而且还是个值得庆幸的现象。关键是：下一步，中国的"知识丰富、人格成长、智慧成熟"顺利吗？这才是人们真正应当关心的。

如果还是以 18 岁少年的例子来比喻，就可发现，当 18 岁少年骨骼生长开始放缓的时间，一方面他要面临"知识丰富、人格成长、智慧成熟"的转型，另一方面那个阶段恰恰是他精力最盛、活力最旺，各种需求和潜能得以全方位爆发的时候。

中国经济目前就处于这样的状态中。

"生存型消费"—"炫耀型消费"—"品位型消费"

以这个眼光来反观中国经济的发展，人们大致可以理解为什么一方面中国经济下行，同时人们为经济转型而"忧心忡忡"，而另一方面中国的"购物军团"却不断"攻陷"世界各地。

消费，是一个很好的窗口，可以让人窥见很多东西，其中有一个经济体的实际能力和潜力，也有该经济体制造业升级换代的潜力和前景。显然，一个低水平的经济体只能带来低水平、生存型的消费；而随着人均收入提高，居民消费欲望、消费能力的提升，又会带来制造业的升级换代。

中国消费的提升或升级换代，是有许多具体的数据支撑的。

大家知道，改革开放初期，邓小平为中国设定的小康目标是：到了21世纪初，人均收入达到1000美元。这一步，中国在世纪之交的时候已经顺利达到了，也就是在这个时候，中国加入了世界贸易组织，全面融入了全球化的进程。后面发生的事情，就超越了开始的规划。

2001年"入世"时，中国只是全球第六大经济体。仅仅过了六年，到了2007年，中国经济总量"一不小心"超越德国，成为全球第三大经济体；又仅仅过了三年，到了2010年，中国又"一不小心"超越了日本，成为全球第二大经济体。如今，中国做"老二"已经七年多，下次超越只有一次机会和一个对象，那就是美国。对此，美国人心知肚明，因此在奥巴马时代才有了那么多试图阻止中国的机会。但是，中国的发展进程并未就此停止。

但2014年，中国经济在增速大幅下滑和房价疯狂上涨的进程中，却完成了另外两座里程碑：一、中国成为全球最大的贸易伙伴国；二、中国对外直接投资的数额，首次超越引进外资的数额。那年美国中央情报局发表一份内部报告，称按照购买力平价计算，中国经济总量已经超越美国……

对中国这么一个厚积薄发的国家来说，一旦进入上升通道，即便经济有所下行，但其整体上升的趋势和势头却依然未减。这大概可以用来解释，为什么这几年一方面经济下行，但另一方面中国居民"买买买"的消费势头为什么完全未见。

再来看这几年中国居民收入的提高。

邓小平为中国设定的人均1000美元小康水平，从现在的眼光来看，这是一个仅仅满足温饱的水平，或用学术的语言来说，是一个"生存型消费"的时期。

2008 年，当中国举办北京奥运会的时候，中国的人均 GDP 跨越 3000 美元。这是一个重要的转折点。按照经济学的研究，3000 美元前后的发展阶段是经济现代化发展的一个重要的分水岭，居民的消费活动开始活跃。

因此，你也许会同意我下面的说法：我们和周边朋友们以较大的精力关注消费、愿意消费、敢于消费，同时开始愿意出国消费的趋势，大致就是从 2008 年开始的。人均 GDP 的不断提高，意味着中国居民消费金额显著提升，原先温饱型、小康型的消费开始向发展型和享受型转型。

"享受"，在中国的传统观念中，长期来一直是个负面词。但是，从那个年代开始，对很多中国老百姓来说，"享受"开始成为一个正面的概念。

学界也有人用"炫耀型消费"来描述这一轮消费大潮的特征。这里的"炫耀"二字并非一定是负面的概念，而是意味着中国居民开始从原来的"生存型消费"向"享受型消费"转型，其间的行为举止多少带有一些毛糙的成分——毕竟艰苦了这么多年，些许的毛糙总归还是可以理解的。

但 2008 年跨越人均 GDP 3000 美元不是终点，而只是一个更大、更快阶段的开始：

仅仅三年后的 2011 年，中国人均 GDP 就超过了 5000 美元；又过了三年，到 2014 年，人均 GDP 达到了 7594 美元，2016 年达到了 7900 美元；预计到 2020 年，将达到 10000—12000 美元。

2010 年，中国的消费总量是 13 万亿元；到 2020 年，中国的消费总量应该可以达到 46 万亿元，其中的扩容总量达到 33 万亿元。

按照世界银行的说法，人均收入进入 5000 美元，并在走出 15000 美元之前，经济增长实际上将进入"中等收入陷阱"。这当然是就经济增长的动力而言的，中国这几年面临的更换增长动能的挑战，已经证明了这一点。但就消费的角度而言，这段时间恰好是人民消费潜力井喷式爆发，消费自信爆棚的年代。

过去近40年，中国生产带动消费，消费促进生产的进程，就是这么一路走来的。

我与张燕生的对话，首先就从这个老百姓最关心的历史进程开始的。

邱震海：生产带动消费，消费促进生产的进程，在中国过去近40年的历史中，其实已有过好多次了。只不过，这一次是在更高层面上的消费促进生产而已。

张燕生：过去近40年到现在为止，经历过三次消费升级的热潮。有什么样的顾客就有什么样的企业，有什么样的消费才有什么样的供给。

第一波消费热潮是1979—1999年，消费升级第一浪。这一浪重点是解决老百姓吃饱穿暖的问题，此时中国实体经济发展最快的是轻工业和纺织工业，很长一段时间，中国国际竞争优势产品是纺织、服装、箱包、鞋帽、玩具。

第二波消费热潮从2000年开始。那以后，中国消费升级开始进入第二浪，进入老百姓要买车、买房、买手机，这一浪带动重工业、钢筋、水泥、电解铝、玻璃和重大装备制造业，涉及工程机械、造船机械和发电机械、发电设备，以及建材、房地产。第一轮资本利用效率比较高的是在资本比较少的轻工业；第二轮都是资本系数比较高的，投资比较高的。

第三波从2012年开始。那以后，开始进入现代服务的消费热潮，保健、医疗、养老、文化、信息、旅游，比如现在老百姓愿意付出几倍甚至十倍的价格去买有机的蔬菜、有机的肉蛋。第三波热潮特点是轻资产，开始转向高增值服务和高技术制造。三浪热潮导致形成三波产业发展的结果是不一样的。

这中间也暴露出中国经济在转型过程中面临的挑战。

前面提到的"中等收入陷阱"概念，是世界银行在 2007 年提出的，即指一个经济体在人均收入 5000—15000 美元，都会遇到一个发展的瓶颈。2016 年中国人均收入达到 7900 美元，"十三五"期末争取达到 12000 美元，恰好在这一区间内。"中等收入陷阱"之所以被称为"瓶颈"，其实很好理解，因为在其发展的早期，基本上都是靠简单的生产要素拉动。

以中国为例，这就是以人口红利、土地资源、"三来一补"等简单生产要素拉动的模式。当年的这个模式有其无奈性，因为当年的中国一穷二白；但也有其合理性，因为这是最为经济、有效的发展模式。同时，这一模式也有当时"天时、地利、人和"的因素，那就是从 20 世纪 80 年代开始的全球化浪潮，而中国则正好以自己的勤奋和聪明才智融入其中，在全球化的价值链中占据了一个最为有利的位置，同时从 20 世纪 80 年代末开始迅速实行"以出口为导向"的外向型经济。当时的中国，虽没有核心技术，但靠着人口红利做世界加工厂，同时迅速出口赚取外汇。中国的绝大多数财富就是通过这个渠道得来的。这一点在 2001 年中国加入世贸组织后尤其明显。

从理论上说，中国的这一发展途径颠覆了人类经济发展史的基本轨迹。研究 1500—1850 年的欧洲经济史就可发现，手工作坊——大机器生产——金融业诞生——更大规模的大机器生产——对外贸易，这是过去 350 年里世界经济史的基本轨迹，其中每一个环节的进步大都由科技革命和技术进步所推动，而对外贸易（出口）则是整个发展链条上的最后一环。但中国的发展则正好相反：中国在没有技术进步的情况下，以世界工厂的方式融入了全球化的进程，然后将原本在发展链条上最后一环的对外贸易迅速提前，由此在短期内创造了大量的财富。

这就是过去近 40 年中国成功的奥秘。这个奥秘的"天时、地利、人和"之处，对内就是中国的人口红利，对外就是当时方兴未艾的全球化浪潮。

然而，这两个条件到了今天，基本已经或即将全部消失。对内，从2012年开始，中国人口红利全面消失，简单生产要素拉动的模式将难以为继；对外，虽然全球化是否面临全面终结尚未有结论，但贸易保护主义抬头，民粹主义和孤立主义盛行，这在英国"脱欧"和特朗普上台的问题中表现得淋漓尽致。

在这种情况下，中国自身的经济转型与外部环境对中国经济转型的倒逼，两者在同一时空下发生。这就是近一两年中国经济面临的实际处境。

这就回到了前文提到的L形经济以及中国消费者需求结构发生的细微变化。

从表面上看，经济学家口中的L形经济，巴黎"老佛爷"商城里"买买买"的中国消费者之间，似乎没有什么关系。但其实，两者有着深刻的内在逻辑，即这反映了中国经济面临的一个深刻变化，那就是：中国经济过去那种简单粗放、以世界工厂和贸易出口为导向的发展模式已经难以为继，必须寻找新的动能和发展源泉，那就是向着更有技术含量和创新的模式转型。恰好与此同时，中国消费者的品位也开始发生了变化：他们不再简单地以购买廉价商品而满足，而是开始追求价值。

这两个进程之所以同时展开，恰恰折射了一个重要的事实：中国经济的一个旧阶段结束了，而新的一页必须迅速展开。

这就像一个漂亮的女孩子，16岁之前可以按着母亲的意愿专心学习、艰苦朴素，但到青春期后，必然向往更为浪漫的情怀；此时，她的骨骼也许不再像前10年那么迅猛增长，但她的魅力却正像一朵逐渐绽放的鲜花，让人看到美丽，更看到潜力。

经济学的常识告诉我们，一个经济体的真正实力，在于其中每一个个体的实际消费能力。如果其中的绝大多数个体都具备了较强的消费能力，你还担心这个经济体没有活力和潜力吗？

当然，消费能力的前提是消费欲望。很多时候，消费欲望与消费能力并非合二为一。有的人消费欲望强烈，但消费能力有限，比如年轻人；有的人却正好相反，消费能力虽强，但消费欲望有限，比如中年以上的人。只有当既有消费能力，也有消费欲望的时候，这个经济体的活力和潜力才能真正发挥出来。

谁都在说，中国已经进入了消费升级的时代。但在今天的中国，消费欲望和消费能力在很多时候似乎呈现了彼此分割的情况。

还是举一些例子吧。

走进商场，你有没有观察过，上了年纪的人们和年轻群体的不同购买行为有什么差别吗？

让我们把前者称为"旧生代"，其年龄多在 50 岁以上；而后者则可以称为"新生代"，年龄多在 35 岁以下。35—50 岁的人群，我称之为"过渡代"，兼有"旧生代"和"新生代"的双重特征。

"旧生代"的行为特征大都是这样的：他们拿起商品，眼光首先停留在价格上，然后再看商品的其他方面，包括外观、质量、可用度等。每当消费行为完成，"旧生代"的行为特征是这样的：首先计算今天获得了多少优惠，若优惠幅度大于预期，那么他（她）在完成消费行为后的幸福指数就会爆升。

有一位"旧生代"的朋友，每次有儿辈给他买东西，他首先必问价格。当得知价格合理时，他的回答必然是："这东西好！"古话说：便宜没好货。这句话到了这位"旧生代"朋友那里，似乎变成了：凡是便宜的就是好货。但是，你没觉得这里面的问题吗？当他只是以价格作为衡量物品好坏的唯一标准时，他忽略的必然是商品的品质和他自身的消费需求。

"商品品质好又有什么？关键是要价格合理。"这位朋友时常把这句话挂在嘴边。当他这样说的时候，其潜台词其实已十分明显了，那就是：与价格合理相比，商品的品质和个人的消费需求都是可以忽略不计的。

当然，"旧生代"的消费模式并非追求"价廉质次"，而是尽可能追求"价廉物美"。比如，同样到菜场买菜，与 20 元买到新鲜的蔬菜相比，"旧生代"会尝试用 10 元钱买到同样的新鲜蔬菜，而不会用 5 元钱去买一堆开始腐烂的蔬菜。但是，在高品质、高价格的消费品面前，"旧生代"的朋友们一般多会选择低价格、品质稍低但不差的商品。

这种消费行为，显然与"旧生代"早年生活环境有极大关联。从中，我们似乎可以看到"旧生代"物质贫困的儿童和青年时代，正是那个时代给这一代朋友打下了挥之不去的消费行为烙印。"旧生代"虽有消费欲望，或对美好生活的向往，但这种欲望和向往在"节约为上"的美德和"量力而行"的古训面前被严重压抑了。

甚至有时候，这些贫困时代留下的消费行为的烙印，似乎与他（她）的财富多少似乎并无直接联系。有一位 50 多岁并有亿万家产的朋友，每次在餐厅吃饭，必然像理财或商业谈判那样，要对今天的菜单先进行一番价格角度的经济学审核，然后取出各种优惠卡和折扣券，总有一款能用上。最后，经过这么一番经济学的精算，总能以最低的价格享受到最为精美的菜肴。

但这样的消费，似乎总是让人觉得缺少了一点什么。那位亿万家产的朋友发现了我的困惑，对我说："你是否以为我消费质量不高？不是的，我给你提供的这顿晚餐，质量一点不比其他地方差，但价格却相差了很多。我只是让自己不吃亏而已。"

听着似乎很有道理，我还是没能说服这位亿万家产的朋友，因为我总觉得这样安排的人生，似乎还是有着一丝缺憾……

但是，"新生代"完全不是这样。"新生代"的消费行为一般是这样的：他们拿起商品，首先看的是款式、质量及其与自己的需求和品位的契合度，然后顺便看一下价格。2016 年 10 月"黄金周"期间，我到巴黎"老佛爷"见到的场景，就是这一消费行为的最好写照。

在"旧生代"看来，这简直就是不可思议的行为；但在"新生代"看来，这一切都是那么的自然和正常。

"旧生代"和"新生代"的消费行为的本质不同在于：前者只是满足于生存消费，即满足生存所需要的各种最基本的物质需求；而后者则开始追求精神（心理）消费，即以精神契合决定消费取向，更为注重个人精神气质、喜好与商品之间的契合度，因而更追求商品的品质。

　　前面提到 2001 年人均 1000 美元到 2008 年人均 3000 美元是"生存型消费"，2008 年之后开启了"享受型消费"或"炫耀型消费"的阶段。在人均 5000—8000 美元，中国居民开始进入了一个"精神契合型消费"或"品位型消费"的阶段。

　　而一旦进入"品位型消费"，表面上看似乎是进入一个更少数人的阶段，其实不然。所谓"品位型消费"，指的是人们在消费上追求一个更高的阶段，但就消费者的基数而言，这却是一个真正进入"大众消费"的时代。换言之，在"炫耀型消费"时代，能够或敢于消费的仍仅是一小部分人，大部分人仍处于观望或不敢消费阶段；但进入"品位型消费"时代，当先前追求炫耀的那部分人群开始追求品位，普罗大众才真正进入敢于消费的阶段。

　　从世界经济史的角度看，中国目前正在发生的这一切，也可以得到足够的验证。

　　消费拉动经济，这已是世界经济史上被不断证明的铁定规律。更重要的是，凡是消费拉动经济的时代，一定是居民收入大幅上升，同时各种产业随之进入调整、提升的重要时期。从经济学角度来看，消费与生产唇齿相依，有了消费就能促进生产，而生产的东西若没人消费，则自然就会被淘汰。

　　凡是人类都离不开衣食住行的基本需求。这四大需求中，衣和食显然更为重要；而在这两大基本需求行业中，最早以工业化方式得以推进的，是"衣"这一领域。纺织业之所以成为最早实现工业化的行业，原因就在于此。

　　18 世纪 60 年代英国产生第一次科技革命之前，人类的纺织业劳作大都通过手工作坊。珍妮纺织机发明后，手工作坊才提升、演变成为大机器生产；而恰在当时，瓦特发明了蒸汽机，其首先得以应用的领域也是纺织业。

18 世纪 80 年代，第一次科技革命产生 20 年后，英国进入了工业化时代。在随后的 50 多年时间里，英国人的消费观念发生了重大改变，中产阶级逐渐在英国诞生。这批英国最早的中产阶级不但摆脱了农业劳作，也开始逐渐摆脱穷苦时代的一些陈旧观念。

最重要的是，在消费行为上，当时的英国开始从少数富人的"炫耀式消费"变成了普罗大众的"大众式消费"。在那个纺织业为主要产业的年代，英国上层社会流传着一句名言："时尚比美德更重要。"稍后的时间里，对整个住宅的占有成为每一个英国人的强烈愿望。

这一切与今天的中国何其相似！

1851 年，英国举办了第一届世界博览会。在来自西方世界琳琅满目的各式商品面前，英国中产阶级眼花缭乱了，他们的消费欲望和消费热情被极大地激发出来。

那个时候在英国，正好是维多利亚女王时代，被称为英国近代史上的黄金时期。英国中产阶级的追求、品位、价值观，英国绅士的风度、英国淑女的风范、英式下午茶的时尚，还有许多今天我们所欣赏的那些来自英国的高贵、典雅的事物，很多都是在那个时代形成、确立并流行的……

这一切又与今天的中国何其相似！一个"消费大爆炸"年代在中国已经来临，这并不是夸张的结论。

然而，与张燕生对话时，他下面的一段观点，还是让我吃了一惊。

所有的调整都为满足"新生代"需求？

我与张燕生的对话，首先从 2017 年第一季度中国经济有所好转谈起。

在本书后面的章节里，将会谈到中国经济近年逐渐向好的原因，亦即"未触底已反弹"的原因。

但刚进入这个话题，张燕生就抛出了一个听起来让人吃惊的观点。

邱震海：在中国经济"未触底已反弹"的背后，经济主管部门提出了不少的新思路。归纳起来是什么？

张燕生：包括政府对现阶段经济的调控的政策体系，今年和去年相比有很明显的进步。今年提出了一个适应新常态宏观调控体系，这个体系是比较系统的，包括三句话，那就是：一要适应新常态，二要供给侧结构改革，三是把稳中求进作为治国理政的积淀。

邱震海：供给侧改革在消费领域的目标是什么？现在看来达到了吗？

张燕生：供给侧改革是作为"十三五"的主线，"十三五""十四五"是10年的转型期。供给侧结构性改革非常明确三点，第一点就是供给侧结构性改革的目的，最终目的是满足新需求。

邱震海：满足谁的需求？

张燕生：不是"50后""60后""70后"的需求，因为这些人最大的特点就是节俭，有钱没钱都不花钱，花钱也是买最便宜的东西。现在的新需求是"80后""90后""00后"甚至"10后"，他们是有钱没钱都买，他们没有缺过钱，所以他们敢于负债、消费，敢于买好东西，所以国家结构性调整有一个明确的目标，所有的调整是为了满足新生代的需求。

邱震海：所有的调整都是为了满足新生代的需求？这听上去似乎有点令人震惊。

张燕生：我看到一条微信说，一位40多岁非常优秀的女演员，她去年一年都没拍戏，她发现"80后""90后""10后"的需求是小鲜肉，对一个好的演员来讲，她觉得我怎么能演这种剧呢？她的选择是，一年不演戏，两年不演戏，时间长了就变成了"旧常态"。这个例子也说明，得有一个调整，就是怎么适应"新常态"，怎么在小鲜肉的电影中有创新，有好东西。

邱震海：这个跟我们行业非常相近。无论是电视还是视频，基本上主要观众就是"80后"和"90后"人群，新锐中产。

张燕生：怎么认识"90后""00后""10后"的需求？小鲜肉好不好？这是他们的时尚，但是怎么把时尚转移到新价值发掘的常态，怎么引导他们？国家在这方面的导向很明确，供给侧结构性改革最终目的是满足新需求，用什么方式满足需求，就是提供有效供给。

邱震海：这样说，似乎"50后""60后"，甚至"70后"都快要成为被"新常态"忘却的一代了？

张燕生：之前是一个不一样的格局，那时候搞市场经济就是改革，不搞市场经济就是保守派，现在也是这样，是适应新常态，还是留在旧常态？不管年轻与否，不管受什么教育，不管处于什么位置，要能提供新的供给引领新的需求。

邱震海：所谓的"新生代"，就是指"80后""90后""00"后那一代人。如果说，未来的消费趋势主要以这一代为导向，那么这一代人与之前的"50后""60后"，甚至"70后"相比，在消费趋向上有哪些本质的不同？

张燕生："50后""60后""70后"，本质上都是价格的敏感者，也就是买东西首先看价格是否便宜；而"80后""90后""00后""10后"是价值的追求者，这就代表经济本质的变化。"50后""60后""70后"要买便宜的东西，节俭，因此企业的员工用农民工，材料也是最便宜的，零部件是最便宜的，高管是最便宜的，企业家也用最便宜的，世界上说我们的特点就是最便宜。便宜是什么意思呢，比如一支笔美国的老百姓想买要花2美元，但是你只卖85美分，老百姓买完这支笔还可以节约预算，得到更多的其他福利。但是现在，企业的员工要用最好的，具有工匠精神、丰富经验的，材料用最好的，零部件用最好的，高管用最好的。过去高管是管理游击队，现在高管是管理正规军。从这就发现，有效供给是非常明确的，用什么方式完成这个转型，是改革。

邱震海：这两代人的不同，来源于他们成长于两个完全不同的年代。"50后""60后"，甚至"70后"的成长期，中国还很落后，因此他们是"苦出身"，血液里流淌着节约的"基因"。而"新生代"一出生，就是"含着金钥匙出生的一代"，中国已经富裕，或至少开始富裕，因此他们的"消费基因"是勇敢，钱可能不多，但特别敢于消费。当然，这个问题的另一面是，新生代中的一些人，其用于消费所花的钱，并非自己所挣，而是来自上一代的奋斗。"富二代"的正负面效应及其对价值观的影响，是个社会学的课题。但从经济学，尤其是从消费推动经济发展的角度而言，消费结构向新生代倾斜，显然是有积极意义的。

下面的问题来了：将消费注意力全部放在"80后""90后"的"新生代"身上，就能提振中国的消费，并进而促进中国经济了吗？

如果说，"新生代"的消费观念和消费行为与"旧生代"存在本质区别，那么"新生代"对消费品有什么样的要求？

如果说，"旧生代"的诉求主要是生存型消费，那么在"新生代"的品位型和精神契合型消费的背后，又是什么？

换言之，需要"新生代"来提振的中国经济，做好迎接这一代消费者的准备了吗？

看不懂的中国之二：为何不在国内"买买买"？

写到这里，我又想起《到日本买个马桶盖》这篇文章。

这篇文章折射的荒诞，不在于买马桶盖，而在于为什么要到日本买马桶盖？显然，当消费者的需求提高后，他们发现，国内买不到这么好的产品。这背后的逻辑，与每年"黄金周"世界各地中国游客的"买买买"的逻辑是一样的。

但就本质而言，这其实并非一个好现象。试想，当中国人有钱后，从"炫耀型消费"走向"品位型消费"时，他们却没有把大把的金钱撒在中国，而是撒到了别国的土地上，这对提振中国经济有用吗？

于是，一个更有深度的问题就出现了。

什么样的消费才能提振经济？这是一个颇有学问的东西。

千万别以为只要消费就能发展经济。要是这样，那么大肆挥霍、坐吃山空也能提振经济了，这显然是一种误解，更是一种荒唐。

消费刺激经济，有一个重要的前提，那就是通过消费提升产业，并使之形成消费对经济的良性刺激。人类历史上，对此既有过成功的经验，也有过惨痛的教训。

15世纪的地理大发现之后，人类先后出现过西班牙、葡萄牙、荷兰、英国、美国等世界强国，但仔细研究其兴衰规律就可发现，除了拥有海洋这一军事霸权武器外，在经济和国力发展上，离不开两个根本的规律，那就是：一、以消费促进经济，并以此提升产业；二、以创新和科技革命提升整体国力。

其中，西班牙和葡萄牙虽为当时海上霸主，但通过霸权获得的财富在这两个国家只是被用于上流社会的挥霍（如果挥霍也能被称为一种消费的话）。那个年代的西班牙和葡萄牙，掠夺的黄金滚滚而来。仅西班牙一个国家，1501—1600年的近百年里，就从墨西哥和秘鲁输入了1700万公斤纯银和18.1万公斤纯金。这么多财富的输入，自然导致那个时代的西班牙和葡萄牙歌舞升平，一片奢华。

但是，那个时代，西班牙和葡萄牙内部的消费品供应量却没有提升，其原因是产业没有提升，因而经济没有获得质的飞跃。

这个歌舞升平时代的结果只有一个，那就是物价飞涨！十多年前有一部《大国崛起》的电视片在叙述这段历史时这样说道："流水一般涌入的财富，又像水一般地流走了。除了奢侈的社会风气，没有留下像样的产业，老百姓甚至也没有获得像样的衣食住行。"

那么，西班牙、葡萄牙的财富流去了哪里？答案很简单：流到了当时正在酝酿崛起的荷兰、法国、英国等国。那个年代的英国、法国、荷兰等国，从早年的"少进口"以保护本国产业逐渐转向"多出口"以获得贸易顺差。用伏尔泰的话来说，"正从秘鲁和墨西哥不断流入西班牙的黄金和白银，又落入了法国人、英国人和荷兰人的口袋"。

这个教训对西班牙和葡萄牙而言是惨痛的，以致今天到了这两个国家，看着眼前的败象，人们很难再把它们与当年叱咤风云的两个海洋强国联系起来。但这个教训对后来者（包括今天的中国）而言，则具有十分的警示意义！

还是回到前面叙述的巴黎"老佛爷"商城现场。

那些30—40岁、手牵一个孩子，同时拖着两个空箱子的"买买买"的中国消费者，无疑就是英国维多利亚时代的中产阶级写照。

这些"新生代"的消费者，他们也许绝对财富并不太多，但消费勇气以及深藏背后的对品位的追求，无疑与欧洲那个年代兴起的中产阶级并无二致。

"为什么一定要买国外的商品？"我问一位"购物军团"的女性成员，虽然有点明知故问。

"买国货？还没有这个准备！主要是不放心"那位女士倒也坦率。

"对什么不放心？肯定会便宜一些啊，性价比还是可以的。"我说。

"质量不过关，价格便宜有什么用啊？保不准还是假货呢。"女士更为坦率，"东西贵一些没关系，关键质量、款式要好，更何况同样的外国货，在巴黎买要比在北京买便宜多了。"

这段对话已经说明了一切问题！

千万不要以"爱国或不爱国"这样的政治思维来看待这一切。只要问一个十分简单、人性的问题就可以了："如果中国自己可以生产出这样质量、价格的产品，中国年轻的消费者为什么要千里迢迢地去国外购买？"

一切的一切，还是回到中国制造业的转型升级上。

2017年的某一天，李克强总理在一次内部会议上提到，至少到那个时候为止，中国很多圆珠笔的笔芯依然需求进口。这不能不说是一个令人感到十分震惊的消息！甚至像对我这样的媒体人士，或长期跟踪中国经济转型的人士来说，这个消息也不啻晴天霹雳。

我们常说，中国制造业的特点是"大而不强"。这里请允许我稍稍跑题一下，讲几个小故事。

2015年在新加坡"香格里拉对话"期间（注：那是一个由伦敦国际在战略研究所和新加坡政府合办的年度世界国防部长的"二轨"对话平台），一位中国少将对我说："经常有越南和菲律宾的人士问我，你们中国的扩岛建礁的速度怎么这么快？我们填扩一个岛礁，需要好几年的时间，你们忽然两三个月就完成了。"

"你怎么回答他们？"我对这个问题也颇感兴趣。

"我回答说，对不起，我们的施工能力就是这么强。"少将的回答毫不含糊，也充满自豪。

那一刹那，必须承认，这位中国少将的自豪情绪也感染了我。但再仔细一想，扩岛建礁确实可以从一个侧面印证中国的施工能力。但另一方面，这只能说明中国制造业的"大"，而并不一定能说明其"强"。同样在军事领域里，相当长的时间里，中国能让原子弹爆炸，也能宇宙飞船上天，但就是无法造出航空母舰。当然，现在这个阶段已经过去了，然而当年的情景确实也印证了中国制造业的"大而不强"的尴尬。

我无论如何没有想到的是，中国居然在圆珠笔的笔芯上依然要依赖进口！

但再仔细一想，在今天充斥中国内需市场的商品里，能真正满足"新生代"以品位和精神契合度为指针的消费需求的，可谓少之又少。

再讲一个与居民消费直接有关的真实故事。

某生产汽车儿童座椅的企业，原先主要以外销为主，一个儿童座椅的外销售价在1300—1500元人民币。近几年，由于出口疲软，这个企业有意将目光拉回到国内市场，仔细一看才发现，原来国内市场的同类产品售价只在300—400元。以外销的价格，显然无法在内需市场上取得竞争力。

但是，内销儿童汽车座椅的质量又如何呢？这个企业于是对外销和内需市场的儿童汽车座椅分别做了一个冲击力测试。结果，外销的儿童座椅基本完好无损，而内需市场上的座椅则已"粉身碎骨"。

这是汽车座椅啊，显然安全可靠度是第一位的！然而，1000元左右的差价，显示的却是两种完全不同的质量可靠度。于是可以想象，"新生代"和"旧生代"面对这一情况，其心态和最后的消费决定是完全不同的：

"旧生代"的反应可能是这样的：汽车发生碰撞的概率极小；更何况，若真的发生车祸，人都死了，这个座椅又有什么用？因此，这1000元的差价能省就省了吧。

但"新生代"的反应则很可能是：现在事故这么多，谁家的孩子都是父母的心头肉，为了孩子的安全，当然要买最好的；更何况，一旦发生车祸，能否存活很可能就取决于座椅的抗冲击力的强度；再说了，1000元的差价多吗？如果能在车祸中救孩子一命，这钱值啊！

表面上看，这里的逻辑似乎已很清楚了：当人均收入已经逼近甚至超过8000美元的今天，尤其在中国的大城市里，"新生代"的父母显然会对售价1300—1500元的外销儿童汽车座椅更为趋之若鹜。

但实际的情况却是：中国的内需市场上，根本不可能提供这么多的1300—1500元的儿童汽车座椅，因为中国的相关制造企业根本不具备这么庞大的制造容量。换言之，中国的企业不是没有能力造出质量高的产品，但其生产容量仅够出口而已；若要满足国内市场的大规模高端需求，对不起，目前还真不行。

换言之，即便中国的"新生代"消费者对1300元以上的高质量儿童汽车座椅趋之若鹜，中国国内市场上也无法提供足够的商品。于是，结论就很清楚了：大量的"新生代"消费者只能去海外购买他们心仪的商品。

注意，是购买心仪的商品，而不是满足生存需要的商品，要不然300—400元的儿童汽车座椅完全可以满足他们的需求了。

这就是中国消费者到海外"买买买"的主要原因！

其间蕴藏的两个信号是十分强烈的：一、在人均收入已经跨越8000美元大关，"消费价值大爆炸"年代即将来临的时候，这对中国经济而言，是一个极其正面的信号；二、中国国内的制造业依然停留在满足"旧生代"基本生存需求的层面上，完全无法适应"新生代"业已改变了的消费需求、消费结构和消费行为。

由此，你也许已经明白，中国包括消费在内的中国经济结构调整，看似容易、简单，其实是一个涉及方方面面的系统工程。

换言之，如果我们下决心要在未来 6 年左右的时间里，扎扎实实完成这三大经济结构调整，那么就必须对包括制造业、社会保障体系在内的一系列领域进行全面升级。

写到这里，我又想起我的对话伙伴张燕生，尤其是他那大胆、开放的说法，即"所有经济结构的调整，都是为了满足"新生代"的消费需求"。

如果我们把"新生代"定义为"80 后""90 后""00 后"的人群，甚至有人从更苛刻的意义上，把它定义为从"85 后"开始，那么一个令很多"老同志"沮丧的结论就出现了：是不是"70 后""60 后""50 后"的人群，终将被这一轮的经济调整大潮所"抛弃"？

当然，得出这样的结论是肤浅的。但是，面对汹涌而来的"消费大爆炸"，无论是"85 前"的人群，还是"85 后"的人群，在这一轮的消费大潮中如何生存？这显然已是一个超越生存本身的问题了。

如果说，过去中国的制造业主要是满足"旧生代"，亦即"85 前"以前的人群的生存型需求，那么面对已经来临的"消费大爆炸"年代，产业如何提升？品质如何精良？如何将每个"黄金周"蜂拥前往世界各地的"购物军团"吸引回国内市场？这显然也是一个超越消费本身，而切入了中国制造业转型的深刻问题了。

一切，都还只是刚刚开始……

第二章
中国经济是否藏着"定时炸弹"？

如果我们认可"消费大爆炸"的年代已经来临，那么无论是以消费提振经济，还是中国制造业必须迅速转型，以满足"新生代"的品位型和精神契合型消费需求，所有的这一切，都隐含一个重要的前提，那就是：中国的经济必须继续发展。

一、中国经济的一系列深层次问题

用更通俗的语言来说就是，中国经济必须继续维持一定的增速，不然许多的问题就会出现，而所谓的"消费价值大爆炸"就更不可能实现。

但恰恰在这个问题上，这几年人们的回答是不那么确定的。

有几组数字似乎能说明一些问题：

- 2007年中国的经济增速是14%，而2016年则跌到了6.9%；
- 2008年美国金融危机爆发后，中国政府当时的策略是"保8"，因此才有了后来被人诟病的4万亿刺激措施等；2013年后的策略是"保7"，2016年"十三五"规划宣布时，中国高层宣示的未来五年的目标是"保6.5"。

中国经济："托"能解决问题吗?

做一个通俗的比喻吧。今天中国的经济结构调整，某种程度上就像在高空以高速飞行的飞机，需要更换发动机。

对普通的飞机来说，更换发动机不是一件难事，只要飞机落地入库即可完成。但是，对一架高空高速飞行的飞机来说，此时不可能减速降落，因为这样可能会发生其他更多意想不到的事故。对中国经济来说，此时若忽然全面降速，甚至全面停滞，那无疑将埋下极大的社会风险。

但是，若像过去那样，继续以简单生产要素或货币政策拉动，那也无异于在飞机已经出现故障的发动机里，继续灌注劣质燃油，其结果是飞机在高空的高速飞行将更加充满风险。

当然，这样的事情在航空史上绝无仅有，但对一个高速发展后进入"瓶颈"轨道的经济体而言，却并非不可想象，今天中国经济遇到的就是这样一种情况。因此，既下决心全面调整中国的经济结构，同时又尽可能维持中国经济发展的增速，这在一定程度上是一件两难之事，但又是必须完成的使命。

我经常用"两难的拳击手"的比喻，来形容中国经济当下的这一处境，即一方面不应再出重拳，不然就会后患无穷，但另一方面则又不可能不出拳，不然后果可能更加严重。

"是，还是不是，这是一个问题。"这是莎士比亚名作中的名句。把这句话稍稍转换一下，就可用来形容今天中国经济的处境："托，还是不托，这是一个问题。"

我与张燕生的对话，就从这里开始，其间也离不开对 L 形经济的讨论：

邱震海：权威人士不久以前在《人民日报》发表文章说经济运行将是 L 形走势。微信中有很多调侃，说 L 形有四种写法，一种是 L 竖很长横很短，落下来时间很长；还有一种说竖很短横很长，徘徊时间很长；还有说 L 形不断往下，犹如螺旋式下降；还有说 L 形干脆是小写的

"1"，没有下面一横，自由落体式下行，这当然是开玩笑。你的看法是什么？

张燕生：如果L形是往下走，而且持续往下走，意味着中国经济可能是很多人担心的那种情况，叫"硬着陆"。

邱震海：L形下降的指标是什么？到底是出口、消费、信贷？以至于我们说经济在下行？

张燕生：经济下行总的指标还是宏观指标经济增长率。经济增长率是持续缓慢往下走，还是一个塌陷式的急剧地往下走呢？如果是持续往下掉的话，脱离了经济的合理区间。这个时候就出现了"硬着陆"。

邱震海：按现在的说法，下行还在继续？

张燕生：中国经济下行的趋势还在继续，但是它没有脱离经济走势的合理区间。这个6.5%—6.7%的合理区间，还在保持。也就是说，经济往下掉的时候，托一下，它就回去了，再往下掉的时候，托一下就又回去了。

邱震海：你刚才说"托"这个字很有意思，但怎么托？这个"托"在哪儿？说托，无非是货币政策和财政政策，传统的两种手法，这两种手法不能常用，常用会出问题。

张燕生：经济如果是6.5%—6.7%，如果先行指标PMI（经理人采购指数）是50这么一个临界曲线，并始终围绕这个上下波动，经济就是正常的。因为下来的时候一托就托住了，只要上下的波动保持住，就会有越来越多的企业把握住经济运行，开始它们自身的转型。实际上真正担心的问题是，如果托不住，一般就属于危机了，危机是托不住的。就像我们2008年4月，击破了经济运行的合理区间。击破合理区间可能下跌的深度会不同，大的危机、衰退、萧条的深度会加深。即便这种危机的深度达不到全面的危机的深度，也是托不住的。因此，只要下行的经济始终能托住，那就说明经济韧性还很大，经济始终保持在合理区间，没有"硬着陆"、没有陷入危机、没有陷入衰退，经济只是在调整过程中。

邱震海：我们先看看"托"和"掉"的关系，2009年有过一次4万亿，加上地方信贷十几万亿，产生的教训，弄出市场价格上涨、国进民退等一系列的问题，大家记忆犹新。这次大家对"托"也很担心，一方面寄希望于"托"，另一方面又恐惧"托"。我非常赞同你的意见，只要托得住就说明中国经济有韧性。这就像人的身体一样，只要吃药能好，说明你的身体还可以，但要强身健体了。如果吃药吃不好，健身也没用了，健身反而更早死，差不多就是这么一个道理。中国经济现在属于吃药能好，但药不能老吃，差不多该要强身健体了，强身健体就要结构调整。现在问题是药用到什么量才正好呢？

过去几年每当我们看到经济运行低迷时，政府如果不托经济运行走势就往下掉。无论是"李克强经济学"，还是更多地从微刺激到微强刺激，一开始说"微刺激强改革"，后来说不行就微强刺激，刺激力度加强，药的剂量加大，但剂量一大又担心会过度。某种意义上说，我们的政府像拳击手，明知道不能出重拳，但又不能不出拳，最后实际情况是悬在空中，这种情况在很多地方可以看得出来。

张燕生：核心问题实际上还是短期的稳定和长期的调整之间的关系。托住并不是说短期的稳定高于一切，"托"实际上是为了中长期的调整和改革服务的。我到国外去调研的时候，国外的朋友经常会问我中国经济产能过剩的问题怎么解决。一般来讲，在国际上，产能过剩的问题都是用危机的方式解决的，在市场经济国家，在资本主义国家，产能过剩是必然的。当产能过剩到一个很严重的程度时，发生危机，危机就把相当一部分僵尸企业统统清扫干净了，这个时候经济又恢复到比较健康的状态，又开始有成长。中国产能过剩是用西方国家的危机呢，还是用中国的方式，通过结构调整消化呢？这是问得比较多的问题。这个问题会涉及一个新的问题："托"是创造需求，创造更多的投资，创造更多的消费化解产能过剩。但是，投资有可能带来更多的产能过剩。

邱震海：在中国的体制下，2008年、2009年以后惨痛教训告诉我们，只要一投资，可能中国经济体制改革就失败。在西方成熟的市场经济国家，"托"会托出民营经济的活力，但现在我们的政府只要一"托"就会托出国有经济，会导致政府权力大举进犯，导致国进民退，导致经济的活力减弱。

张燕生：通过"托"有可能创造新的需求使僵尸企业不死，但也可能导致更不好的结果，就比如刚才讲的挤出效应，把市场内生性的因素——民营企业——挤出去了。因此，从经济所有制结构来讲，离混合所有制更远。

邱震海：这可能是中国特色，因为西方市场经济国家不存在这个问题，我们是一个转型体，是处在从计划经济向市场经济转型的过程中，"托"和投资就是政府权力大举进犯。

张燕生："托"一定要适度。"托"是为了让经济层面基本稳定，从而使结构调整和改革能继续下去。"托"并不是使僵尸企业僵而不死，更不是说使国有企业做大、做强、做好，使民营企业、外资企业被迫退出。"托"的程度大小必须保持经济短期稳定，使中期的结构调整和长期的经济体制改革能够更顺利地进行下去，这个方向是必须要明确的。

与张燕生的这段对话，是在2016年5月下旬进行的，谈的还是经济下行期能否托住底线的问题。一旦经济进入低谷或盘整期，其形态究竟将如何？L形的经济形态究竟是什么样的？

张燕生和我都在继续思考着……

2017年：中国经济开始复苏？

2017年年初，中国经济在多年的风雨飘摇之后，出现了一丝曙光，我称之为"未触底已反弹"。但如果拨开云雾，又能从曙光后面看到什么。

2017年3月22日，《第一财经日报》的社论写道：

2016年，虽然中国经济总量实现6.7%的增长，重夺世界第一，但依靠巨量信贷投资推动经济增长的根本逻辑没有改变，而且与这种增长逻辑随之而来的是金融业过度发展，并与实体经济进一步脱节。

......

目前中国经济过度金融化主要变现为：金融占GDP的比重快速提升，如今超过发达国家的水平；社会上一哄而上办金融现象，各类新金融、准金融、类金融遍地开花；不少金融机构存在体内循环、资金空转现象……企业过分倚重和扩大金融板块比重，导致金融行为投机化。

与此同时，北大光华管理学院院长、金融学家教授刘俏对《第一财经日报》记者表示，在投资资本收益率较低的情况下，中国经济要实现增长只能靠投资率。他说，过去10年，金融附加值占GDP比例节节升高，已达9.5%；与此同时，货币政策的边际效应急剧下滑：2016年，近25万亿元的新增融资量只带来了5万亿—6万亿元的GDP增长；实证研究发现，金融发展（金融附加值占GDP比例）与经济增长和固定资本形成之间没有直接关系。

好沮丧的结论！

这个结论，与我前面引述的法国学者皮凯蒂的 $R>G$ 的公式，以及这个公式背后的一系列推导结论，在逻辑上无疑是吻合的。

显然，一切的一切，都归结于中国经济增长的基础不稳。这些基础究竟是什么？用一些经济学家的话来说，就是中国经济的微观基础，其中包括国企改革、财税改革、企业减负、创新体系的建设、私有财产权的保护等。包括这些微观因素在内的中国经济的环境变化，从2015年开始被称为"新常态"。

与此同时，我们还不能忘了，未来若干年，无论与特朗普上台是否有关，导致中国成功的全球化将持续退潮，地缘政治处于剧烈的大变动时期，中国经济发展将没有了过去1979年改革开放后，甚至是2001年"入世"之后那样的平稳的国际环境。

2017 年 4 月中旬，中国第一季度经济数据公布后不久，我与张燕生有了下面的一段对话。我关心的集中问题是：导致中国经济"未触底已反弹"的根本原因是什么。

邱震海：2017 年第一季度经济数据感觉还不错。供给侧改革、创新真的见到成效了吗？

张燕生：我非常赞成你讲的，去年和今年明确不同。去年所有的人担心中国经济会不会"硬着陆"？2016 年 3 月我们有一个对博鳌大咖的调查，调查的结果是国内外企业界、政界人气非常高，今年 3 月同样对博鳌大咖调查发现，微观的情形明显转向了宏观，这表现出人们预期发生新的变化，感觉中国经济见好了。

邱震海：经济向好的根本原因是什么？

张燕生：包括政府对现阶段经济的调控的政策体系，今年和上年相比有很明显的进步。今年提出了一个适应新常态宏观调控体系，这个体系是比较系统的，包括三句话。

第一句话就是去年谈到的要适应新常态，新常态的概念也是三句话，第一个新常态是中国经济要从过去 30 年强调速度和规模的扩张和增长，转变到质量提升和效率的改善。第二个新常态是产业结构要从低端转向高端。第三个新常态是增长动能要从要素驱动走向创新驱动。这个新常态的概念实际上是新起点、新周期，讲的是比较长的周期适应新常态的变化。

第二句话是供给侧结构性改革，是作为"十三五"的主线。关于这一点，我们在前面已经谈过了，主要就是国家结构性调整有一个明确的目标，所有的调整是为了满足新生代的需求。

第三句话是今年把稳中求进作为治国理政的重要原则，这是以前没有的。新常态 30 年的转变，供给侧结构性改革 10 年的调整，转变调整都说的是"动"，而现在是把稳中求进作为总基调，稳是大局。提出三个理由，比如汇市波动、股灾、债市波动，这样形成的风险会危害原来的发展,所以第一,稳是大局。第二,怎么才能稳,就要防范金融风险。第三,稳中求进的一个重点,就是要稳定民营企业家、外资企业家、国有企业家,稳定他们的信心和预期。从政策体系来看,我们能够看到今年,人们对中国经济的长期新常态、中期结构性调整、短期稳中求进开始形成一个系统和完整的政策体系。

邱震海:在这种情况下,中国经济的"瓶颈"问题有望解决吗?所谓"瓶颈",就是不是没有潜力,而是被"瓶颈"所堵塞了。

张燕生:李克强总理针对中国的现代经济讲,中国经济有潜力、有韧性、有优势。所谓"潜力",就是说今年中国经济向好,沿着这个路继续走,中国经济会保持一个更长期的增长。那么所谓"韧性",就是非常明确,中国经济不会"硬着陆"。"有优势"就是讲中国经济实际上,不但是过去讲的后发优势,现在还讲先发优势,比如现在腾讯、阿里、华为已经逐渐走到世界前列。现在中国经济,第一大是广东,广东经济去年的财政收入增长是 29%,信贷余额增长是 16%,存款余额增长 12%,货运量增长 7.6%,用电量增长 5.6%,广东的 GDP 增速说明,结构化转型明显在适应新常态、供给侧结构性改革和稳中求进方面越过了拐点,开始向新的方向走。

经济复苏:创新动能依然不足?

虽然如此,前面提到的中国经济微观基础不稳等现象,依然萦绕在我的脑际,尤其是创新对于中国经济的拉动问题。众所周知,中国提出成为创新型国家不自今日始,但中国却从来没有像今天这样,迫切需要成为一个创新型国家。本书第六章将专门讨论这一问题。

然而,来自各方面对中国创新情况的评估,也正如苏东坡的诗句"横看成岭侧成峰,远近高低各不同",一切全视乎你从哪个角度去观察。

从某一个角度看,今天中国的创新似乎已经走在了全世界的前列,其中最明显的例子有两个:一是高铁,二是移动支付。关于移动支付,中国坊间有这样一句话"不怕钱包没钱，就怕手机没电"，我在本书的后面还会详细谈到这一点，这里暂先打住。

但从另一方面看，情况依然令人不能乐观。据报道，全球创新指数表明中国新兴经济体虽然是领头羊，但在全球水平中处于 19 位；中国的创新强度整体偏低，特别是战略新兴产业和高技术产业的创新强度还比较低。中国产业的附加价值虽然高于一些新兴经济体，但还处于全球的中下端或者中末端的发展水平。特别是金融危机以来，很多经济体，比如像美国、欧盟、日本这些发达国家和地区纷纷制定了创新的增长战略，一些新兴经济体，巴西、俄罗斯、韩国这些国家也不断展开创新竞赛，这实际上从战略层面对中国的创新的态势形成很大的战略挤压。另外，从中国自身的技术整体水平来看，也跟很多国家存在技术差距和技术鸿沟。要改变中国在国际分工中末端的位置，还有很长的一段路要走。

围绕着这些问题，我与张燕生又有了下面一段对话。我们在对话中使用了"研发强度"这一指标，来比较中国近十年以及各主要地方之间的研发和创新投入。所谓的研发强度，是指研究与开发费用在销售收入中所占比重。

我关心的问题依然是：2017 年上半年经济"未触底已反弹"，其中创新占了多少成分？

邱震海：现在 PMI 等各种指数都在上升。从你们的研究来说，有多少是结构性拉动的因素，有多少是传统的投资拉动，货币拉动？各种迹象显示，虽然经济有所企稳，但微观经济基础依然不稳，金融占比过人，创新依然不足。

张燕生：拿广东为例，能够明显地看到现在广东的情况是分化的。好的企业市场占有率不断上升，不断扩大产能，扩大投资，增强转型升级的动力；坏的企业，僵尸企业将被退出。这里边有多少是要素驱动，有多少是投资驱动，创新驱动的？现在处于从投资驱动向创新驱动过渡的阶段。我个人认为要在2020年以后，才能够说增长动能转变了。

邱震海：既然是过渡期，那么现阶段向创新过渡的情况怎么样？对2020年可以乐观吗？各地的创新研发强度如何？

张燕生：从整个国家来讲，2010年创新研发强度是1.75%，2012年是1.98%，2015年是2.08%，2016年是2.1%，这里能够看到2010年是"十一五"末，当时创新强度的目标值是2%，只完成了1.75%，因此说当时增长动能靠创新驱动是没有起到太大的作用。2015年"十二五"末，当时的目标是2.2%，实际完成是2.08%，从增长动能转变来看，没有完成目标。但是，从2010年的1.75%，到2012年的1.98%，增长速度是非常快的，增长了0.2个百分点。

邱震海：也就是说，只有2010—2012年这段时间，研发强度增长较快。2012年以后的情况呢？

张燕生：但是从2012年到2016年，从1.98%上升到2.1%，四年的时间，只上升了0.12个百分点，也就是说2010年到2012年上升0.2个百分点多，而从2012年到2016年上升了0.12个百分点。

邱震海：如果2016年只是2.1%，"十三五"末要达到2.5%，四年中每年上升0.1个百分点显然是不可能的。这里的原因是什么？

张燕生：这里其实是反映了一个问题。2008年的研发强度空间，全社会研发支出投了1.4万亿元人民币，企业投了1.1万亿元人民币。

邱震海：这里说的企业只是民企，还是也包括国企和外企？

张燕生：民企、国企、外企都有，国企高于民企、民企高于外企，是这样的比例关系。

邱震海：那也就是说，2008年以后的研发强度，主要是由国企拉动的。民企在研发中投入不多，这是一个令人担忧的现象。另外，政府和高校的投入有多少？

张燕生：刚刚说的所反映出的问题，政府和高校投的钱只有3千亿元，我们说的供给侧结构性改革，改革的任务是"三驱一驾"，还有很多短板，动能这个短板是最需要下大力气的。但是这个地方会涉及什么问题呢？美国 1980 年搞了供给管理政策，只有三个措施：第一要想"马儿跑得好"，就得减税负；第二要想"马儿跑得好"，必须在公平的基础之上；第三要想"马儿跑得好"，必须补短板。美国当时是产学研联合帮助美国补足技术。现在从我们政府来讲，李克强总理在去年的"两会"谈了双引擎，一个是双创，大众创业、万众创新，还有一个引擎是政府增加公共产品公共服务，这是政府的责任。政府责任这部分在补短板中间涉及政府转型，政府怎么在扶持企业，创新其实是高风险、高投入、高回报的。

邱震海：民企研发投入不多，原因显然是企业境遇不佳，无暇考虑长远的规划。但政府投入不多就不应该了。

张燕生：在市场上看到的钱绝对不会进入创新，只会等最后的那一分钟、一秒钟，能够摘到桃子的时候才摘。从 1990 年到 2001 年是 IT 泡沫，现在是互联网+泡沫，怎么才能够脱虚向实，怎么把政府的钱、社会的钱、企业的钱引导到增长动能转变上？

邱震海：从 2016 年的情况来看，政府这块"补短板"的投入情况怎么样？

张燕生：不好。这是高风险的，高投入的，要挣钱快的、投机的、挣大钱的，怎么会进入长周期呢？

邱震海：原因是什么？是政府机制问题，还是政府认识不到位？

张燕生：政府现在认为创新是企业的事，创新是市场的事。那么企业过去生产低端，经济剩余很少，就是说销售额 2000 亿的企业却没有能力创新，市场是逐利的，看到钱才创新。四支创新的力量，第一是大学，大学能够靠市场驱动吗？第二是研究院所，研究院所可以靠市场驱动吗？第三是企业，企业内部也是看这个，如果这里没有一个产、学、研、用联合研发的机制，创新是大家一起来做的，企业想做没有能力，大学、研究院所也变得浮躁了，创新是包括基础研究、开发研究和产业化的。

邱震海：如果没有好的机制，创新显然只是一句空话。

张燕生：我们创新，讲珠三角和雄安，真正供给侧改革要有效果，增长动能转变是核心的问题，动能的转变不但要靠"双创"，更重要的是靠"双公"，政府的公共产品、公共服务。像大学怎么从工业经济时代回归，整个链条都要从过去挣快钱的模式转变过来。

邱震海：如果这样说的话，是不是可以简单解读为，我们现在的经济动能主要还是依然由传统经济手段拉动？

张燕生：这里边出现一些先锋企业，从2009年开始调整，现在创新驱动有了迹象。今年的"两会"，我和广东的某民营企业家接受人民网的采访，这家企业是佛山的，它现在开始给日本提供设备、提供零部件。我们知道，日本技术标准各方面非常严格。而这家企业表现出创新的成效，但是这种企业还是很少数的。

邱震海：投资拉动经济，这本来是经济上一个有用的手段，虽然一直不无争议。1993年日本经济下滑，就采用投资拉动，结果只体现在宏观经济数据上，却未能体现在居民收入和企业出口上。这个教训是深刻的。更何况，投资效率日渐低下，这是一个全球面临的普遍现象。但在中国，投资拉动还有另一层负面效应，那就是国进民退。这是由中国的经济和政治体制决定的。因此，投资拉动经济，在中国是一件可以立竿见影，但却需要十分谨慎的事情。相反，如何发挥企业的创新动能倒是当务之急。但从你上面提供的数据来看，这方面并不乐观。

张燕生：核心的问题是什么呢？就是供给侧结构性改革，结构性讲的又是什么呢？如果现在经济困难是周期性的，企业最好的策略——等待。如果是结构性的，那么就是谁等待谁死。对企业来讲，当预期经济的前景不好，有相当一部分民营企业一定会转型的，但它们不到走投无路不会投钱，模式转、产品也转、管理也转，这对民营企业来讲风险太大。

邱震海：这个时候，一个诡谲的现象就出现了：民营企业在这个时候都不会投，都在观望，能投的就是政府。但在中国，政府只要一出手，那就必定导致国进民退。

张燕生：要想叫民企投也可以，那么要做到：第一，怎么把有未来成长前景的产业对民企开放；第二，怎么给民企更好的融投资环境；第三，在结构调整的时候对民企来说就是风险，风险如何共担，不仅是融资的风险，是投资的风险，还是市场的风险。从这个角度来讲，我自己的想法，因为风险太大，在这种情况下，民企的投资都会非常谨慎。当政府国有企业投资很快，基建投资很快，在所有制结构来讲，不是一个正向的激励。

20世纪90年代，国企规模退出，民企大量进入，才形成了中国纺织业混合所有制的局面。现在怎么形成混合所有制？就是减少竞争性行业国企存在，增加民企的进入，否则就会有其他问题。

作为一场经济学的对话，我们的讨论只进行到了这里。中国的创新动能如何从国企转向，或至少同时惠及民企？政府和高校对创新的投入能否继续加大、加强？投资拉动无疑是"灵丹妙药"，但其在中国国情下的后遗症则不可低估。与此同时，民企的动能如何进一步加强？改善民企境遇，加强民企动能的动力又在何方？

这些问题，显然已经超越了一场经济学对话所能容纳的范畴。但我们希望有更多的朋友一起来思考。

中国金融：类似金融风险前的美国？

本书前面提到，这些年许多朋友碰到一起，茶余饭后问得最多的两个问题就是：南海打不打？房价跌不跌？前者反映了对中国周边安全环境的隐忧，而后者则实实在在反映了对中国经济风险的担忧。

如果说，"南海打不打"更多是一个假命题，那么"房价跌不跌"则是一叶知秋，是一个不容忽视，而且随时可能在你我身边爆发的"定时炸弹"。

"房价跌不跌"，某种程度是中国金融安全的一个缩影。

本书前面几次提到"特朗普现象"，以及过去近40年西方市场经济体制出现的高度贫富不均的现象，而其中金融创新几乎就是一把双刃剑，既给人们带来快速的富裕和繁荣，同时也带来极大的贫富不均或"赢家通吃"。

我经常用"相同道路、相同方向、不同速度的两辆车"的比喻来形容今天的美国和中国的经济活动及其规律。中美两国政治体制的不同显而易见，但在经济领域里，人们必须承认，两国在市场经济领域的一些深层逻辑是相同、相通的，亦即"相同道路、相同方向、不同速度的两辆车"。不同的只是发展阶段，美国作为一个最发达的市场经济体制，所有市场经济的优点和弊端，都首先在这一体制里得以显现。但是，作为后来者的中国呢？

时间进入2017年，人们发现，中国高层对防范系统性金融风险的警惕日渐提高，真可谓金融活，经济活；金融稳，经济稳。

我与张燕生的对话，也绕不开这一话题。

邱震海：现在中国经济微观基础如何？从数据上显示金融占比还是比较高。但是如果比作人的机体，现在是健康还是不健康呢？

张燕生：刚才你说的问题是存在的。健康还是不健康？健康的部分在于实体，不健康的部分在于金融、理财。李克强总理在国务院第五次廉政工作会议上有一个讲话，他讲当前金融领域存在不良资产、债券违约、影子银行、互联网金融等，金融违法违规腐败行为时有发生，对金融风险要高度警惕，严密防范，坚决守住不发生信用性金融风险的底线。这些话，实际上很大程度把当前中国经济中的问题都列举出来了。

邱震海：脱实入虚是1990年以来的全球趋势，不是中国独有的。但问题是，中国在这方面似乎正在步美国的后尘。这是让人感到十分担心的事情。

张燕生：为什么美国会发生金融危机？资本是逐利的，如果金融和地产带来的回报远高于这些，就不会有资本去搞创新和高端技术了。过去全球趋势都是脱实向虚，最后导致了美国高技术制造力持续下降，

2000 年以后所有领域的创新发明专利申请的增长率持续下降，美国已经付出了危机的财富代价。非常遗憾的是，现在中国还并没有汲取到美国的教训。

邱震海：中国很多经济规律上的东西，有意无意地走在美国的路上。系统性金融风险到底怎么办？有人说中国金融风险很大，去年人们关心企业债、国企违约，有人说只要依然是社会主义经济，就不可能允许某个城市和国企破产。这样的话，好像金融风险很小，但是从微观领域看，几年前的地方债还是 4 万亿，但去年已到了 20 万亿，翻了五番吧，虽然说金融杠杆率不高，去年开始居民的负债率很高，可以说上年我们一直在分析，但是谁也看不明白，到底风险在哪儿。老百姓关心房子会不会跌，股票会不会跌，钱往哪儿投，会不会变成负资产。

张燕生：我这里有一个资料，是中国和美国股票市场的市值结构的比较，主要看金融和房地产的上市公司的市值，占整个结构比例是多少。去年整个中国，包括 A 股、H 股还有其他的股，整个属于中国板块的股票，金融和地产部分占比是 24.9%，约占 1/4，中国所有上市公司占 25% 左右，A 股占 22.8%。1980 年美国占比是 5.1%，1990 年占比是 8.9%，2000 年美国占比是 17.7%，2002 年占比是 22.4%，2010 年占比是 17.2%，跌了，因为危机发生以后，金融和房地产缩水，2012 年是 17.5%。这也就是说去年整个中国的股票，超过了美国金融和房地产市值的最高点。

邱震海：2016 年，金融和房地产占中国板块股票的比例，已经超过了美国 2002 年的水平了。而 2002 年的美国正在一路狂奔，跑向 2008 年的金融危机。两相对比，结论令人不寒而栗。

张燕生：美国 2002 年是 22.4%，最后导致结构虚拟化、空心化、泡沫化，2009 年奥巴马讲美国再这么下去，就相当于把美国经济大厦建在金融和房地产的沙滩上，那美国就完了。你看中国的金融和房地产市值比例超过美国泡沫经济最严重的时候，还是脱实向虚的问题，沿着这条美国的老路已经走得很远了。

爆发系统性金融风险可能有多大?

到了这里,全国上下关心的一个问题就呼之欲出了,那就是归结到我在本章开头提到的那个问题:房价跌不跌?

其实,房价跌不跌,只是一个既具体而又高度抽象化的问题。说它具体,因为涉及千家万户;说它高度抽象,因为这个问题的背后浓缩了一个更为集中的问题,即中国的系统性金融风险究竟有多大?

下面是我和张燕生的对话:

邱震海:全国上下非常关心的一个问题是:中国发生系统性金融风险的可能究竟有多大?

张燕生:先要回答一个问题:为什么中国会沿着欧美的泡沫化、虚拟化、空心化老路走这么远,我个人觉得主要有六个原因。第一个原因,就是我们的泡沫心理并没有改变,仍然要挣快钱、挣大钱,仍然想办法在股市、期市、债市、楼市找炒作的题材,而实体经济要忍受十年的痛苦。现在一切可以炒的东西,没有改变。不改变这种投资心态,金融的风险就会继续。

第二个原因,我觉得之所以会形成这种情况就是寻租,这次李克强总理也讲到,寻土地的租、金融的租、资源的租,在要素价格没有改革形成的阶段,用权力涉租、资本涉租、关系涉租等。

邱震海:一线城市房地产跟煤价上涨有寻租因素在里边吗?

张燕生:什么是寻租?寻租是寻非生产性利润,不是生产性的利润。实际上来讲,像煤炭市场的市场化改革没有到位,金融的市场化改革没有到位,土地的市场化改革没有到位,不一定是腐败的因素,这个"租"是非生产性利润,它可以是权力寻,也可以是关系寻,也可以是资本寻,是我们的市场作用没有发挥决定作用。

第三个原因,缺少有效监管,现在金融监管者和金融被监管者是一家人。也就是说,他们用金融创新来制造泡沫繁荣,他们的动机是一样的。这是目前的问题,美国的问题就在于放松金融监管、鼓励金融创新，监管不够。中国也同样是这样，创新现在是得到鼓励的，金融的创新、金融科技的创新，但是金融监管没有跟上。金融创新过度、金融监管不足就会产生系统性风险。

第四个原因，就是预算的软约束，地方政府为什么愿意大肆举债，最后还的是中央财政，国企为什么大肆举债。

邱震海： 就是吃体制的饭。还有地方政府为什么敢大幅举债？就是因为体制。地方政府永远相信，中央政府会为他们做信用担保，而不会像美国那样，底特律说破产就破产。这其中既涉及中央和地方的财税制度改革，亦即地方政府财权有限，但事权无限，什么事情都要地方政府做，但他们手中拥有的财政收入则相当有限。

张燕生： 对。第五个原因，要承认我们金融管理的效率还是不高的。第六个原因，金融结构仍然是间接融资为主，这样的话，企业举债风险很高。这些问题谈完以后我们就发现，出现了很多问题都归结在体制上。

邱震海： 问题归结到体制身上，而解决问题的希望也被寄托在体制上。有人说，从国际水平看，中国负债率整体不高；也有人说，中国政府拥有的山脉、河流届时都可用来抵充债务。前者是一个可以讨论的专业问题，而后者就有点搞笑色彩了。

张燕生： 20世纪90年代中国银行业全行业提出技术破产，也就是说银行是全行业举债，在时任总理朱镕基的推动下，搞银行业的改制、银行业的上市、银行业的剥离不良债、提高银行业国际竞争力。90年代改革，后来全世界1000多家大银行当中中国有100多家，世界前10大银行中国有4家，银行业过去这么多年坐享发展红利，而没有深化改革，现在已经到了非改不行的地步了。那么，究竟现阶段和未来几年中国系统性风险到底有多大呢？

从风险来讲，以2016年中国社会科学院中国国家资产负债表来看，中国国家负债率是49%。也就是说，现在中国整个国家，包括各主体，资产负债状况有352万亿元净资产，就是资产减负债，有352万亿元。

因此，用学者的话来讲，假定一次金融危机GDP跌掉30%，那么352万亿元净资产能够抵补1.5次金融危机。所以，从总的状况看，中国的资产负债风险总体可控。

那么资产像刚才讲的，352万亿元净资产空间，土地占2成，居民的净资产占3成，企业的净资产占4成，对外净资产是0.5成。

邱震海： 所谓对外净资产，简单解释就是外汇储备。具体来说，就是对外金融的总资产减去对外的净负债。这方面的情况乐观吗？

张燕生： 中国的对外净资产原来算是1.7万亿美元，现在可能略微少一点。从中国主权资产和负债的情况来看，国有企业的债务和地方政府的债务对主权负债的贡献，国有企业的负债占53.8%，地方政府占25.7%，净值还是正的。2016年年底实体部门的杠杆率是217.3%，不包括金融，包括金融部门的杠杆率是253.7%。

实实在在来讲，现在无论是国有的债务，还是地方债务，增长速度都很快。李克强总理这次讲话中讲到，在中国地方政府的债务并没有拿去直接发放福利，而主要是进行基础设施建设和投资，是有回报的，我们置换的每一笔债务都是中央财政核发的，应该说背后是中央政府的信用问题。企业的债务是全世界关心的，根据国际清算银行的数据，2015年年末中国企业的债务率是170.8%，在世界上占首位，高于发达国家平均的80%，高于新兴经济体平均的66%。真正的问题实际上还就是说，企业负债率高，怎么解决企业的负债率？

邱震海： 中国负债率前几年是GDP的200%，今年已经达到250%—260%。当然里面居民负债不高，企业也还好，主要是政府地方债务，中央政府信誉担保不可能让中国某些城市像底特律那样破产。但从经济学上来看，"出来混总是要还的"，这笔坏账总有一天会算不过来，如果中央政府不能再为负债担保，会不会产生系统性风险，包括楼市，这颗"定时炸弹"我们还有机会拆除吗？

张燕生： 这个隐患是老百姓最关心的，也是国际国内最关注的问题。经济学有个原理——"等价原理"。"等价原理"讲，资产是高速、高铁，那么这个资产是长期的，收益是长期的。这个长期资产我们要享受，下一代也要享受。从道理上讲，长期的资产就应该和长期的负债相匹配。不但资产的收益，我们享受，下一代享受，而且负债我们的下一代也应该承担，这才公平。享受利益的同时也应该承担责任，这才是公平。

因此，现在最大的问题是，这些长期资产收益是长期的，可负债是三五年，是短期的。这样就产生一个巨大的问题，中长期固定资产的投资产生长期收益，怎么能有一个相匹配的长期的负债结构？这是改革中间的一个难点，会涉及负债结构改革。而且地方政府要承担事权相匹配的责任，这样才能成为完整的行为主体。另外，怎么使负债多元化？有一部分是税收来的，有一部分是债务来的，还有一部分是市场上的。

邱震海：改革是长期的，也是供给侧改革，有没有可能在改革过程中，"定时炸弹"爆炸了？

张燕生：不会。不讲金融，先讲地方政府去年置换了 3.2 万亿元，还有 11 万亿元。今年再置换一批，明年再置换一批，十几万亿元的地方债务，从中央政府来讲是有的。这部分确确实实是问题，必须要解决，但地方债引发系统性风险和区域性风险的可能性，我认为不大。

邱震海：房地产呢？

张燕生：现在来讲真正的问题，一方面是房地产，另一方面就是金融，我认为这两方面的风险是很大的。从房地产来讲，现在有很多的调查和研究，就是讲房地产供大于求的矛盾相当尖锐。房地产一方面供大于求，空置率也非常大，而刚性需求和改善性需求仍然不可能消化这么大的库存。房地产风险巨大，供远远大于求，而所说的房地产作为经济发展的重要支柱，作用有限。

这个时候从国家来讲，住房是有双重属性的：一是商品属性，商品房；二是社会属性，社会属性是"居者有其屋"，是人的基本权，不能因为穷就住不上房子，而现在保障是严重不足的。从这个角度来讲，涉及一个重要的改革，现在库存都是商品房，怎么才能转变成社会属性的保障房呢？

邱震海：我有一次问房地产开发商，他说除非政府给我补贴，政府不给补贴怎么转？

张燕生：这个问题对供给侧改革是非常重要的，未来有3亿人，1亿农民工要进城，有住房需求，但他买不起，怎么用公租房和保障性住房解决他们的住房需求；第二个1亿人，棚户区改造需要住房；第三个1亿人，中西部地区就地城市化。这3亿人形成的保障性住房的需求，和现有的住房的库存，怎么匹配起来？然后把中国的房地产行业，由过去的过剩，转化成一个健康可持续发展的行业，这也是一个挑战。

还有一个就是金融。企业的负债率高，其中很重要的一点，即企业对间接金融的依赖很大，企业是从银行融资的，就造成了银行过度的借贷。企业缺少直接通过股票、债市或者其他方式融资的渠道多元化，这就会涉及接下来的金融改革。另外一个方面也涉及金融部门，怎么避免以创新为名搞影子银行，以创新为名搞互联网金融，现在很多所谓的金融创新目的是逃离监管，这一隐患会成为中国经济转型过程中的不确定性风险。

邱震海：会不会出现违约危机？现在的办法是债转股，或借新债还旧债。当借新债还旧债都无法应对的时候，往往就是金融危机爆发的时候。

张燕生：中国有最好的老百姓，老百姓把每一个铜板节约下来放在银行，我们有世界最高的储蓄率，但是储蓄转化成投资的效率非常差。也就是说我们有最多的储蓄，却没有一个有效配置老百姓血汗钱的金融企业、金融市场和金融产品，这就是现在问题的核心。而现在金融的从业人员，他们想的是怎么拿高薪、怎么拿更多红利。并没有把老百姓的血汗钱用于老百姓，用于企业、国家。

不解决经济泡沫化：中国倒退 15 年？

在我和张燕生前面的对话中，曾多次出现"改革"这个词。

坦率地讲，这个词有些久违了。明眼人都知道，今天中国遇到的许多问题都是改革不到位、不及时所带来的，因此，中国这些问题的解决，只有靠进一步改革才能实现。

问题是，在很多时候，改革是个奢侈的东西，是个在风和日丽之下才能被人们记起或谈及的东西；一旦危机来临，人们首先想到的不是改革，而是不改革。

也许，读到这里你会有些不相信，那就让我们举一个例子吧。

大家是否还记得 2015 年年中的股灾？当时中国各个城市的不少人都被卷入其中。股灾最严重之时，中国经济部门的主要领导正在国外，当时无论股民还是舆论，很多人都急急地呼吁领导赶紧回国处理股灾；后来几天，当"国家队"入场时，多少人满怀期待，翘首以待？须知，股市投资完全是市场行为，中国股市的很多弊端和漏洞，都来自政府与市场的交织。然而，当危机来临时，大多数人首先想到的，就是期待国家力量的介入。其间的悖论不是很能说明问题吗？

如果说，前些年政府与市场的交织更多的只是呈现其负面效应，因而改革成为共识，需要讨论的只是改革的勇气和策略问题，那么近些年这种交织又往往呈现出其正面效应的另一面。于是，改革就更为艰难了，改革共识形成也就更加困难，更旷论对改革勇气和策略的讨论了。

再来举一个例子。如前所述，特朗普在美国上台有其十分深刻的社会和经济背景，其核心就是近 40 年美国市场经济体制下的贫富差距日益扩大。如何解决这个问题？以美国纯市场经济（或曰纯资本主义）的经济形态，显然无法解决这个问题。至于特朗普本人作为大资本的代表人物，能否解决贫富不均问题，那就更是一个近乎笑谈的命题了。但在现阶段的中国，这个问题的有效解决，相当程度上就有赖于中国的特殊体制。如果说，前些年人们常抱怨，中国的经济体制从计划经济向市场经济过渡还不彻底，那么面对"特朗普现象"，人们则可以舒口气或"庆幸"地说，幸亏我们的过渡还不彻底，才能有效解决贫富不均的问题。

其实，再仔细想想，这依然是半个伪命题。若依靠向市场经济过渡不充分的计划经济来解决贫富不均，那么也许最后得到的只是一个平均主义意义上的公平，而依然未能实现更高意义上的公平和正义。

也许现阶段考虑这个问题，对许多人来说可能还太早或太抽象。但我想说的是，中国最需要的其实是理论研究和理论思维；过去那么多年的发展，理论研究严重滞后，才导致人们对顶层设计的呼吁。

另外，坦率地讲，由于对向市场经济转型的一些根本规律把握不够，我们在经济领域里的许多规律，其实与美国的市场经济走在同一条路上，只是先后次序不同而已。因此，对美国的"特朗普现象"绝不能仅把它视为国际新闻而一笑了之，而应看到作为市场经济最发达的国家，美国只是最早感知到这一体制在过去40年导致的贫富不均及其后果而已。中国必须要未雨绸缪，为今后可能到来的风险提前做好化解的准备和预案。

我与张燕生的对话还在继续：

邱震海：如果没有我们的体制，中国发生美国2008年金融危机是分分钟的事儿。但是有了体制优势，又能解决多少问题？现在的问题是：我们的经济体制本身亟须改革，经济与政治的交织太严重了；一旦危机来临，人们首先想到的还是这个体制，于是体制的改革由于危机又被耽搁了。

张燕生：现在这些问题，已经到了一个不解决不行的地步了。如果不解决，一旦危机爆发，倒退15年是不可避免的。如果下大力气解决，我们完全有这个能力。我举个简单例子，北京的房子翻了一番，高收入阶层也买不起房子，那房子还是给人住的吗？而且租房现在不断涨房租。重庆的房价，从2012年到2016年是一条水平线，重庆能做到的东西别的地方也能够做到。

邱震海：习近平总书记说"房子是用来住的，不是用来炒的"，可谓一语中的。重庆是怎么做到的？

张燕生：根据我初步的了解，重庆做了三件事：第一件，增加城乡建设用地的土地供给。重庆可是山城，怎么增加城乡建设用地土地供给，农村的土地怎么给票号，使农民的地进入城市化建设中间？第二件，就是保有环节开征房产税，因为全世界都是买房容易养房难，即使房产税再低，征了和不征是不一样的。第三件，重庆保障刚需，刚毕业的大学生和新进城的农民能够有保障性住房，而且保障性住房盖的很好。这么三招下来以后，重庆的房子能够保持过去这么多年都是一条水平线，它能做到的别的地方也都能做到，别的地方如果不做，我认为就是有人得利，房价上涨有人得利。

我回忆起20世纪80年代我在加拿大的时候，是穷学生，穷学生的租金，地方规定不允许随便涨价，"居者有其屋"是人的基本人权，房子想怎么涨怎么涨，这怎么可以？

邱震海：欧洲也是这样保护租客，在房东和租客的博弈中，首先保护租客。

张燕生：当我们金融和房地产已经越来越像美国，把经济推向虚拟泡沫空心的时候，对整个中华民族的复兴大业来讲，实际上已经到了现状非改不可的时候了。怎么突破？中间有没有既得利益？这反映出中国的改革到了要走向法治、走向市场、走向透明、走向公正、走向规范的阶段。20世纪90年代能做的事，现在也可以做，关键是想做还是不想做。中华民族的复兴大业是国家的根本利益，关系到国家根本利益和国家的安全。

邱震海：如果不改，或者改革速度比较慢，凭现有的体制能不能预防金融风险？

张燕生：我觉得金融风险能够推后。中国有最好的老百姓，把每一个铜板放银行；中国有最好的企业家，再困难，凭借企业家精神，他们也会努力赚钱。

邱震海：但坦率地讲，这只是拖延战略而已。这几年也推出了一些措施，试图解决这个问题，比如债转股等。这些措施能否有成效？

张燕生：金融和房地产会给他们更多的寻租，我个人觉得，按照目前的情况来看，中国经济"硬着陆"不太可能，中国经济不会马上爆发系统性金融风险，因为已经意识到问题，关键要看采取什么措施，这是行动。因为金融风险怕的是不可预见，国家一步一步对这些问题的损害也有了预期。

二、未来 3—5 年：中国经济前景如何？

作为曾经任职于发改委，现在又是中国顶级智库的首席经济学家，张燕生的叙事一针见血。必须说，这是体制内官员和学者所不多见的风格，立时能让人感受到一股清新之风。但我还是想把讨论继续拉到最前沿，从最简单的问题切入，这是我作为新闻工作者的责任。

没想到的是，切入最实的地面和最简单的问题，张燕生的回答坦率得让人吃惊。

2018 年：中国经济可能有波动

邱震海：看中国经济不能用一种眼光、一种标准来看，有人看很好，有人看很差。有人看很好是因为搭上了转型的快车，有人看很差是因为依然在原来的车道上。从你刚才的阐述中，能得到简单指向性的结论，中国经济转型其实已经开始，在有些地方已经看到了曙光。但老百姓或者决策层非常关心的一个问题是：中国经济最差的时期是不是已经过去？

张燕生：我自己的看法是，最差的时期还没有过去。

邱震海：为什么？怎么评估过去三年的"托"，过去三年也"托"了不少，难道还没"托"起来？

张燕生：过去三年经济的稳定，中国经济基本上还是保持在合理区间。而且不管结构调整还是去产能、去杠杆、去库存、降成本和补短板这一系列举措，都是为了保持经济层面的基本稳定。但是，这次调整和上一次20世纪90年代相比，我个人觉得还是有很多的经验值得汲取的。20世纪90年代也有过产能过剩的案例，就是纺织业，纺织业为了去产能"限产砸锭"。90年代后期国有企业脱困也是去产能，当时纺织业有总产能4000多万锭，砸掉了940万锭，去产能活生生地把设备砸掉了，把1/4的企业给关掉，力度是相当大的。

邱震海：当时也导致了大量国有企业员工的下岗。现在要避免的就是当年的后果，因为中国经济的体量不同以往了，这样做的社会负面效应不容低估。

张燕生：当时确实导致了大量国有企业的改制，大量国有企业员工下岗。但经过几年的调整以后，纺织业出现了一个国有企业大踏步退出和民营企业大踏步进入的局面，促成了混合所有制蓬勃发展的新气象。

邱震海：现在的中国能用当年的方法吗？

张燕生：中共十八届三中全会讲的非常明确，下一步要让市场在资源配置中起决定性作用，而且强调要创造一个混合所有制蓬勃发展的新局面。因此，现在来讲，能不能在去产能过程中，让市场起更多的作用？民营企业和国有企业本质的区别在哪儿呢？

在产能过剩的情况下，民营企业是我投资、我负责、我收益。而且在去产能过程中，职工安置是个重要问题。民营企业家认为，无论我的企业里是有10万人还是20万人，这些职工的安置都是我的事，要给员工交五险一金。因此在去产能过剩中，怎么让市场起作用，怎么让混合所有制起作用，怎么在这方面最大限度减少政府行政直接的干预，这些问题都必须解决好。在这方面政府可以做的事情是很多的，比如能不能由结构调整支持一个基金，让职工重新安置。在去产能过程中出现的结构性社会矛盾问题，还是需要有更多支持的。一方面保证10年的结构调整，另一方面保持经济层面的基本稳定，也保持社会层面的基本稳定。

邱震海：刚才谈到下行最差的时间还没到来，粗略估计可能最低点会在哪一年到来？L形下面的横线大概持续多长时间？

张燕生：我个人估计经济目前结构性改革比较困难的时间点是2018年。

邱震海：如前所述，2017年中国经济已经出现了"未触底已反弹"的情况。虽然如此，你还是认为2018年会比较艰难？

张燕生：因为2018年前后中国经济会出现重要的结构性变化，基础设施建设高峰期过去了。目前有基建投资对经济的稳定支撑，工具箱还有很多工具，我们可以有很多基础设施的投资，还有很多短板。但短板越补就越少，在没有太多短板的时候，就像日本那样所有投资都是健全的，拉动经济增长的手段就会越来越少。

因此我个人认为，2018年前后是一个考验经济结构性改革成果的关键时间点。去产能、去库存、去杠杆、降成本、补短板，所有因素都要做好加减乘除。主要是做减法，做加法就必须要有更多资金、项目、领域来支撑经济的稳定，它是边际效益递减的。

邱震海：2018年很关键，因为再过两年就是2020年，那是21世纪初提出的"20年战略发展机遇期"到期"大考"的年份；再过一年，就是"两个一百年"的第一个到来的年份，即中共建党一百年。这两个年份虽然象征意义居多，但还是对人有心理暗示，尤其是在这样重要的年份经济不但不能继续下滑，而且还要走上结构调整的良性轨道。如果说2018年经济触及底线，亦即L形竖线触底，那么随后展开的横线，亦即经济调整将持续多长时间，5年够不够？

张燕生：我理解的这是条曲线，2018年很关键，但并不是说它就是最低点，可能2018年是L形横的这一条，可能有波动，可能是波动中间的一个拐点。相当于我们说的是L形往下垂这个部分，从目前看基本上它是盘整的曲线。

经济结构调整：需要5—10年时间

我与张燕生的对话连续进行了几次，但似乎每一次他都有惊人之语。

从前面提到的"所有的结构调整都是为了满足'新生代'的需求"，到"2018年是中国经济结构调整比较困难的年份"，以及"2018年中国经济可能出现波动"，无论是给人信心还是给人警醒，最后留下的都是思考。

我们的对话仍在继续。这一次涉及的是对中国经济未来几年趋势的研判：

邱震海：未来的中国经济盘整，将呈现什么样的状态？现在能勾画和预言吗？

张燕生：5年是比较乐观的说法，我个人觉得现在非常明确"十三五"期间是调整期，也许需要持续10年。

邱震海：根据日本、韩国总结的经验，一个经济体进入瓶颈期或"中等收入陷阱"，差不多持续5—8年的时间，一般会完成三大经济结构调整：一是简单生产拉动；二是过去基建拉动变成内需、消费拉动；三是工业主导的第二产业，未来要以生产性服务业为主。这三大调整完成之日，就是经济重新振兴之时。10年是否过于悲观了？

张燕生：10年基本上是两个5年规划期。新常态主要有三个方面的因素：第一，我们从增长速度到提高质量；第二，从低端产业转向中高端产业；第三，是增长的动能，增长的动能是由要素投入支撑，转变到要素生产率支撑。这三个基本的变化是模式的根本性变化，跟过去35年是很不一样的。所以从"十三五"提出了新发展理念，第一个理念包括制度创新、文化创新、科技创新；第二个理念提出的是协调的理念，实际上讲的是整个经济关系和社会关系的协调，包括软实力和硬实力的协调；第三个是绿色，讲的是低碳、绿色和气候变化的应对；第四个变化是开放，讲的是要深度融入世界，要发展更高层次的开放经济，要高水平的双向开放；第五个讲的共享发展，要缩小城乡差距、居民收入差距和区域范围差距。这五个理念跟过去 35 年是有区别的。

在创新驱动方面，过去 35 年，中国充满了智力创新、管理创新，但像华为这样的科技创新企业还是不多的；协调方面，过去 35 年先让少部分地区和人民发展起来，先让东部沿海地区发展起来，先扩大开放，然后再顾及中西部发展，过去走的是不平衡发展战略，下一步走协调发展的战略；第三个绿色，我们知道过去 35 年的污染是比较严重的。我的观点是，要完成发展模式的转变，5 年做不到。到 2020 年，只是转向新常态模式的中间阶段，还在半路上。

您如果捧着本书一路仔细读下来，那么有几个具有冲击性的结论恐怕已进入了您的脑海，那就是：一、中国经济最差的时期还没有到来；二、2018 年依然要过紧日子；三、中国经济结构调整将持续 10 年时间，至少要到 2025 年才能结束。

用一句年轻人的网络语言来说，这还能愉快地谈话吗？不但你这么想，连我也是这么问自己的。

你先别担心，慢慢往下读，也许有你意想不到的结论。

2025 年：中国经济全面超越美国？

邱震海：按您说的 10 年，两个 5 年就是 2016 年到 2025 年。到 2020 年是一半中间线，到时中国经济转型应该达到什么水平？

张燕生：首先说 2020 年中国人均 GDP 的增长，大致能够达到 1.1 万—1.2 万美元。

邱震海：现在中国的人均 GDP 是 7900—8000 美元。20 世纪下半叶，邓小平曾为中国 21 世纪设定了人均 GDP1000 美元的小康水平，现在早已超过了。2010 年，中国经济总量超越日本的时候，人均 GDP 才达到 4200 美元，这几年增长得很快，也刚好进入被世界银行称为"中等收入陷阱"的区域。

张燕生：从8000美元如果增长到1.1万美元，到2020年中国基本上已经接近高收入国家的行列了。

邱震海：即便达到了这个目标，也还是在"中等收入陷阱"的范围内，虽然这个"中等收入陷阱"概念在理论上是有争议的。

张燕生：还需要5年跨过去，第一个目标是跨过去不能再掉下来，站不稳不行，要稳住；第二个目标，2020年重大的300项改革，在重要领域关键环节取得决定性成果，这个决定性成果意味着，要让市场在资源配置中起决定性作用，更好地发挥政府作用，政府公共产品、公共服务的供给作用，也意味着在改革方面要有重大的突破；第三个就是法治，我们讲"法定责任必须做，法无禁止皆可为，法无授权不可为"，这三句话构成国家体制和治理体系的现代化，在2020年也应该会取得显著结果。从这个角度来讲，2020年实际上是中国进入新阶段的第一个最重要的5年，相当于1979年到1984年，那5年决定了中国市场化改革方向，当时农业改革在那个阶段是取得突破性进展的。奠定了中国后来的改革方向，那5年起关键作用。现在这5年同样为新35年的第一个5年，它决定新35年前进的目标。

邱震海：既然谈到这5年是新35年的第一个5年，那么现在能否规划出未来35年的路线图？

张燕生：首先第一步是到2020年，2020年最明显的是三中全会讲的改革，四中全会讲的法治和五中全会讲的新发展理念，全面建成小康、全面深化改革。第二步，到2020年再往后面走，实际上是有几个时间节点的，一个是到2025年，"十三五""十四五"这两个时间构成了10年左右的时间。

邱震海：这10年是中国经济结构调整最关键的10年，几乎可谓"成败在此一举"。

张燕生：是中国经济适应、把握、引领新常态需要的10年的时间，GDP增加真正的转向，产业结构低端迈向中高端水平，要素支撑转移到创新和改革驱动，这三个因素我个人觉得未来10年应该会取得非常显著的成效。

邱震海：10 年之后，中国经济总量无论从哪个方面，都应该超过美国了。事实上，2014 年美国中央情报局曾发表一份报告，按照购买力平价计算，中国经济总量当时已经超越美国。但是，人们一般不倾向于相信中情局的报告，而更希望看到独立研究者的研究成果。2014年，还发生了很重要的两件事，那就是中国成为全球最大的贸易伙伴国，同时中国的对外投资额首次超过引进外资的数额。这从另外一个侧面印证了中国实力又上了一个台阶，而这一切恰好发生在中国经济下滑期内。

张燕生：2025 年中国不单是购买力平价，按照汇率计算可能会超过更多。这个时候，当规模成为世界第一，就会涉及全球负责任的大户的责任问题，新晋大国跟现任大国的关系。中国在全球应当承担的全球供给和全球文化价值观的影响力，还有全球的合作伙伴关系，要考虑大国的责任。到 2035 年，中国应该更多考虑法治和现代市场经济的发展，制度和这些方面的建设及科技创新。

邱震海：考虑法治和现代市场经济的发展，不应该等到 2035 年这么晚，从现在开始算还有十七、八年，太久了。

张燕生：到 2035 年制造业进入世界强国的行列，创新力及整个经济进入知识经济的程度，以及中华文明走向现代化的进程。我个人觉得，如果 2025 年奠定了一个初步的构架，2035 年基本上应该有一个比较坚实的基础和比较成熟的水准。

邱震海：全面创新和法治的环境，不是一夜之间一蹴而就的，需要从现在开始就扎扎实实地予以建构。

张燕生：到那时是比较坚实成熟的框架，这时再迈向第三步，现代化的国家。过去讲四个现代化，现在讲除了四个现代化的硬实力以外，软实力、巧实力。在 2049 年时，中国要真正成为对全球有重要影响力的大国。

邱震海：从现在开始，就要构建现代法治和现代市场经济，彼此相辅相成，不能割裂。物质现代化、制度现代化和精神现代化三个进程，是同时推进的，并不存在先后次序之分。

张燕生：但我的看法，中国要成为像美国那样对全球有重大领导责任和影响的国家，2050 年不够，需要更长的时间，要一步一步地走。为什么？要成为全球具有重大影响力的国家，至少应该在三个方面对全球形成重大影响力。第一就是在全球的市场，有重大的影响力。现在很多地方都是全球第一大，贸易是全球第一大，航运是全球第一大，但是很多第一大的地方"大而不强"，基本上是价格的接受者和追随者。第二从全国规则来讲，应当有全球的影响力，现在我们讲全球的规则，基本上还是全球规则的接受者和追随者；第三是全球责任的担当。从三个因素来看，就全球重要领域、重要市场，可能会在某些领域取得进展，但在更多领域，比如货币、金融仍然会存在一定的差距。

邱震海：中国硬实力超越美国，或至少在经济总量上超越美国，只是时间问题，关键是软实力。美国之所以还是美国，最关键的也是其软实力。过去 500 年，西方现代化之所以成功，基本保持长治久安，最关键的是有一些框架的东西予以保证。这些框架性的东西，就西方的文化土壤和当时的时空环境而言，主要有三大板块：法治、个人权利的保护、以选举为特征的民主。我之所以强调以选举为特征的民主，是因为民主可以有很多不同的形态：西方人擅长对抗，发展出了选举民主；东方人擅长协调，出现了协商民主的萌芽。最重要的是，这三大板块是过去 500 年在西方土壤和在当时的时空环境下形成的，至少保证了西方物质现代化的成功。现在轮到东方，尤其是中国崛起，情况就不同了。中国可以接受，也可以不接受这三大板块，但中国面临的问题是一样的，那就是要保证物质现代化的可持续发展。中国自己的框架性东西在哪里？对这些问题的探索，从现在就应该开始了。

张燕生：如果 2025 年前后中国经济总量超过美国，美国怎么继续保持全球的领导力和影响力呢？要靠全球公共产品的供给、全球的同盟体系、全球的价值观，尤其是软实力、文化、价值，这些会在很长的时间内保持全球的重要影响力。中国跟美国是不一样的，中华民族是平等、包容的民族，包容就是"和而不同"，比较愿意跟别人分享、共享，并不是说全球就我说了算，别人都要听我的，中国不是这样的国家。她不是海洋文明发源起来的，不是海盗，是平等、包容、合作、共享，因此中国在更长的时期会跟美国及世界各国共同完成全球秩序的治理。

从上面的对话可以看出，在对后 35 年的规划和展望上，尤其是涉及软实力和框架性的构想上，我与张燕生有不同的视角和切入口，甚至有不同的观点。恰恰是这样，可以为读者诸君提供更为广阔的思维背景和光谱。

但是，求同存异之余，有一点是肯定的，那就是：2020 年是中国经济转型和未来发展的关键之年，可谓成败在此一举。

如何评估迄今的供给侧改革？

近几年，供给侧改革成为谈论中国经济时常使用的词语，也许由此而成为中国经济结构调整的重要转折点。能不能成功？全世界都在看。

邱震海：供给侧改革的成效，现在能看出端倪吗？

张燕生：现在是这样，比如钢铁去产能已经消化了 9000 多万吨，下一步钢铁还准备消化 1 亿—1.5 亿吨。问题在于，剩下的，无论是技术还是质量都是优质的产能，优质产能怎么去？真的很难。

邱震海：只能是转移了？

张燕生：是转移还是用什么方式，值得考量。

邱震海：问题是，去产能也需要有长远的考虑。有些产能之所以过剩，一方面有其本身没有提升的原因，但另一方面还因为现阶段中国的经济发展，已经不需要或还无法容纳这么多产能。以发展的眼光看，纯粹的去产能可能是有风险的。有些产能现在去掉了，没准以后又需要了。

张燕生："一带一路"沿线国家像巴基斯坦、印度发电能力极其落后，甚至像我们的邻居越南的钢铁业也非常落后，我们和巴基斯坦共同建设中巴经济走廊，要把巴基斯坦现有发电能力翻一番，这就会产生用电设备的需求。最近，由于政府短期稳增长的措施，钢铁和大宗商品价格开始上升，钢铁、大螺纹钢材价格涨得非常快，很多关闭的厂又开始复厂。5月，国家开始采取措施，前一段时间信贷的增长放量巨大，怎么操作才不致阻碍结构性调整？这些对中国经济和企业来讲，包括对政府都是很严峻的考验。怎么做才能让企业不产生依赖，等着政府救？其实可以放慢转型调整或结构升级的步伐，经济紧一点，速度慢一点，结构性调整力度才能大一点。

邱震海：现在供给侧改革谈得很多，如果把供给侧改革比作一个篮子，似乎什么东西都能往里放。经济学上著名的是"需求拉动经济"，但也有供给端的改革。供给侧改革和需求端到底是什么关系？还有它跟过去历史上的里根、撒切尔的改革有什么共同之处？

张燕生：供给侧改革不是理论问题，是对当前中国经济形势、阶段，对中国经济的基本判断。当前中国经济的问题或主要矛盾，是在需求端还是在供给端？如果在需求端，主要是消费和投资方面的问题，会涉及总有效需求不足，是不是能够通过刺激需求的方法，使当前的中国经济摆脱困境？

过去美国经济摆脱大萧条，它采取的是需求侧的改革，叫"需求管理政策"。当年凯恩斯采取的主要是赤字财政，政府用扩大财政赤字的方式扩大政府的开支，并采用通货膨胀的货币政策，用增加货币的投放，增加流动性刺激需求，以创造有效需求解决需求不足的问题。

采取需求侧的政策，大家容易联想到4万亿，如果用扩大消费和扩大投资，尤其是扩大投资，可能会带来新一轮的产能过剩、新一轮的通货膨胀。因此它只是短期有效的政策，并不能解决中长期的结构性矛盾。采取供给侧的政策，实际上更多的还是促进供给侧的结构转换和制度变迁，以及技术进步、效率提高、全要素生产力的提高。凯恩斯当年说的一句话，长期的政策长期都死光了，远水解不了近渴。我们现在面临的问题是，怎么把握好远期和近期，怎么处理短期需求和长期供给的矛盾。

从供给侧的政策来讲，美国1979年以后采取了一个"供给管理政策"，英国撒切尔夫人也采取了货币政策，已然从凯恩斯的国家干预经济的政策，转向了让市场起决定作用的政策。

从里根来讲，他的政策的核心是三条。

第一是减税，理论支柱叫作拉弗曲线，就是当财政税收的税率高到一定程度的时候，抑制了供给的效率和供给的活力，税收的基础就变少了，税源就变少了。因此高税率，收到的实际税收是少的。反过来讲，要降低过高的税率，活力有了，税基大了，税源就多了，因此一个较低的税率会有更多的财政收益的增加。因此，降低税率既能够降低企业的税负，又能够扩大国家的税源和税基，增加国家的财政收入。因此，这是一个能使供给有效率，能使财政政策有效率的好政策，企业有更多的钱用于创新，政府财税政策的效率更高。

第二个，从美国的供给学派的理论来看，供给管理政策主张减少政府对经济和企业的直接干预和管制，让市场竞争机制迫使企业提高效率、推进技术进步和创新。

第三个，美国供给学派的观点主张，要让供给更有效率，就要在企业的薄弱环节增加公共产品和公共服务，更好地发挥政府的作用。也就是说通过官、产、学、研的合作，鼓励企业创新。光靠企业创新，能力是不足的，因此要把政府的、产业界、学术界、研发部门的力量结合起来。

以上在美国学界受到攻击，被称为右派的经济学理论观点。谁从减税得到最多的好处呢？是大企业。大企业从税收中得到了好处，就是富人从供给侧改革得到了更多好处，而且它更多地鼓励市场的竞争，更多地鼓励市场的作用，因此它会削弱公平、福利、保障这些方面。但是，美国供给学派的观点，在实践当中是一个什么结果呢？当美国按照拉弗曲线的说法，大幅降低税率，实际的结果就是美国的财政赤字大幅上升。拉弗说降低税率会增加财政收入，什么时候增加拉弗没说，是克林顿当总统时增加的，90年代。因此，80年代初里根种的桃子，摘果子的时候是10年以后。

邱震海：原因是什么呢？为什么那么长时间？

张燕生：经济适应这个变化是一个相当长的过程。

邱震海：是经济效应合理的传导过程吗？

张燕生：从降低税率，培养税基和税源，是先有一个恶化的过程然后才开始改善。因此里根享受了恶化，克林顿享受了改善，它有10年的间隔。这样对里根来讲降低税率财政赤字增加，里根政府面临一个问题——怎么为财政赤字融资。里根采取的政策是提高利率，吸引国际资本流入美国，为美国财政赤字融到资，改革就可以进行下去。但是这个利率提高了，国际资本流入美国了，美元会升值，因此出现了"80年代的美元危机"，从80年代初一直到1985年美元累计升值34.8%，美元持续地升值，最后导致的结果是美国的出口、美国的制造没有了效率，因为出口一个单位换来的美元越来越少，少了35%。对企业来讲，亏了35%为什么还要出口？出口就会越来越少，进口就会越来越多。因此美国经常项目逆差大幅度增加，美国整个就陷入困境当中。

邱震海：1985年的《广场协议》是一个拯救美国的措施，却使日元大升。当时的日本有点类似前几年的中国。那个年代的世界各地，到处都可见到日本旅游团，背着日产的照相机。30年后，这一场景为遍布世界各地的中国旅游团所代替。

张燕生：1985年的《广场协议》，通俗地讲就是美国生了病，却要给日本、德国吃药。日元升值，从1985年1美元兑250日元，到1987年升值120日元，翻了一番，贵了一倍。因此日元的购买力非常强盛，那时还出现了日本购买美国的说法，买美国的洛克菲勒之类的。现在中国人民币越来越贵，有人说中国人要买摩根大厦诸如此类的，是有一点像的。但是以日元标价的资产越来越贵，因此开始形成泡沫。日本曾经希望通过提高利率抑制泡沫，但是美国不干。提高利率会对美国经济的稳定产生冲击，因此美国仍然要求日本降低利率。

邱震海：回顾这段历史对今天和未来的中国有哪些启示？

张燕生：这段历史说明供给侧改革需要很长的时间显现成效，像美国的10年，它会在短期和中期出现各种矛盾和问题。美国可以用它的国际地位，让日本吞掉。中国人不能说当我遇到供给端矛盾时，转嫁危机给他国，中国不是这样的国家。怎么解决为期10年这个过程中改革带来经济不平衡的问题？而且从当时美国情况来看，矛盾实际上很难用一个措施解决，问题非常复杂、深刻，应对的时候必须多管齐下，不然没有办法坚持住10年。

邱震海：美国虽然在过程中充满了矛盾、困难、危机，包括美元危机、制造业危机、财政危机，但是它毕竟从1990年3月开始进入了历史上最长的新经济繁荣周期，进入了IT革命。美国通过供给侧改革获得晋级繁荣，给中国又有什么启示？

张燕生：美国的经验就是，它坚持到底赢得了生产率的增长，赢得了技术进步的创新，赢得了新经济繁荣。因此对中国来讲，供给侧的改革的判断是对的，对主要矛盾的判断是对的，对解决矛盾的措施是对的。但是怎么才能做到宏观稳，微观活？整个供给侧改革的一套措施，怎样才能做到从宏观到微观，从产业创新到社会政策托底保持社会稳定呢？对我们来讲是非常复杂、长期、全局的系统工程。

邱震海：我们本来研判中国经济调整的周期不到8年。但你认为中国经济转型未来是10年。是不是中国现在开始供给侧改革，按照美国的经验，我们也要到2025年才能见效？如果说我们希望早一点见效，现在这个阶段既要不遗余力地推动供给侧改革的方方面面，同时需求端肯定需要管理，肯定需要托住，但又不能变成过去的4万亿，这是很难拿捏的过程。

张燕生：10年期需要若干组短期稳定的需求管理政策。对于负责经济工作的领导和研究学者来讲，这个方面就需要集思广益、多管齐下，需要各个部门的协同。我们要坚定信念，不能由于短期矛盾尖锐化而动摇。首先我们需要意识到 10 年期改革任务的艰巨和风险，有充分预案做充分的准备，直到供给侧从低端转向高端，从僵尸状态到蓬勃发展，这是对我们的考验。

第二个问题是，当前经济下行压力和下滑的惯性，是周期性的还是结构性的？如果是周期性的，那就像海浪一样，它会过去。这个时候企业家最好的策略是等待，等待经济预期从悲观转向乐观，当经济复苏时再出手。

因此 2008 年 9 月，国际金融危机爆发，2009 年年初美国的大企业手持现金 2.9 万亿美元，在这么大的危机打击下，大企业手里仍然持有将近 3 万亿美元现金，但它们既不投资，也不消费，就是等待。什么时候美国经济真正复苏了，什么时候才出手。美国在 2009 年开始采取了三轮量宽，按照伯南克的话，像直升机往下撒钱一样，每个月撒 850 亿美元，后来每个月撒 550 亿美元，再后来每个月撒 350 亿美元、150 亿美元。在整个美国量化宽松的过程中，不管怎么撒钱，美国的企业就是不投资，美国的老百姓就是不消费，因为他们对未来的预期是悲观的。

你必须知道的实情

读到这里，你也许会有一种感觉：上面的这些话似乎更多是说给政府官员听的，与老百姓相去甚远。其实不然。

研究经济问题的学者和媒体人士，本身就承担着两方面的重任：一是面向政府，二是面向民众。无论哪个国家，政府都是经济活动的决策者，但民众是经济决策的最终受益或受害者。在经济活动中，政府决策正确与否，直接影响民众生活；而民众对经济活动的感受，又直接影响政府的威望和声誉。

因此，对普通民众和企业家来说，了解政府的想法，或了解政府内部对经济形势的研判和决策过程，甚至了解政府内部的分歧，其实都是有好处的。

邱震海：10年经济转型这个战略研判，对很多正在艰难度日的中国企业来说，又意味着什么呢？

张燕生：很多企业认为现在的经济问题是周期性的，困难很快就会过去，于是它们选择等待。误判害死人的地方在于，让你像温水煮青蛙一直等到死，没机会翻盘。如果一开始就说当前中国经济的问题是结构性的，谁等待谁死亡，那么企业家和老百姓肯定会尽早调整了。

邱震海：所以，现在是到了把实情告诉企业家和老百姓的时候了。从这个意义上说，2016年5月《人民日报》采访的"权威人士"提出的L形经济复苏理论确实是说了大实话。

张燕生：国家判断现在的经济问题是结构性的，只有用结构性的措施才能解决当前中国经济的结构性问题，谁等待谁死亡，谁早调整谁早收益。于是，国家推动"去产能、去库存、去杠杆、降成本和补短板"这种结构性的改革措施。过剩的产能是在2003年到2012年全球的非理性繁荣期和中国的高速增长期囤积下来的，像重化工业，钢铁、煤炭、水泥、电解铝、玻璃等；像装备工业，发电设备、工程机械设备、造船等；然后是房地产相关行业，像建材、房地产、建筑、商业地产等，超常繁荣的部门形成了巨大产能。但2012年以后全球的经济从5%下降到3.1%，全球的经济1/3没了；中国的经济从10.7%下降到6.9%，中国经济的1/3也没了，但是这些部门的产能却依旧。凡是在繁荣时期扩大规模、扩大产能的企业现在全倒了，背的包袱越重，就越过不去。

不但中国这样，美国前三大煤炭企业都是破产保护，其中有一家盲目扩张，并购了好几家煤炭企业，并购越多产能过剩越严重，调整起来难度越大，破产的速度越快。美国前三大煤炭企业都破产了，但政府并没有出售，而是交给了市场决定。

邱震海：那么中国呢？前面曾谈到去产能也要有长远眼光。现在的问题是：中国的去产能是让市场起决定作用，还是用结构性调整解决？

张燕生：从国家来讲，要保持经济的基本繁荣和稳定，避免经济"硬着陆"，还是选择多管齐下解决问题。一方面去杠杆是降低企业债和地方债杠杆率，去库存是消化房地产过度的库存，降成本就是降企业的用工成本、财务成本、物流成本和企业制度交易成本，包括五险一金社会保障成本；另一方面补短板，高端的产品和服务不足，从需求端来讲就是公共教育、公共卫生、公共医疗、公共养老、公共住房保障这方面供给是不足的；此外，党的十八届三中全会提出在2020年起决定性成果的300多项改革措施怎么推进？党的十八届四中全会提出180多项依法治国的措施怎么落地？和十八届五中全会提出的新发展理念怎么落地？这些都是避免经济"硬着陆"的办法。

2020年对中国的指标性意义

读到这里，如果你一路跟着我们思考，也许脑海中会浮出这么几个思路：一、我们试图在探讨中国经济历史和现实的过程中，探究未来中国经济发展的内在规律，以避免未来的"新常态"出现不稳健的现象；二、现在已经开始的经济"新常态"不但涉及经济，而且涉及包括政治、社会在内的方方面面；不但涉及现在，而且还涉及中国至少长达30年的未来。

因此，不是用共时的眼光，而是用历时的眼光，不仅把视野局限于经济，同时更扩展至政治、社会和国际，在这个时刻就显得尤其重要。

我与张燕生的对话开始向这个方向拓展：

邱震海：我个人倾向把1979年到2049年这70年，视为70年的转型。原因很简单：1979年中国开始了改革开放的探索，其本质是以和平而非暴力的手段、以追赶世界先进强国为目标，把中国发展成为一个现代化的国家。这个本质从某种程度上说，嫁接到了19世纪下半叶的中国第一次现代化的努力，只不过那个努力失败了，后来才有了19世纪末开始的屈辱和20世纪上半叶以救国为体征的血雨腥风。一个国家的现代化进程，50—70年是一个必需的时间，而2049年是中华人民共和国建国百年，这个进程届时完成，正好顺理成章。

张燕生：同意。

邱震海：我们谈的2020年有好多指标意义，第一个指标意义虽然抽象，但是也有很大的象征意义——中国共产党建党一百周年的前夕，第一个一百年，同时也是21世纪第三代领导人提出的头20年的战略发展机遇期结束，不是小考是大考，过去20年发展怎么样，21世纪的1/5时间过去了。

张燕生：我把你的70年，中间再分一下。你讲70年的长周期分成两个35年，一个是过去的35年，一个是未来的35年。过去35年可以分成三个阶段：第一个阶段是1979—1992年，这个阶段最重要的标准就是它明确了改革开放的方向是要搞市场经济。我自己的看法是，理论上是有一个重要标志的，从政治上讲有社会主义、资本主义，社会主义跟资本主义竞争，我们会发现一种现象，资本主义很容易向社会主义学习公平，资本主义向社会主义学习公平学得好的，像北欧，都被称为社会主义国家，但是社会主义向资本主义学习，效率就很难。为什么凡是社会主义就没有办法解决效率问题呢？苏联、东德、中国、朝鲜、越南、古巴、委内瑞拉等各种各样的社会主义国家都没有办法解决效率问题。

邱震海：我对这个问题是这样思考的：近年来，无论是美国出现的"特朗普现象"（其本质是美国的中下阶层日子过不下去）还是恐怖主义盛行，其实不但是西方，而且是人类过去至少250年在科技革命、产业革命和社会革命遇到的问题的集中爆发。

18世纪60年代机器发明后，科技革命导致产业革命，产业革命过程中的矛盾若处理不当就会引发社会革命，这在过去250年时间里是一条脉络主线。18世纪60年代的第一次科技革命（大机器革命）带来18世纪80年代的英国工业化、城市化和大批当时的欧洲"农民工"进城成为早期产业工人，劳资矛盾迅速激化，这就有了 19 世纪上半叶的工人运动和其他一系列政治运动。第一次（机械化）、第二次（电气化）、第三次（自动化）、第四次（信息化）和现阶段的第五次（智能化）科技革命，都无不极大促进了人类生产和生活方式的进步，但也带来了包括贫富不均在内的一系列社会矛盾的激化。

整个 20 世纪，人类试图用意识形态的手段解决科技革命、产业革命、社会革命带来的问题，这就是社会主义和资本主义的对决。冷战结束已经 1/4 个世纪了，这个对决的阶段基本过去了，但导致意识形态对决的问题根源不但没有消除，而且在新的科技革命潮流下更加激化，这也就是"特朗普现象"和伊斯兰恐怖主义产生的根源之一。

至于过去百年里，资本主义糅合了社会主义的成分，是因为在当年的欧洲，社会主义有两个分支，一个是社会民主主义以蚕食般的方式融入体制和改变体制，另一个则是激进的暴力派成为后来社会主义的主流。但随着冷战结束而消亡，只有中国走出了一条新路。

张燕生：邓小平南方视察解决了这个问题，社会主义的改革开放要想解决效率问题，必须要搞市场经济。这是我们过去 35 年的第一个阶段，是很重要的。

第二个阶段就是从 1992 年到 2001 年，这一段时间解决的另一个问题就是，市场经济要怎么搞。因此在 2001 年我们加入了 WTO，这段时间的一根主线是与国际通行规则接轨，融入世界。

第三个阶段实际上是从 2001 年加入 WTO 到 2014 年。回顾一下过去的 35 年，我们确实很成功。2014 年国际上有几篇报告，一篇是 IMF 研究报告，一篇是世行研究报告，一篇是 OEC 的报告，发布这三篇报告的都是世界上最权威的组织。这三个组织不约而同发表报告说，按照购买力评价计算，2014 年中国超过美国。诺贝尔经济学奖得主斯蒂格利茨讲，2015 年是中国世纪的元年。过去 35 年在经济上我们取得了长足的进展，但是如果换个角度来讲，我们会发现过去 35 年走的还是一条粗放的、以环境资源为代价的不平衡、不协调、不可持续的路。

邱震海：1979 年、1992 年和 2001 年，这是过去 30 多年里三个里程碑的时间点，其意义一个超越一个，尤其是 2001 年加入世贸组织意味着中国全方面融入了全球化的进程。可以说，中国改革开放最重要的成就是在 2001 年以后取得的。

张燕生：当时很多朋友问，加入 WTO，为什么我们接受 15 年的保护期，到 2016 年才能得到完全市场经济的地位？我们的企业跟别的国家的企业发生贸易摩擦时，我们不需要用替代国、第三国，用价格、要素和成本来衡量是否需要取消。现在回头看这 15 年，对中国企业太重要了，如果发展不好，就会把中国低成本优势给断送了。很多朋友问，"入世"时为什么接受那些苛刻的条款？当时政府回答了三句话：第一句话，为了融入世界，为了参与全球化；第二句话，为了在体制上与国际通行规则接轨；第三句话，就是狼来了。外面有一群狼，家里有一群羊，门要开了，凡是跑不过狼的羊通通都被吃掉，如果羊想活下来，就必须提升产业竞争能力。这个方向现在看来是对的。

第三章
人工智能来了：我们怎么办？

当我们在前面几章讨论中国经济转型的方向和路径时，有一个若隐若现的事物始终在眼前徘徊，勾住了我们的视线，也使我们的思维轨迹时时向它倾斜……

这种感觉，有点像在一个纷乱嘈杂的晚会，人声鼎沸，忽然间有一个美丽的少女款款走来，起初没有引起多少人的眼光，但越来越多人的眼光聚集到她的身上。最后所有人才发现，原来她才是今晚的主角，而其他所有人都只是观众而已。

我用这个不甚恰当的比喻，只是想告诉大家，在我们讨论中国经济转型，包括消费转型和经济转型的时候，其实还有一个更为重要的趋势正在款款走来，它正在并将更加深刻地改变你我的生活，同时对中国未来几十年的经济和国力发展都将产生至关重要的影响。

这就是正在发生的第四次世界科技革命的潮流。其最高境界不是我们正乐于其中的移动互联网，而是那个让我们既欢喜又忧愁的"女神"——人工智能。

一、科技革命："幸运女神"正降临中国？

这次正在发生的科技革命，就像前面比喻的那个美丽的少女，款款走来之时没有引起多少人的注意，但慢慢地越来越多的人感受到她身上的磁场，并为她所吸引，直到最后完全无法释怀和离开……

但是，被这位美丽的少女所吸引，暗自爱恋、茶饭不思、无法释怀是一回事，而能与她走到一起则又是另外一回事。前者只是她的仰慕者、暗恋者，最终只是局外人，终将离场而去；而后者才能享受到什么是爱情和销魂。

不仅如此，面对正在款款走来的这位美丽少女，我们究竟只是感受她短暂的销魂磁场，然后与她相忘于江湖，还是勇敢地抓住机会，发起猛攻，直到把她娶回家？

当然，这个比喻依然不很恰当，甚至不甚得体。但我只是希望正在阅读这一章的你能明白，今天的中国已经跨越了仰慕曾多少次改变人类命运的科技革命的时代了，而必须成为这一轮科技革命的主人。只有这样，不但这几年中国的经济转型才能成功，而且未来几十年中国的经济和国力发展也才有一个坚实的支撑和基础。

原因非常简单：目前有两个面向的进程正在同时发生，一是中国国内的经济转型，亦即我在本书前面章节比喻的"高空、高速飞行中换发动机"，二是第四次世界科技革命潮流。本章的后面我将写道，前几次世界科技革命的潮流，中国都错过了；而只有这一次，中国是在已经成为世界第二大经济体之后赶上的。

因此，这一轮正在发生的科技革命，是中国一个千载难逢的机会，她有可能使正在进行经济中国转型的中国，获得"弯道超车"的机会，后来居上，一步到位抵达世界最先进的前沿。

那些年，我们一起错过的科技革命

读到这里，气氛是否有点凝重了？那就让我们放松一下，先简单回顾一下前几次世界科技革命的潮流吧，同时看看历史上的中国是如何与那几位美丽少女擦肩而过的。

人类从公元开始的历史迄今两千多年，前面1800年的发展进程几乎是一条平线，即便有上升也是非常缓慢。15世纪的地理大发现虽然让人类大开了眼界，航海业的大发展直接导致了西班牙、葡萄牙、荷兰作为海洋大国的兴衰，却依然没有使人类经济发展的曲线大幅上升。

人类真正的发展是在 1760 年以后，也就是在过去的 250 年时间里。

这一切都有赖于发生在 18 世纪 60 年代的第一次世界科技革命，亦即机器的发明。珍妮纺织机和瓦特蒸汽机的发明，使人类摆脱了手工作坊时代，正式进入了工业化时代。18 世纪 80 年代，在第一次科技革命发生 20 年之后，发轫国——英国首先进入了工业化。1830 年，人类第一条铁路诞生。同时，纺织业、采煤业、冶金业、机械制造业、交通运输业都在第一次科技革命发生之后的几十年里得到了大发展。

进入工业化几十年，城市化在英国发生，大量的农民工进城成为早期的产业工人。于是，工业化时代的劳资矛盾开始激化。

1760 年后的 100 年时间里，有三场革命如影随形，即科技革命、工业革命和社会革命。科技革命催生了工业革命，工业革命又导致早期的劳资矛盾，并最后导致工人运动、社会主义和马克思主义的诞生。1835 年，狄更斯出版了《雾都孤儿》，写尽了工业化后期、城市化早期的伦敦的各种乱象；1842 年，恩格斯出版了《英国工人阶级的状况》；1848 年，《共产党宣言》出版；1864 年，第一国际成立，社会主义运动开始从理论走向实践。所有的这一切都离不开 18 世纪 60 年代的第一次世界科技革命。

这 100 年世界发生如此惊天动地变化的时候，中国正是清朝中晚期，国力已经开始全面下降。19 世纪 40 年代，当第一次科技革命导致的工业革命在英国方兴未艾，大机器生产迅猛发展，对外贸易需求大增，闭关锁国的清王朝就这样被大英帝国的坚船利炮打开了国门……

第一次科技革命 100 年后，亦即 19 世纪 60 年代，第二次科技革命诞生了，其本质是电气化。第二次科技革命，直接催生了发电机、电动机、高压运输网、电、电灯、电话、电报的发明。电力产业、石油产业、化工产业和汽车产业都得到了大发展。尤其是电话和电报的发明，使地球在地理大发现之后首次以先进的方式连成一体。于是，人类历史上的第一次全球化开始了。

但那个时代的中国，刚刚经历了两次鸦片战争和火烧圆明园，国力如自由落体式下降，更大的屈辱还在等待着中国。

这两次科技革命，中国不但无缘赶上，而且在极其屈辱的位置上，就连当一个普通观众的资格都没有。19世纪80年代李鸿章出访德国，与当时统一德国的"铁血宰相"俾斯麦站在一起，两位老人年龄相仿，互相欣赏，但其背后所代表的国力却完全不可同日而语：统一后的德国正在蒸蒸日上，而大清帝国则已日薄西山，只能感慨"夕阳无限好，只是近黄昏"……

20世纪40年代末到70年代末，世界进入了第三次科技革命的时代，其主要特征就是自动化。1946年，人类第一台电子计算机在宾夕法尼亚大学的实验室诞生，具有一间房的体积，但在长达30年的时间里不断发展。这一次的科技革命，直接催生了电子工业、通信产业、新材料产业、新能源产业、生物工程、宇航产业、海洋开发产业的大发展。这一次科技革命蔓延全球的30年里，中国却也白白错过了……

20世纪70年代末到21世纪初，世界进入了第四次科技革命的时代，其主要特征是信息化。互联网、转基因技术、遗传工程、纳米技术和激光等都是这一时代的产物，并直接催生了信息技术产业群、生物技术产业群、纳米科技产业群、宇宙开发产业群和海洋开发产业群等。

这一轮科技革命，中国勉强赶上了，然而赶上的方式却是做"世界工厂"。当时的世界，正是全球化产生的年代。从严格的意义上说，这已是人类的第三次全球化了：第一次全球化产生于15世纪地理大发现之后，虽然催生了航海和一系列海洋大国的诞生，但由于没有发生科技革命，因此人类的整体生产和生活方式没有发生根本改变；第二次全球化如前所述产生于19世纪下半叶，由于电气化革命，人类真正进入了生产和贸易资源全球配置的阶段，但这一次全球化最后却导致西方发达国家的经济冲突更为激烈，最终以第一次世界大战而收场。

20世纪80年代后，人类进入第三次全球化，时值中国实行改革开放。实行"三来一补"（来料加工、来样加工、来件装配和补偿贸易）的中国，以"世界工厂"的方式融入其中，以极其低廉的价格和简单生产要素融入全球化的生产价值链之中，并在20世纪80年代后半期开始迅速实行以出口为导向的外向型经济。

这就是过去30多年中国财富急剧增长的全部奥秘。尽管如此，过去的30多年，中国最大的软肋就是核心技术依然缺失。这样的增长方式在过去的30年可行，因为那个时代的内外环境（内部的人口红利和外部的全球化环境）都支撑这一发展模式，但在内外环境都已根本改变的今天，这一发展模式必然遭遇瓶颈。

所幸的是第四次科技革命方兴未艾，在21世纪头20年里又生发出了新的变种，那就是智能化浪潮。其核心就是移动互联网、大数据和人工智能。有人将这一新的变种称为第五次科技革命。但在目前国际通用的语境中，依然把它归到第四次科技革命的范畴内。

这一轮科技革命大潮的来临，大概是在2010年以后，尤其是2014年以后。我们的许多生活方式的改变（包括移动支付、移动出行等），也大都是在2014年以后发生的。所幸的是，当这一切来临的时候，中国已经跨越了世界第二大经济体的门槛，具有的足够的经济实力和国力来承接这一科技革命的成果。

在中国经济转型的关键时刻，这一轮科技革命无疑是一份"上帝的礼物"，使中国有可能获得"弯道超车"的机会。

现在的关键是：中国究竟只是承接这一轮科技革命的成果，然后在中国大地生根、发芽，并发展出相应的商业模式，还是也能在科技原创方面占一席之地，甚至独占鳌头？显然，两者之间的区别是，前者虽能通过商业模式继续获得财富增长，但却缺乏持续支撑力；而后者则可以真正做到后来居上，一步到位。

从目前的情况来看，中国虽然在包括移动互联网在内的一系列领域里已经走在了世界前列，但这种"走在前列"更多的只是承接来自西方的核心技术。其典型的例子就是被称为BAT（百度、阿里巴巴、腾讯）的三个互联网巨头企业，几乎都可以在西方找到直接对接的源头企业。虽然三家巨头（尤其是阿里巴巴和腾讯）都极大地改变了中国的消费、社交和其他社会业态，但就核心技术而言，这些企业却没有根本性、原创性的突破。

中国能否做到后来居上，一步到位，还是在未来的5—10年里，继续只是承接来自西方的核心技术？这一切都取决于中国是否真正具备创新能力。

一切又回到了那个沉重的老问题：面对正在款款走来的这位美丽少女，我们究竟只是感受她短暂的销魂磁场，然后与她相忘于江湖，还是勇敢地抓住机会，发起猛攻，直到把她娶回家？

二维码、高铁：中国两大"魅力女神"

写到这里，稍稍离题一下，让我给你讲一些我个人的经历吧。

2017年9月1日，是我到中国香港工作整整20年的日子。那天上午，我和往常一样，坐在宽敞的书房里写作，但我的心绪却怎么也离不开20年前那个闷热、湿润的上午。

1997年9月1日上午，我坐汉莎航空从德国抵达中国香港，开始了我在香港迄今已经20年的工作和生活。一下飞机，迎面就是闷热、湿润的空气，还有英国王妃戴安娜去世的铺天盖地的报道。8月31日下午，我从德国法兰克福机场起飞前，一切都是那么的平静，但没想到十多个小时后，戴安娜王妃却已命丧黄泉。因此，1997年9月1日这个日子，给我的印象实在太深刻了。

那时的香港机场还叫启德机场，坐落在九龙。每次飞机下降时，几乎都要从鳞次栉比的高楼之间穿越，让人对飞行员技术赞叹无比，也让人感慨香港的寸土千金。

20年前，从德国到中国香港，心理落差还是很大的。尤其是与我的母校图宾根那恬静、浪漫、充满人文和哲学气息的氛围相比，香港的市容、规范和文化底蕴都差了不止一个等级。在曾经长达5年的时间里，我几乎每一天都在具有 500 年历史、印刻着许多西方哲人头像的图宾根大学图书馆进出、苦读。这个地方，不但给我带来了哲学博士学位，而且还几乎重塑了我的价值观和人生品味。

2003 年夏天我到了英国剑桥大学。当在剑桥校园漫步与河里泛舟时，我忽然发现，面对剑桥大学的风景，我完全没有那份莫名的仰慕和激动。那一瞬间，我忽然明白，原来我的内心深处一直住着她——我的母校图宾根大学。我在剑桥大学待了两天。坦率地说，无论是剑桥校园的景色，还是我在与剑桥学者交流中感知的其学术深度，与我的母校图宾根大学相比都相去甚远。与图宾根大学的典雅和深邃相比，眼前的剑桥大学无疑黯然失色了。

剑桥大学如此，何谈香港？毫不夸张地说，我几乎花了 5 年左右的时间，才慢慢习惯（或麻木）了香港的闷热、潮湿、喧闹和肤浅。20 年来，香港的长处，比如她的秩序、自由、法治、公民素养，都是后来一点一点被发现和挖掘出来的。

然而，那个年代，从香港跨越罗湖到了深圳，会觉得深圳比香港又差了一个档次。那个年代的深圳，虽然与香港咫尺之遥，但无论在收入水平还是其他各方面，依然与香港存在着非常明显的差异。这种感觉一直延续到 2012 年以后。

从 2012 年开始，我比较频繁地穿梭于香港和深圳两地之间。刚开始的几年里，说实在的，每次从深圳过关进入香港，我都有一种感觉："又回到发达地区了。"其时，两地在生活的舒适度和服务素质方面的差距还是颇为明显的。但有一天——时间大概是在 2015 年以后的某一天，我从香港再回到深圳，我忽然有一种感觉：相比于香港，深圳似乎成了一个更为发达的地区！

这种更为发达、方便和舒适的感觉，会体现在一些很具体的细节上：

比如，一到了深圳，你马上可以拿出手机，通过网络约车，而且可以立时约到专门公司的专车服务。而在香港，则只能打的，而且香港某些出租车司机的素质之低是人所共知的；即便是优步这样的网络约车服务，也都是一些加盟的私家车，无论是车辆还是服务的素质，都与内地的专车服务不在一个等级上。今天在中国内地，各种网络约车平台此起彼伏，竞相争艳，无论是数量之多、规模之广，还是服务之专业和贴心，都远远超过了风靡西方的优步约车。

又比如，在深圳（或内地其他地方），即便是坐出租车，绝大部分的车辆都可通过手机二维码扫一扫支付，而完全不需使用现金；而在香港（欧美绝大部分国家），则都需要使用现金，因此带上一大堆现金或被迫接受一大堆硬币，在香港和海外很多地方都是一种无奈的选择。

再比如，只要从香港一过关进入深圳，立时可以打开手机，通过客户端购买生鲜蔬菜和肉类，50 分钟就可以送到门口；无论是午餐、晚餐，还是下午茶，都可以通过客户端享受外卖服务，30 分钟左右就可快递上门；甚至就连晚上不舒服，你都可以通过客户端让人送药上门。而在香港，你就必须亲自迈开步子去超市、饭店或药房，必须事事亲力亲为，才能满足你的生存需求。

这些挂一漏万的例子，在让你感受到更方便、更舒适的同时，其实都离不开一样东西，那就是手机，或者由手机所代表的移动互联网的应用。

都说中国是最早发明纸币的国家，但可能将成为最早抛弃纸币的国家。原因也很简单：在今天的中国，到哪儿支付都可以用二维码扫一扫，两秒完成所有的支付程序。

前几年就有人开玩笑说，在中国不怕钱包没钱，就怕手机没电。2016 年，又一个新的段子上演了：以后遇到有人乞讨，千万别说"不好意思，没带现金"，没准乞丐马上会说："没关系，可以用二维码扫一扫。"没想到，到了 2017 年，马云在一次演说中也讲了这个段子，而且是把它作为一个真实的故事来说的。

今天你如果从美国跑到欧洲，再从欧洲跑到日本、韩国、中国香港、中国台湾，然后再到中国大陆，你会发现，中国大陆在不少领域里，已经走在了世界的最前端。2015 年夏和 2016 年夏，我接连两次到欧洲，发现在这些方面，许多欧洲大城市的步伐就连香港也赶不上。2017 年夏，我又到了日本；虽然日本的各种服务闻名世界，但当我提起中国在使用移动互联网的先进程度时，许多日本人都瞪大了眼睛，似乎在听一个来自天外的传说。

移动互联网在中国风靡一时，风头无两，有一系列主观和客观的原因。首先，我一直高度肯定中国民间在现阶段的良好状态，你可以把它称为是中国人民的勤劳勇敢，也可以把它看成是中国百姓的温顺谦让，但我想说的是，中国民间的勤劳毋庸置疑，而"对美好生活的向往"（习近平总书记语）以及由此而迸发的对一切新鲜事物的好奇和开放，这是现阶段中国民间进步的巨大推动力。相比之下，在美欧等发达国家，这种对新鲜事物的好奇和开放开始减弱了……

某种程度上，这有点与爬山的意境类似。杜甫的名句告诉我们"会当凌绝顶，一览众山小"，爬山的最高意境就是登上山顶。但你想过没有，登上山顶以后，该做什么了？无非是两件事：一、享受"一览众山小"的愉悦；二、开始下山。而开始下山之前，人的心态是复杂的。

相比之下，爬山的意境又是什么？显然是又累又享受。这个阶段的抱怨是最多的，因为很累；但这个阶段的希望也是最强烈，因为你永远知道，你在向着山顶进发，一个更美好的未来在等着你。因此，爬山时的气喘夹着希望，与从山顶下来前的愉悦夹着失落，其哲学意境是完全不同的。

从高深的哲学返回现实生活层面，你大概可以理解甚至同意，我为什么说这个阶段中国民间的状况非常不错。

当然，这个阶段中国在移动互联网（准确地说是移动互联网应用）领域的迅速发展，坦率地讲也与中国法治环境尚不健全不无关系。法治不健全肯定不是好事，但在面对新科技的开放方面则似乎又是一件"好事"。理由很简单：任何法律都是滞后的，都不可能预见甚至规范 20 年后的科技趋势。因此，在一个法治相对不健全的国家，只要民间的心态开放，法治不健全在某种程度又是一种新生事物的"催化剂"。移动支付或二维码，在美欧等国步履艰难固然原因众多，但与那里的法治已十分健全、限制重重也不无关系。

因此，这个阶段的中国，应该好好利用这一难得的发展机遇，争取在利用科技革命趋势促进经济转型方面，有一个大的跨越。不然，若干年后，"过了这个村，就没这个店"了。

下面来谈谈中国的高铁吧。说到高铁，我又要给你讲几个故事。

1986 年我在上海攻读硕士研究生，我的导师是德国人。当时，他用德国人的精细风格计算了中国所有铁路的总长，最后告诉我："我发现，全中国铁路线的总长，与德国铁路线的长度是一样的。"我的导师说这话的时候，语气十分平淡，我相信他完全没有恶意，但当时的我却恨不得立即找个地洞钻下去。须知，中国的国土面积不知要比德国大多少倍，但铁路线的总长度却与德国一样；相对德国的面积而言，这样的长度意味着先进，而对中国的面积而言，这样的长度却意味着落后。这还只是就铁路线的总长度而言，还没有涉及铁路的质量、速度和舒适程度。

1991 年年初我抵达德国时，第一次坐上时速 250 公里的 ICE（城际高速列车），刹那间想起李白的诗句："朝辞白帝彩云间，千里江陵一日还，两岸猿声啼不住，轻舟已过万重山。"再想起每次从上海到北京，我都必须在闷热的车厢里度过长达 24 小时，到了晚上那些没有座位的旅客，干脆就地铺开几张报纸，席地而睡，那些场景真让人有恍如隔世之感。

1999 年，中国采用德国技术，在上海建造了第一条磁悬浮列车线。当时，已在香港新闻界工作的我，对这个项目十分关注，并知道德国也有一个在中国大力展开这一项目的计划。当时，德国主管中国磁悬浮项目的负责人经常来往香港。也许是我的德国背景和流利的德语吸引了他，一来一往之间我们就熟了起来。

有一次，我又去找他。他正好和女友通话，显得柔情蜜意。挂完电话，他心情大好，踌躇满志地在我面前摊开一张中国的铁路运营图，对我侃侃而谈。于是就有了下面这段有趣的对话（我暂且用"德"来标记他吧）：

德：您来看，这是中国的全部铁路线。我们有一个 50 年的计划。我们将用 50 年的时间，把全中国的铁路线改造成磁悬浮列车线。

邱：那造价一定不菲，你们可大赚一笔了。

德：但这是中国必须走的一步。中国的铁路线太落后了。

邱：你们和日本是拥有这个技术的两个国家，但至今你们在自己的国内都没有一条商业磁悬浮运输线。为什么？

德：……这个，您知道，我们有议会，他们控制政府财政很厉害。这个项目确实很贵。

……

不用再说了，一切都清楚了。

不过，他说的确实是实话。从柏林到汉堡的磁悬浮商业线，几次遭到当地议会的否决，就是因为造价过于昂贵。中国没有类似的监督机制，因此德国人才对这一块"肥肉"虎视眈眈。当时，与磁悬浮展开竞争的，还有日本的新干线。

将近 20 年之后，人们发现，中国巧妙地把这一页翻过去了，而且翻得十分巧妙。虽然由于当时的中国被德国"忽悠"，在上海浦东机场到龙华路之间，造了一条 33 公里的磁悬浮列车，后来证明无论效益还是用处都不大，但在全国范围内，中国既没有采用磁悬浮，也没有采用新干线，而是独立走出了自己的高铁道路；今天中国的高铁不但线路长，而且质量在全球也稳居第一。

现在回首 1999 年，如果中国按照德国的那个 50 年的方案，那么"冤大头"的生活现在才刚刚开始……

移动互联网时代即将结束?

过去若干年,中国在各方面的发展和超越确实是全方位的,这其中就有上面提到的二维码和高铁的发展。

这背后的原因,显然是由于中国国力的迅速发展。说起来,有时觉得很奇怪,但若仔细想想也十分正常:任何事物其实都有一个厚积薄发的过程;开始阶段也许依然艰苦,让人信心不足,但只要达到一定的程度和规模后,就会出现所谓的"井喷效应",亦即一些原有的潜力在"规模效应"的支撑下获得了井喷式的可能。这就是这几年中国在一系列涉及现代科技的项目都获得长足进步的根本原因。

虽然如此,在过去若干年的中国发展进程中,还是有一些外部环境是不可忽视的。如果说,过去若干年,中国发展在早期得益于全球化的大潮,那么在后期无疑就是移动互联网的大潮了。

中国得益于全球化的大潮已是毋庸置疑的事实了。我在这里,想重点谈一谈移动互联网对中国的促进和推动。

虽然苹果公司最早的智能手机在 2007 年就已面世,但谁都知道,移动互联网的大潮是从 2010 年前后才逐渐开始的。

试想一下,2008 年举办北京奥运会的时候,我们有谁会想到,我们今天的生活形态几乎用智能手机就可以搞定一切的?甚至在 2010 年的时候,我们谁会想到,我们今天的生活方式已经方便到可以随时定位约车,几分钟后专车抵达你所处位置;可以随时下单买菜,50 分钟后生鲜送上你家门?

即便是在 2011 年,中国拥有智能手机的人数也并不太普及,当时的世界还是 2G 向 3G 转移的前夜,很多人刚刚听到 4G 这个名词,并开始憧憬 4G 时代我们的生活形态。

在过去的七八年时间里,我们经历了 2G、3G 和 4G 等几个不同的阶段。但我们生活得以巨大的改变,还是在 2014 年前后。那一年,滴滴、快滴等网络约车开始为大众所认识;也是在那一年,一些年轻、前卫的中国人开始用微信和支付宝完成支付,中国内地第一次出现了"不带钱包也可以出门""不怕钱包没钱，就怕手机没电"的种种说法。这种种说法的背后，其实是中国内地在移动互联网领域里的飞速发展。

2014—2015年，在我个人的全球旅行观察中，也是一个重要转折点：

2014年秋天，我在美国加州度过了十几天时间的假期。当我独自一人在加州小城享受宁静假期的时候，我并没感觉加州、中国香港和中国内地之间在生活方便程度上的显著差异。

2015年夏天，我到了伦敦、柏林和我的母校所在地——南德小城图宾根。那个时候，我已经开始感觉到在中国内地一有事情就打开手机APP的方便。但在伦敦、柏林和南德小城，这一切似乎还很遥远……

2015年秋天，我到了东京、首尔，目睹了东京、首尔被中国"购物军团"轮番"攻陷"的景象。在首尔市中心，"欢迎使用支付宝""欢迎微信支付"几乎是每一个商家的招客法宝之一。就在半年前的2015年春天，我到首尔出差时，这一招客法宝也还没有完全普及……

2016年秋天，我到了巴黎、维也纳，并再次回到柏林和图宾根，发现优步在欧洲继续畅通无阻，但各大欧洲城市的出租车继续使用现金支付；而2016年秋天在中国一线城市，几乎每一辆出租车都可使用二维码支付，现金已逐渐淡出流通市场……

今天的中国大陆，没有微信的人恐怕已经屈指可数了。但恐怕并非每一个人都了解微信崛起的历史。

今天在中国，只要说起腾讯，恐怕很少有人不知道；即便在全球，腾讯也是一个赫赫有名的名字。但倒退几年，就是完全不同的一幅情形。

再和大家说一个真实的故事吧。

2008年4月，博鳌亚洲论坛如期举行，我被邀请主持一个有关互联网的主题论坛。参加的嘉宾有后来赫赫有名的李开复、沈南鹏，也有当时的腾讯执行董事刘炽平。由于论坛进行得颇为精彩，已经卸任的美国前国务卿鲍威尔也加入了讨论的阵容。

论坛开始前一天，刘炽平专门邀请我见面，向我详细介绍腾讯公司，并讨论第二天的论坛内容。当时腾讯还只是叫腾讯网，似乎刚创办不久，在新闻界和互联网界的名气都不大。2008 年，正是主流媒体大行其道的时代，包括凤凰卫视在内的一些电视媒体正处于顶峰期，一时风头无双。

刘炽平问我，是否知道腾讯网。我如实回答："不好意思，还没有浏览过。"我的话说得很委婉，其实那时的我，压根就没有听说过"腾讯网"这个名字。

聪明的刘炽平立刻听出了我的委婉之音，说道："是啊，像您这样的著名媒体人都还不知道我们。所以，我经常对员工说，我们还有很多需要努力的空间。"

将近 10 年之后回首这段往事，让人有恍如隔世之感。当年名不见经传的腾讯网，今天已成长为一个世界级的企业，2017 年的市值已达到 4000 亿美元，而刘炽平则被公认为是这个进程中的重要功臣。2017 年，香港一个杂志发表了一篇封面故事，标题就叫"腾讯功臣刘炽平打造巨无霸企业"。

但在刘炽平那次与我见面之后，腾讯还经历了一个几近低谷的阶段。2009 年微博兴起，几乎只是新浪微博的天下，后起的腾讯微博、网易微博等均难以与其匹敌。作为腾讯创办人的马化腾后来自己也承认，在那个拐点和风口上，若没有微信的出现，腾讯后来的前景是难以想象的。

然而，天无绝人之路。

2010 年 12 月的一天深夜，马化腾忽然收到一个叫张小龙的程序设计员的电邮，说"每个时代都有划时代的产品，我们应顺应移动互联网趋势，开发移动社交软件。"

那个时候，距离张小龙大学毕业后从事软件开发工作已有十多年，他的职业生涯也几经曲折，最后进入腾讯。

在这之前的 2010 年 10 月，免费发短信的手机应用 Kik 上线，短短半个月就拥有了 100 万用户，似乎让人看到了社交媒体的前景。然后，Kik 已不是第一家社交媒体：再往前，脸书（Facebook）已问世好几年；WhatsApp 也已推出一年多；一些发达国家和地区，都已有了不同版本的社交软件。

显然，这里的另一个风险就是，在前面已有 100 万用户的 Kik 的基础上，腾讯获得成功的希望其实十分渺茫，除非它有"秘密武器"。

那天晚上，马化腾给张小龙的电邮回了四个字：马上就做。据说，那天晚上，马化腾凌晨 4 点才睡觉。现在想来，在腾讯面临几近低谷的那个年代，腾讯反正也毫无退路，与其等死，不如一搏。

2011 年 2 月，微信 1.0 正式上线，但不出所料，下载人数少得可怜。几个月后，微信 2.0 上线，下载人数依然有限，让人感到沮丧甚至绝望。

其间，微信的命运和成长历程几经曲折。比如，开始是以帮用户节省短信费用为出发点，后来忽然发现，这方面的前景其实并不大。又比如，忽然有一天发现，如果能在微信中植入语音功能，那倒是可以帮人们省下许多打字的时间和精力，用户体验可以更好。于是，微信的功能不断改善、加强。其间，由张小龙领衔的微信项目组度过了多少不眠之夜，又度过了多少个面红耳赤的争执的白昼！

就是在这样的磕磕碰碰中，2012 年 8 月，微信推出 4.2 版本，这时距微信首次发布仅过去了一年半，但据统计已积累了 2 亿用户。2 亿用户，这在全中国 14 亿人口中依然只是 1/7，但人们可以在周围的朋友中，发现有人开始使用这个神奇的东西，而且用户体验确实远胜于其他同类的社交软件。

也就是在 2012 年夏天，我在新加坡参加一个国际会议，正好酒店里有无线网络。有一位朋友抱着好奇的心理，想试试通过刚下载的微信与国内的朋友联络。没想到，在无线网络下，微信一下子就接通了，我那位朋友一刹那的兴奋之情溢于言表。

微信后来的发展历程，大家通过各自的使用都感受到了。2016 年，微信已达到 8 亿的下载量，而且功能不断完善、强大，尤其是其支付功能和其他各种入口，几乎已经成为人们无法离开的一个身体器官。

"让微信成为人们的一种生活方式。"2011 年，当微信初起的时候，张小龙说的这句话被很多人视为梦呓或狂言，但今天看来却是那么的真实和贴切。

2008 年的时候，当刘炽平谦逊地向我介绍腾讯网的时候，无论是他还是我，恐怕都没有想到，将近 10 年后的今天，腾讯达到今天的这样的规模和量级。

这一切都来自移动互联网。或准确地说，这一切都是由于中国准确抓住了移动互联网的机遇。

只是，如果我们苛刻地看，微信的兴起及其所推动的腾讯的崛起，从本质上都不能称之为技术革命，甚至这里面连原创的元素都很少。

作为社交媒体，微信不是原创，这恐怕没有争议；微信只是在推出的过程中，加上了许多对中国用户来说具有高舒适度的功能而已。重要的只是，微信在这个过程中，不但使社交变得更为便捷（这一点与其他社交媒体并无二致），而且也通过移动支付等一系列方式，改变了支付习惯和支付生态。后面的这一点才是伟大的。

关于微信并非原创和技术革命，我在本书后面的章节中还会谈到。我在这里想指出的是，就形态而言，过去几年我们的生活形态的改变，基本都是正面的、给我们更大方便的。就本质而言，过去几年虽有各个层级的移动网络和社交软件诞生，但那几乎还不能被称为科技革命，至少只是一种技术进步基础上的新开发而已，其间导致的"破坏性创造效应"相当有限。

试问一下，在我们周围，究竟有谁由于使用微信或移动支付而丢掉了工作？至于实体商店的萎缩，恐怕从电商时代兴起就已开始了，并不能完全归咎于移动互联网。因此，我们对移动互联网的兴起，更多的是抱着一种欣喜的态度，因为它确实给我们带来了方便。但移动互联网给我们带来的伤害则相当有限，或几乎可以忽略不计。

但人工智能可就不会对我们如此充满善意了。

这个时代的边际，我们虽然还没有触摸到，但这个时代的基本脉络，我们则基本已能把握一二了。

2018年，5G试运营即将推出；到2020年，5G将全面投入使用。5G，乃至以后的6G、7G的兴起，将逐渐改变我们赖以生存的网络生态。届时，无论是物联网还是无人驾驶等，都将以崭新的面貌出现在我们的生活中。

欣喜和期待，是移动互联网改变我们生活时，给我们带来的感受。然而，这还远不是这一轮科技革命的巅峰。真正的巅峰，是下面的这个东西，而它同时将给我们带来的是目前远不能想象的"破坏性创造"。

这就是人工智能。

与未来几年的影响和冲击相比，上面探讨的这一切，都是小巫见大巫了。

与过去5年我们受到的冲击和影响相比，未来3—5年我们将受到的影响无疑将更大、更广、更深，那就是人工智能对我们的冲击。本书后面章节谈到中国企业转型的时候，还将提到机器人未来几年将在中国被极其广泛地使用，这是与人工智能相关联的又一个冲击信号。

从国家经济转型的层面而言，这将是中国经济实现"弯道超车"的极好机会，也是中国创新后来者居上、一步到位的极好机会。但对包括你我在内的个人而言，未来的3—5年，则是我们必须做好充分准备的关键时期。

二、未来3年：人工智能将这样影响你

自从2016年3月，"阿尔法狗"程序击败世界级韩国围棋选手李世石之后，AI（人工智能）就成了一个热门话题。

我有个大胆的预言：未来5年内，中国有可能在人工智能领域里与

世界最先进水平并驾齐驱，甚至可以做到超越；未来 5 年内，人工智能必将走近你我的日常生活，就像今天我们已经离不开智能手机一样。

与移动互联网和高铁相比，这几年方兴未艾的人工智能也许距离普通百姓的生活远了一点。其实，这完全是一种错觉。

如果说，过去 5 年我们许多原先需要花费时间亲自劳作的事情（比如去银行、超市、书店、菜场，比如路上拦截出租车等），都已逐渐被移动互联网的便捷所替代，那么未来 5 年，我们的生态中将有更多原本需要简单体力和脑力的事情，都将逐渐被人工智能所替代。大量的工作岗位将不再存在；大量的人员在下岗的同时，又将得到培训，转型成为新的工作生态上的一环。

在某种程度上可以说，18 世纪 60 年代人类发明了机器，19 世纪 60 年代人类发明了电，2020 年前后人工智能的诞生，将是人类近代和当代工业文明史的三大里程碑。

18 世纪 60 年代的人类第一次科技革命，亦即机械化革命，把人类从繁重的手工劳动中解放出来；19 世纪 60 年代发明的电，不但将人类从黑暗中解放出来，而且通过电话、电报拉近了人类的距离，促成了第一次全球化的诞生。与上面这两次科技革命相比，2020 年前后的人工智能革命，将把人类从一般甚至繁重的脑力劳动中解放出来。

20 世纪 40 年代末以后的自动化革命，以及 20 世纪 70 年代末以后的信息化革命（包括移动互联网），似乎都是在为人工智能做着准备。所有的自动化和信息化革命，只有达到了人工智能的水平，才真正显得富有意义。

从这个意义上说，整个 20 世纪似乎就是在为联结 19 世纪和 21 世纪做着准备。当然，这些都是从人类科学史的角度而言。

对普通的人们来说，一个非常具体的问题是：在即将到来的人工智能时代，我们怎么办？

或者我们也可把这个问题再具体化：在人工智能时代，谁将最早失业？

未来3—5年：谁将最早失业？

当我们谈论谁将最早失业的时候，我们头脑中一般出现的概念恐怕都是：第一批加入失业大军的，一定是体力劳动者。

错！未来几年里，首先失业的将是脑力劳动者。

前面进行的这段分析，其实隐含着两个结论：一、既然是把人类从简单甚至繁重的脑力劳动中解放出来，那么将加入失业大军的就将不一定是体力劳动者，而可能有大量的脑力劳动者；二、当人工智能将脑力劳动者也甩入失业大军的时候，是否意味着人类将不再能主宰或至少掌控自己？

我在这里先讨论第一个问题，而把第二个问题放在后面的章节里讨论。

这里的道理其实很简单：所谓的人工智能，就是一种类似于人类思维能力那样的东西。既然这样，它将要替代的当然首先是使用人类脑力那部分工作。

因此，未来5年，司机、保姆是否将被替代，不是人工智能时代的主要挑战，因为他们从事的都是没有技术含量的工作，被替代只是时间的问题。也有人说，未来5年，售货员将大量被裁减，因为实体商店将大量萎缩。其实，这也不是人工智能时代的挑战，因为电商时代早在人工智能来临前就已开始了。

未来几年，你将看到的失业的脑力劳动者，完全不在上面这些领域，而是一些平时在我们看来是颇为高尚的职业，比如医生、律师、翻译、新闻记者、理财经理，更不用说一般的行政秘书了……

这听上去有些可怕，是不是？

其实，也不用十分担心。上面说的这些脑力劳动职业，不会全部被替代；被替代的，只是那些简单的医生、律师、翻译、新闻记者、理财经理和行政秘书，也就是那些只需要简单思维就可被机器替代的岗位。

很早就介入人工智能研究的李开复有一个"5秒测算法"，以测试未来5年哪些行业将首先被替代，这里不妨给大家介绍一下。所谓的

"5秒测算法"，乃指只要一个判断或决定可以在5秒内做出，那么这个岗位或行业就将最早为人工智能所替代。

读到这里，大家不妨闭上眼睛，想想你的周围，有哪些决定是只需要5秒就可以做出的？到底是司机面对路况的研判？还是医生治疗感冒时的考虑？抑或是理财经理对客户理财方案的标准回复？……

其实，根本无须想得太多，你可以发现，简单的人工智能在我们今天的生活里几乎已经无处不在。

你有没有发现，今天当我们通过网络约车找到所需的车辆时，其实背后就是由一个简单的人工智能系统，根据我们的所在定位以及附近的车辆，做出最短时间内有利于我们的安排。

你没有发现，如今绝大部分的网上客服都已是机器人了吗？只不过是，这些"客服MM"都被配上了美女的照片，让人误以为是在和一个美女对话。不同的只是，"客服MM"既没有深度学习能力，也不具备神经网络，因而具备的只是非常初级的智能水平。

这些简单、初级的人工智能，一定程度上其实已经替代了一些原有的工作岗位，比如人工车辆调度员和网上人工客服。但是，与下面这些例子相比，它们对工作岗位的冲击，只是小巫见大巫了。

先说说银行的工作人员吧。

即便在人工智能没有来临的时代，银行柜台服务员大量减少，也已经是一个必然的趋势。试想，在手机银行遍布的今天，除了老人外，还有多少人亲自到银行办理简单的取款和汇款业务呢？

但下一步，马上要受到威胁的，将是被人以为是高档职业的理财经理。在今天的中国，理财经理似乎是一个很吃香的职业，因为日益庞大的中产阶层，谁没有点理财的需求呢？你若仔细观察就会发现，其实绝大多数理财经理面对的问题，其实都具有一定的同质性和格式化的特点，虽非千人一面，但至少大同小异。对很多理财经理来说，许多来自客户的问题，其实都是可以在一分钟之内完成判断和思考的。

这些千篇一律的标准化作业，显然由机器完成将比由人类的大脑来完成，来得更为准确和有效。

再说说医生这个高尚的职业吧。

今天的中国，看病贵、看病难已经成为一个很大的问题。但不知你有没有发现，其间的许多问题，只要在医疗体制改革上下一点功夫，并在人工智能领域下一点功夫，其实很快就会迎刃而解。

由于医疗体制改革不完善，在许多地方的大医院里，大病小病都往医院里挤，医院人满为患，患者等候3—5小时，最后换来的只是医生1—2分钟的打发。这1—2分钟里，还包括医生手写病历或开检查单或药方，真正用于医生大脑研判的也就只有几秒钟时间（虽然不一定只有5秒那么简短）。就医生大脑判断的程序而言，其面对的其实都是一些具有标准化、格式化的病例，因此很短的时间足够其做出研判。这样的劳作对病人是有用的，但对医生来说却只是重复、烦琐的简单劳动。

更何况，当门诊医生一天需要看90—100个病人的时候，其实他（她）的大脑思维的敏捷度和准确率已严重下降，做出的研判未见得是最为准确的、到位的。相反，机器就完全不存在这些问题，一些标准化、格式化的病例，具备人工智能的机器反而能做出更为准确的、精细的研判。

届时，只需要做两点：一、把大量的具有格式化、规范化的案例（如病例或理财方案）输入电脑，让电脑通过深度学习具备判断和思维的基础；二、把目标人物（如特定病人或理财客户）的大量案例交给机器深度学习，从而使机器在具备广泛案例的基础上，也具备对特定目标人群的独特研判和思维能力。届时，你会惊奇地发现，你到医院看病的效率和准确率将提高很多，因为人工智能提供治疗方案又快又好；银行理财经理提供的理财方案，也十分切中你的需求。

据说，在医院里最早面临失业的，将是放射科的医生，因为那是机器人工智能完全可以做得更快、更好的工作，同时也对人体不会造成任何的伤害。

再谈谈与医生一样崇高的另一个职业——律师。

在人工智能时代，大部分的律师都将被取代，这绝非危言耸听，而是一个即将发生的实实在在的事实。只要具体了解一下基础阶段的律师每天从事的工作就可发现，其实很多人做的都是程序式、机械式的工作。一个最简单的例子，就是在香港买卖房屋要经过的律师手续，甚至一些简单的离婚案件需要经历的律师程序，基本上都是千篇一律的程序，即便其中有一些需要大脑思考的部分，只需一个简单的人工智能就完全可以替代。但就是为了这些简单的程序，律师事务所花费了大量的人工成本雇用律师，费钱、费力又不讨好，因为其工作成果将远不如人工智能"律师"来得高效、准确而又经济！

读到这里，你一定会问：那么，我们就从此不再需要医生、律师和理财经理了吗？

当然不是！如果那样，那就是说，我们未来将不再需要人类。所以答案当然是否定的。人工智能时代，我们将需要更好、更专业的医生、律师和理财经理，因此医生、律师和理财经理必然将面临转型。

读到这里，你一定很着急：那究竟该如何转型？请你耐心等几分钟，先把下面这段话读完。

现在要来讲讲我的同行——记者和主播。对不起，这个世界很无情：这两个职业也许将是最早被踢入失业大军的职业之一。原因很简单：对一篇简单的新闻报道来说，要解决的就是 5 个 W：Where（哪里）、When（何时）、What（发生什么）、Who（谁）和 How（怎么发生的）。这么简单的要素排列，为什么一定需要高贵的人脑，而不能让机器来完成？因此，现阶段已经有很多的新闻稿件其实都是用人工智能写成的，只不过写得天衣无缝，我们完全没有察觉而已。

至于翻译，无论是口译还是笔译，则更是将被迅速替代的职业了。早在 30 多年前的 20 世纪 80 年代中期，当我还在攻读语言学硕士学位的时候，当时有一个新兴学科就是"计算机语言学"，专门研究如何把语言学的原理与现代计算机结合起来，其中一个重要的研究课题就是

"机器翻译"。只不过当时不要说人工智能，就连稍微复杂一点的计算机语言都还没有发明，就更谈不上机器深度学习和神经网络了。那个年代的机器翻译，一如数百年前人类的飞行梦想，虽然经常出现把"How old are you"翻译成"怎么老是你"那样的笑话，但毕竟承载着人类的一种梦想。

在30多年后的今天，这一梦想无疑很快就要实现了，一如20世纪初飞机诞生的前夜，人类数百年的飞行梦想终于将得以实现。在今天的人工智能领域里，机器翻译是十分重要的一个环节。

如何保证你不被取代？

现在该回到你心里一直有的那些问题了：

●我们将不再需要医生、律师、新闻记者、翻译、主播、理财经理等人才了吗？

●如果上面这些所谓的"明星职业"都将被取代，那么我们这个社会是否将造成越来越多的失业？人们是否将会变得越来越懒惰？

●这些人被裁员下来后，究竟该怎么办呢？

●有没有人工智能永远无法取代的职业？或者说，究竟什么样的职业，才不会被人工智能取代？

这些问题都是在人工智能时代来临时，深藏于许多人心中的疑问，只不过很多人不敢大声发出这样的疑问，一是怕被人嘲笑知识不够，二是担心得到一个令自己更为沮丧的结论。

其实，发出这样的疑问十分自然，也要鼓励越来越多的人发出这样的疑问，因为只有这样，未来人工智能的道路才能越走越稳健。你知道吗？其实对于人工智能未来究竟如何发展，它的危害应该如何才能得到规避，科学家们意见并不一致，甚至有许多科学家依然抱着"科学主义"的态度，试图回避对这些问题的讨论。这是现阶段科学的盲点和危险之处。我在本书后面将谈到这一点，这里暂且打住。

上面提出的这四个问题，前两个问题的答案显然是否定的。人工智能时代不但依然需要这些"明星职业"，而且还需要这些"明星职业"完成其升级换代的过程。

换言之，前面提到的凡是将被人工智能取代的医生、律师、新闻记者、主播、理财经理，我们只要仔细去研究他们每天的工作就可发现，其实他们所做的都是简单、机械的工作，虽然也需要一定的教育背景和知识积累，但在每天具体的工作中，真正需要调动大脑智慧的部分极少，而更多的只是调动大脑储存的原有的知识积累。既然都是储存原有的知识积累并根据具体情况予以调动，那么为什么不用电脑（或人工智能）而要用人脑呢？

但是，凡是病房里的主治医师，或者在手术台上的医师，则是人工智能无法替代的，因为届时的病人状况不但有许多难以预测的情况发生，而且往往需要综合运用医师各方面的医学知识和多年的临床积累，甚至需要动用医师的价值观和情感力量。至于出庭打官司的律师，就更不可能由人工智能来替代，这是毫无疑义的。

从中我们可以看出智能与智慧的区别。

所谓智能必包含以下环节：一、储存知识；二、调动知识并予以思考；三、得出结论或做出决定。

而所谓智慧则包含：一、解决复杂问题的能力，其间调动的不但是知识储备，而且还有全方位的情感和价值观；二、在上面的基础上，形成一种知所进退的解决方案，符合人类的情操、审美，并将情操和审美提升到智能难以企及和超越的阶段。

举一个例子吧。欧洲各国烽火连续千年，终于在 1945 年结束战火。当时的法国，为了防止德国军国主义东山再起，迫切需要找到遏制德国的有效手段。按照一般的知识积累和常规智能，遏制潜在对手的有效手段是以军事实力形成威慑。但浪漫而具有创意的法国人汲取了千年烽火连绵的教训，毅然把法德两国的煤钢产业整合在一起，形成法德煤钢联盟。其背后的思路既伟大也简单：在当年，发动战争离不开煤钢产业，因此把两国的煤钢产业整合在一起，就从根本上杜绝了德国再次发动战争的可能，而法德煤钢产业的形态不是对抗，而是合作。这就是后来的欧共体以及今天欧盟的雏形！

这就是智慧，而不是智能。

这两者之间的差异，是未来人工智能发展过程中，人类亟须注意把握的方向。而恰恰在这方面，目前的科学界还没有共识，媒体和科普读物也往往混为一谈，这给公众造成了极大的困扰。本书后面章节还会谈到这一点。

这两者之间的差异，也可以用来供我们自己检验，我们目前正在从事的工作，未来是否将被取代，我们的职业转型究竟应向哪个方向发展。

用最简单的逻辑可以来审视这个问题，那就是：凡是智能可解决的问题，尤其是一些不需要高级脑力的智能活动，其大部分未来都可被人工智能所替代，而这也符合人工智能发展的基本宗旨，即把人类从简单而烦琐的脑力劳动中解放出来。但是，一些需要高级脑力，尤其是需要调动智慧才能解决的问题，人工智能则必然无法解决，而且也不应该让人工智能来解决。

之所以说，一些需要智慧才能解决的问题，不能交给人工智能去解决，是因为一旦人工智能具备智慧，亦即首先具备意识，然后具备通过意识进行思考并产生智慧的时候，很可能就是人类自我毁灭的开始。关于这个问题，后面的章节还将有阐述。

在这里，我们可以总结的是：今天我们要大力发展的是不具备自我意识的人工智能，而要十分谨慎或杜绝具备自我意识且可能产生智慧的人工智能。

现在我们大概可以回答"谁将最早失业"这个问题了：只要你的职位是从事简单、重复的脑力劳动，那就必然被取代无疑；反之，若你的职位需要高级脑力和智慧的含量，以及深入人类的情感、内心世界和思想层面，那么就必然不会被人工智能所取代。

从这个意义上说，近代以来就有"重理轻文""学好数理化，走遍天下都不怕"的观念，未来这些观念可能都将受到严重冲击。未来世界，恰好是反映情感世界的文学、艺术等职业，将无法被人工智能取代；从事思想和深度分析的职业，不会被取代。

至于律师、医生、理财经理、新闻记者等职业，只要其摆脱了简单、烦琐的脑力劳动的层面，而进入需要深度思考的层面，那就不但不会被取代，而且在这些岗位上的专业人才，还将越来越多地被人工智能时代的世界所需要。

举例来说，如果说人工智能取代的只是撰写简单新闻稿件（交代5个W的稿件）的人才，那么从事复杂调查报道的记者则必然不会被取代，因为在调查复杂新闻事件的过程中，将全方位需要调查记者的知识积累、价值判断和人生智慧。因此，如果你目前的工作还只是撰写简单的新闻稿件而已，而你依然热爱新闻职业，那么你就应该知道在未来的几年中，你该如何规划你的职业生涯转型了。

同样，作为高级职业的医生、律师，同样也面临职业生涯的转型。毫无疑问，一些疑难的病症和纠纷，只有调动医生和律师的全方位专业知识和智慧才能得到解决。因此，如果一个医生或律师只是满足于从事简单的门诊或房地产买卖、离婚案件诉讼等，那么若不想被迅速淘汰，就必须在这几年里对自己的职业生涯转型进行规划、提升与整合。

中国人工智能产业规模有多大？

现在到了回答一个十分具体的问题的时候了：未来几年，人工智能将给中国经济带来多大的增长动力？

我在本书前面的章节里已经谈到，未来几年，有两个维度的变化将同时发生：一是中国经济转型到了刻不容缓的时刻，其核心就是转变经济增长的动能，亦即将经济增长动能从原先的简单生产要素劳动转为创新驱动；二是世界范围的科技革命正汹涌而来，而这很可能使正在转型的中国经济获得"弯道超车"的机会和动能。

前面的章节还谈到，如果说过去几年中国经济遇到的正面外部环境是方兴未艾的移动互联网，那么未来几年这一"弯道"则可能被更为猛烈的人工智能所取代。或者说，仍在迅速发展中的移动互联网是"桥梁"或"燃料"，而人工智能才是加足燃料飞跑的"汽车"。从这一轮科技革命的潮流和趋势来看，只有人工智能才是其巅峰，而所有之前30多年的互联网发展，都是企及这一巅峰前的铺垫而已。

既然这样，汹涌而来的人工智能究竟对未来若干年的中国经济转型，带来多少实际有效的推动，就是一个实实在在的问题了。

2017年7月21日，在中国的人工智能发展史上可能是一个重要的日子。这一天，中国国务院举行新闻发布会，正式公布了中国国务院制定的《新一代人工智能发展规划》。

在这之前的2015年5月，中国国务院发布了《中国制造2025》，提出了从2015年到2049年的35年时间里，分三个阶段将中国制造业提升到世界强国水平的目标。

两年后的2017年7月，中国国务院又就人工智能规划提出了"三步走"的目标，即：

第一步，到2020年人工智能总体技术和应用与世界先进水平同步，人工智能核心产业规模超过1500亿元，带动相关产业规模超过1万亿元；

第二步，到2025年人工智能基础理论实现重大突破，部分技术与应用达到世界领先水平，人工智能核心产业规模超过4000亿元，带动相关产业规模超过5万亿元；

第三步，到2030年人工智能理论、技术与应用总体达到世界领先水平，人工智能核心产业规模超过1万亿元，带动相关产业规模超过10万亿元。

在上述的"三步走"规划中，具体的目标如下。

第一阶段：到 2020 年

● 新一代人工智能理论和技术取得重要进展。大数据智能、跨媒体智能、群体智能、混合增强智能、自主智能系统等基础理论和核心技术实现重要进展，人工智能模型方法、核心器件、高端设备和基础软件等方面取得标志性成果。

● 人工智能产业竞争力进入国际第一方阵。初步建成人工智能技术标准、服务体系和产业生态链，培育若干全球领先的人工智能骨干企业，人工智能核心产业规模超过 1500 亿元，带动相关产业规模超过 1 万亿元。

● 人工智能发展环境进一步优化，在重点领域全面展开创新应用，聚集起一批高水平的人才队伍和创新团队，部分领域的人工智能伦理规范和政策法规初步建立。

第二阶段：到 2025 年

● 新一代人工智能理论与技术体系初步建立，具有自主学习能力的人工智能取得突破，在多领域取得引领性研究成果。

● 人工智能产业进入全球价值链高端。新一代人工智能在智能制造、智能医疗、智慧城市、智能农业、国防建设等领域得到广泛应用，人工智能核心产业规模超过 4000 亿元，带动相关产业规模超过 5 万亿元。

● 初步建立人工智能法律法规、伦理规范和政策体系，形成人工智能安全评估和管控能力。

第三阶段：到 2030 年

● 形成较为成熟的新一代人工智能理论与技术体系。在类脑智能、自主智能、混合智能和群体智能等领域取得重大突破，在国际人工智能研究领域具有重要影响，占据人工智能科技制高点。

● 人工智能产业竞争力达到国际领先水平。人工智能在生产生活、社会治理、国防建设各方面应用的广度深度极大拓展，形成涵盖核心技术、关键系统、支撑平台和智能应用的完备产业链和高端产业群，人工智能核心产业规模超过 1 万亿元，带动相关产业规模超过 10 万亿元。

● 形成一批全球领先的人工智能科技创新和人才培养基地，建成更加完善的人工智能法律法规、伦理规范和政策体系。

就上述的人工智能产业的规模而言，2020 年，达到 1500 亿元，拉动相关产业 1 万亿元；2025 年，达到 4000 亿元，拉动相关产业 5 万亿元；2030 年，达到 1 万亿元，拉动相关产业 10 万亿元。这个目标可谓宏伟庞大。

让我们把目光拉远一些，看看 2020 年前后中国各主要产业的规模。

首先，看看机器人产业的规模及其规划。

据权威估算，未来 3 年，亦即到 2020 年前后，中国的机器人产业规模将达 3500 亿元，这个规模显然要超过人工智能。其背景如下：

2012 年，中国 16—59 岁的劳动力总人口达到峰值，人口红利全面消失。过去 5 年，中国制造业职工平均工资以每年 14.5% 的复合增长率逐年上涨。成本上升以及老龄化的趋势将改变我国传统的发展方式。

从历史和国际的背景来看，从制造业的发展历程看，生产手段必然要经历机械化、自动化、智能化、信息化的变革。作为智能装备中不可替代的重要装备和手段，工业机器人的应用和普及自然成为企业较理想的选择。工业机器人在工业生产中能代替人做某些单调、频繁和重复的长时间作业，或是危险、恶劣环境下的作业，而且在重复动作中可以保持较高精度，保证产品质量的稳定。另外与人工相比，机器人可以连续工作，投资回收期较短。

当然，在这 3500 亿元的机器人市场规模中，未来将有相当一部分与人工智能重叠。

其次，来看看中国物联网领域的产业规模。

有消息显示，2015年中国物联网产业整体规模已超过7000亿元，信息处理和应用服务逐步成为发展重点。

从产业规模来看，中国物联网近几年保持较高的增长速度，2013年整体产业规模已达到5000亿元，同比增长36.9%，其中传感器产业突破1200亿元，RFID①产业突破300亿元。

在物联网制造业中，我国感知制造获得局部突破，与国外差距在逐步缩小。我国光纤传感器在高温传感器和光纤光栅传感器方面获得了重大突破，在石油、钢铁、运输、国防等行业实现了批量应用，产品质量达到国际先进水平。在RFID领域，我国中高频RFID技术产品在安全防护、可靠性、数据处理能力等方面接近国际先进水平，产业链业已成熟，在国内市场占据90%的份额。我国已成功研发出自主的超高频产品并打进了国际市场。在工业物联网领域，研制成功面向工业过程自动化的工业无线通信芯片。

再看看中国健康产业的市场规模。

根据比较乐观的估计，2020年中国健康产业市场规模将达8万亿元。这后面的背景也不难理解。随着人民生活水平日益提高，老龄人口数量不断上升，健康管理逐渐成为人们关注的焦点之一。

记得20多年前在德国学习、工作的时候，就逐渐养成了一个观念和习惯，那就是：不要等到生病了才去看医生，最好是没病的时候去看医生，前者叫就诊，后者叫保健。在德国之所以能养成这个观念和习惯，是因为那里有一套完善保险体制。20年前到了中国香港，发现这个观念和习惯在香港明显落后很多，原因就出在缺乏完善的保险体制。

20年后的今天，中国内地的经济体量早已令人刮目相看，因此健康产业自然成为继IT行业之后的新增长点。"治未病"，亦即保健和预

---

① RFID（Radio Frequency Identification）技术，又称无线射频识别，是一种通信技术，俗称电子标签。

防的观念在人们心中逐渐建立起来。据说从 2013 年春天开始，中国健康体检管理市场便已进入了"亿"级较量。

另有数据显示，每 1 元钱的健康预防投入，平均可以减少 9 元药费和 100 元的抢救费、误工损失、陪护费等后续投入。从成本核算和国民经济竞争力等方面考量而言，预防性健康投入已经成为当前中国医疗卫生工作最急迫解决的问题之一，也因此成为资本市场最受欢迎的方向之一。

再看看中国养老产业的市场规模。

据专业的研究报告显示，2020 年养老产业市场规模达 3.4 万亿元。这后面的背景与机器人、保健等产业的背景基本相同。

国家统计局数据显示，2015 年中国 60 周岁及以上人口 2.2 亿人，占总人口比重为 16.11%，已超过国际老龄化标准。老年群体规模不断壮大一方面加重了我国经济的负担，另一方面创造出无限商机。

人口老龄化使养老产业受益，以每位老人每年消费 1 万元计算，目前养老产业市场规模超过 2 万亿元。根据全国老龄办数据，2020 年全国 60 岁老年人口将达 2.48 亿，老龄化水平为 17.7%。从 2015 年到 2020 年，随着经济发展、国人养老观念的改变，老年人消费水平也将有所提高，以 GDP 增速作为老年人均年消费金额增长率计算，假设未来 5 年 GDP 复合增长率为 6.59%，则每位老人每年消费金额约为 1.37 万元，那么到 2020 年，养老产业市场规模达 3.4 万亿元。

比较上述几个产业在 2020 年前后的市场规模，养老产业 3.4 万亿元，保健产业 8 万亿元，机器人产业 3500 亿元，而人工智能却只有 1500 亿元。显然，人工智能的规模最小。

这一方面当然是由于人工智能刚刚兴起，后面还有长足的市场发展前景有待开拓，另一方面当然也是由于作为一种新兴科学，人工智能毕竟不是一种大众消费产业，因此在大众参与的层面和规模上将无法与保健和养老等大众朝阳消费产业相匹敌。但无论如何，人工智能作为一种新兴科学和趋势，其前景一定是光明的。

三、人工智能：我们无法回避的几个终极问题

经历了上面的脑力激荡和思维狂欢，现在到了我们坐下来冷静地看待人工智能的时候了。

如前所述，人工智能为人所熟知，主要是从 2016 年 3 月"阿尔法狗"在围棋比赛中大胜世界级选手李世石开始的。一时间，人工智能似乎破土而出且无所不能；一时间，人类所有的问题似乎都可依靠人工智能来解决，同时人类又对这个"刚闯进瓷器店的大象"充满了恐惧。

人工智能，她究竟是无所不能，一往无前，还是应该为她设定必要的界限？这一问题，至今不但令全球的公众感到困惑，同时如前所述，即便在科学界也没有定论。

但对未来几年的中国而言，既然世界科技革命的潮流与中国经济转型在同一时空环境下发生，并有可能成为中国经济"弯道超车"的契机，那么就有必要对人工智能进行一番准确的定义，包括其可能企及的边界及其对人类的益处和害处等。

只要读一下人工智能的简单历史就可发现，把人工智能说成是一门崭新的学科，至少是一种无知。

1956 年，在美国达特茅斯大学召开了一次重要的学术会议，后来被称为"达特茅斯会议"。这次会议上，各国科学家第一次提出了"人工智能"的概念，并矢志在这一领域有所开拓。这一年，距人类正式研发出电子计算机只过了短短的 10 年。

从这以后，20 世纪 60—80 年代，人类有过几次冲刺人工智能的机会，但成效均不大。其间，也有不少研发无人驾驶汽车的项目，但均无果而终。究其原因，一是整体科学技术水平尚不到位，二是导致人工智能厚积薄发的科学土壤尚不到位，那就是互联网技术。如前所述，如果说，人工智能是在高速公路飞奔的汽车，那么互联网（尤其是近几年高速发展的移动互联网）就是公路、桥梁和燃料。没有燃料和公路，再好的汽车设计也都是无缘之水。

2010 年前后人类进入移动互联网阶段，人工智能才犹如一辆久已废置的旧车，重新注入燃料，准备重新启动和上路。经过 6 年左右的发展，2016 年 3 月的"阿尔法狗"战胜李世石才真正引起全球舆论和公众的关注。

一辆废置已久的旧车重新注入燃料后，上路之前总是被赋予太多的期望，甚至是一些不切实际的期望。

这个时候，人们的眼前往往会闪现 20 世纪 80 年代的美国科幻大片的场景：

● 21 世纪的某一天，人类科学家发明了机器人，人类的生活刹那间为之改观；

● 但机器人很快就拥有了自我意识和逻辑思维能力，甚至还拥有了喜怒哀乐等情感元素，于是人类面临一个挑战，即由自身发明的机器人，最终成为人类的敌人。于是，人类的末日来临了；

● 一场人类与机器人的大战终于来临。虽然最终人类取得了胜利，但机器人始终成为人类的噩梦……

近 40 年前的这些美国商业大片，用极其夸张的手法预言了一个人类未来的梦想和困境，只不过当时没有用人工智能这个概念罢了，而只是用机器人这个极其形象的角色予以描绘。如今，这些梦想和困境即将来临，所以现在是人类静下心来，仔细定义几个重要问题的时候了。

这些重要问题包括以下范畴。

机器人和算法是否就是人工智能？

这个问题，乍一看似乎很简单，但仔细想想还真是不好回答。

我们只要想一想 20 世纪 80 年代的那些美国商业大片吧，里面的机器人之所以至今让人想起来依然觉得可怕，就是因为人工智能的技术是完全通过机器人的外形来体现的。

因此，时至今日，还会有人想象，有一天可能你的秘书就是一个美貌的机器人，但内心复杂、心狠手辣；或者你的同事就是一个机器人，长得比任何帅哥都帅，以至于让办公室里的所有美女都春心荡漾，但最后人类的智慧敌不过机器人快速几千倍的智能，结果所有的美女都死无葬身之地……

"你愿意和机器人谈恋爱吗？"当机器人和人工智能已经实实在在走近我们生活的前夜，这个问题听上去已经不是那么天方夜谭了。我曾经这样与一位美女聊起过这一问题，美女的回答很干脆："不愿意！"继续问："为什么不愿意？"美女的回答就更直接了："因为不能摸！"

如果你这么想象未来世界的话，那么我在这里负责任地告诉你，所有的这些想象都可以到此为止了，未来的世界绝对不会出现这样的场景。

根据机器人制造业和人工智能的发展情况，让我先告诉你下面这几个结论吧。

第一，未来的机器人绝不可能造成人类的形状。换言之，在我们的生活中，绝不可能出现一个长得和我们一模一样的机器人。杜绝人类外形的机器人出现，已经成为机器人制造业和人工智能研究界的基本共识。这背后的主要原因涉及人类伦理方面，也有对人类的期待与科学水平之间反差的考虑。试想，当我们的生活中出现与人类长相一模一样的机器人，一来我们的生活将变得何等充满恐惧，二来我们对机器人的期待，一定有着与人类一样的期待，而至少现阶段的机器人无法达到这样的水平。

第二，未来若干年，出现在我们生活中的机器人，将被刻意设计或造成类似卡通的形象，以使得机器人走近我们生活的时候更具亲和力。须知，机器人的产生，主要是帮助人类解决其自身难以解决的问题，而这些问题大多数出现在服务领域。比如，在人口严重老龄化的日本，护理行业是一个大量需求机器人的领域。2017 年夏天我到日本，发现在移动购物和移动支付方面，日本和欧美、中国港澳台等地区一样，远远落后于中国大陆，但在用机器人护理老年人方面，日本则几乎走在了全世界的最前列。既然这样，机器人外形的亲和力，将是一个极其重要的设计要素。在中国大陆，虽然人口红利下降已经出现，但低端劳动力市场依然旺盛，保姆、护理领域使用机器人的需求显然不那么旺盛，但未来若干年，工业机器人的需求则将十分旺盛。这显然是与中国目前的经济发展阶段相吻合的，在这方面的机器人则更不可能出现人类形象。

如果说，机器人长得像什么只是一个外在的问题，那么更内在的问题就是：机器人是否一定具备人工智能？

对这个问题的回答显然是否定的。所谓人工智能，顾名思义就是具备智能，亦即思维能力。当然，思维能力是一个很抽象、很广泛、很模糊的领域，我在本章后面还会谈到。但至少就目前阶段而言，人工智能的主要使命，是将人类从简单、重复、烦琐的脑力中解放出来，而这并不必然需要通过机器人来实现。

试想，一个护理老年人的机器人，实际上并不需要具备思维能力，而只需要具备简单的程序化设计，让其能替代护理人员的简单工作（复杂的工作将依然由护理人员来承担），至于工业机器人，就更无具备人工智能的必要。

相反，在未来人类可能需要使用人工智能的领域里，比如医院的放射科、律师事务所的房地产交易、普通的理财指导，包括简单新闻稿件的撰写，其实完全不需要有一个机器人出现，而只需要通过电脑程序就可实现。这样的人工智能将使人类更加舒心、安心和放心。本书前面曾提到，其实在我们的生活中，简单的人工智能早已出现，比如当我们通过网络约车时，电脑系统就在根据定位，寻找和匹配最接近我们的司机，并在行进途中根据我们的行进路线，随时告诉我们所需的时间和需要支付的金额，这时候根本无须一个有具体形状的机器人在我们身旁。

换言之，至少在可预期的未来，人工智能与机器人基本上依然分属于两个截然不同的领域：前者负责替人类完成简单、重复、烦琐的脑力劳动；而后者则负责以更为人性化的方式，替人类完成简单、重复、烦琐的体力劳动，而这些劳动则又是过去 200 年里发明的所有机器（如机床、汽车、电子仪器等）无法完成的。

有了这样的基本认知，我们至少不会对机器人产生任何的恐惧，同时也会对人工智能有一个基本的认知。

当然，随着人类需求的发展，也许有一天，我们会对护理或其他领域的机器人产生智能的需求，希望它们能实时回应人类的各种需求、情感。这是下一阶段的任务和挑战了，这里暂且打住，后面还有阐述。

当我们把人工智能与机器人分开后，问题似乎就简单、容易了很多。现在我们来聚焦人工智能吧。

一般谈起人工智能的时候，都会想到一个深不可测的庞然大物即将来临，有一天将给我们带来巨大的便利，但也将使我们走到灭亡的前沿。当这样想的时候，很多人既感到兴奋，又感到恐惧。但其实，大家都错了。

当你像上面这样想的时候，其实隐含了一个重要的前提，即人工智能必将具备思维功能和喜怒哀乐。也许，你会说人工智能难道不是具备思维功能吗？不具备思维功能的，还能叫人工智能吗？

这就涉及我们对人工智能的基本定义了。

人工智能包括两大范畴，一是"狭义人工智能"（Narrow AI），二是"强人工智能"（Strong AI）。

前者基本上只是机器算法（Algorithm），至多包括机器深度学习，不具备意识，更不具备思想和情感；而后者则开始具有意识，并具备思想和情感。

现阶段的所谓人工智能，更多的只是一种简单的算法（Algorithm），亦即让机器做"深度学习"（Deep Learning）后，就一些规律性的东西做出研判。这也称其为"狭义人工智能"的原因。

也许你会问，机器算法与电脑程序不是一回事吗？后者与我们生活中已经具备的简单人工智能（如网络约车的定位和调配等）不是一个道理吗？这其中自然有相似之处，但相异之处则更大。其根本差别就在于是否经历"深度学习"。

所谓"深度学习",就是给电脑（准确地说是人工智能系统）以大量的范例,让系统逐渐熟悉这些范例,然后慢慢地从范例中提炼共性的东西并形成记忆;再下一步,系统就可能把这些共性的东西进一步提炼,形成基本规律予以记忆。当然,在这一过程中,人工智能的系统始终是具有思维功能的。

只有具备思维功能,人工智能系统才可能在大量的材料中提炼规律,同时再根据规律做出对下一步行动的研判。"阿尔法狗"战胜李世石,其奥妙就在于此;本书前面提到的未来世界里,无论是简单的医生、律师、新闻记者、理财经理的岗位之所以可能被替代,其全部奥妙也就在于此。

迄今我们拥有的电脑程序,不具备这一深度学习和思维的能力;移动互联网时代,我们享受的自动定位、匹配等技术,也不具备这一功能。

深度学习和思维功能,是机器算法区别于其他类似系统的主要区别。这是人工智能吗? 从狭义上说,当然是!

试想,有了这样的能力,人工智能将能在多大的程度上帮助人类解决问题? 更重要的是,担任算法功能的机器不用吃饭、睡觉,不会疲惫,而且其算法能力远在人类之上,因而无论在医生诊断、律师和理财经理的咨询,还是在其他许多有需求的领域里,机器算法提供的方案无疑将比人类大脑给出的方案更为精准、到位。

读到这里,你也许会问:既然机器算法那么强大,远超过人类的大脑,那么它会伤害人类吗?

答案很明确:不会! 因为它没有意识!

是否具备意识,是人工智能从初级走向高级阶段的重要区别,也是人工智能是否将开启伤害人类大门的重要区别。

举例来说,由人类发明的机器、电灯具有意识吗? 答案显然是否定的。电脑程序具有意识吗? 答案也是否定的。

再进一步，机器算法具有意识吗？当"阿尔法狗"在围棋比赛中战胜李世石的时候，当未来的门诊人工智能为病人提供诊断，或当法律人工智能为客户提供法律咨询的时候，它们具有意识吗？

请各位读者仔细想想……

对了，答案依然是否定的，因为它们依然只是通过大量的深度学习，提炼规律性的东西，给出最为科学和标准性的答案。人工智能系统本身并不意识到自己的存在，因而就不会利用智能来为意识服务，更不可能产生情感。

但下面的问题，就比较复杂了。

人工智能可走多远？是否受到限制？

对这个问题的回答，可以有许多个维度，不同的维度将提供不同的答案。

读到这里，你可能有点糊涂了。别担心，请听我慢慢解释。

举例来说，人类目前可以认知的世界，基本上是三维世界，但物理学告诉我们，这个世界其实有远远多于三个维度的世界，只不过人类目前感知不到罢了。

再用简单的例子来比喻，动物具备的意识和能力相较于人类要简单许多。一般的动物只有简单的生理需求，但基本没有意识；即便如狗类这样的动物，虽有一定意识，但思维能力、感知能力、情感能力则远不如人类，更不要说抽象思维能力和形象思维能力了。

我用这两个简单的例子只是想说明，在审视一个事物的时候，应在人类具备的能力范围内，尽可能尝试从更多的维度思考。你会发现，每一个维度会向你展示一个完全不同的世界。

对一些智商超群的人来说，他们之所以郁郁寡欢，甚至看破红尘，原因之一就是他们看到了比常人更多的维度；而对于我们常人而言，有时候郁郁寡欢，幸福指数超低，则恰恰是因为我们看到了太少的维度。

再回到人工智能的话题。人工智能究竟能发展到哪一步？这个问题显然有多种不同的维度。

首先是科学的维度。就科学的维度而言，这世界上的所有一切问题，都是由于科学水平发展尚未达到一定水平所致；只要有一天科学水平达到，一切都可迎刃而解。然而，这个维度的天生局限在于两点。第一，在人类历史长河中，科学发展永无止境，因此所谓的科学顶峰是永远不存在的。举例来说，宇宙和时间的边际是人类迄今无法确定的。但若有一天，科学确定了宇宙和时间的边际，那么下面两个问题就接踵而至：宇宙的边际之外又是什么？最早的时间之前又是什么？第二，在科学尚无法解决所有问题之前，人类如何解决现有的问题和困境？

实际上，科学既不能解决所有的问题，同时科学的发展还会带来人类社会的不断异化。这在过去250年由科学革命带来的人类工业化的进程中，已经看得十分清楚。无论是人类共同面临的气候变暖，还是其他涉及伦理、哲学层面的其他问题无不如此。因此，相信科学能解决所有问题，是一种科学主义的迷思。也正因如此，历史上许多大科学家在潜心钻研科学时，其案头往往同时也放着一本《圣经》。

就人工智能而言，从科学的维度看，其长期的发展进程一定是乐观的。下一步的发展，也是更有争议的发展将是"强人工智能"（Strong AI），机器的"深度学习"与其神经网络结合，从而产生一种自我循环的思维能力和情感。

到了这一步，人工智能就具备了意识。

本章前面曾提到，是否具备意识，是人工智能从初级阶段走向高级阶段的重要区别，也是人工智能是否将开启伤害人类大门的重要区别。这也将成为人工智能发展领域的重要的"坎"。

无论是"狭义人工智能"还是"强人工智能"，其实都是智能，只不过复杂程度不同而已；两者实质性区别在于是否具有意识。一旦具有意识，那么所有的喜怒哀乐的大门就都打开了，一如"潘多拉的盒子"打开之后的群魔乱舞。

当然，"强人工智能"的意识、思想和情感在开始阶段都将是简单的，但只要这扇大门一打开，那么具备深度学习和神经网络的机器，很可能以自我循环的方式形成思维能力。而这样的思维由于成功实现了内在循环，因而又像一个"黑箱子"，包括创造人工智能的科学家都无从探知其中的奥秘。

换言之，所有的这些奥秘，都将成为科学家们无法掌控，甚至无法探知的秘密。就如人的大脑在思维过程究竟是如何运转的？人类的情感（喜怒哀乐）究竟是如何形成和运转的？对这一切，虽然现代医学有许多可以探测的办法（如医学扫描），但终究无法全部获知其中的奥妙，因而最终科学家们只能把这样的奥秘和精致归结为上帝的杰作。

更可怕的是，人类是需要吃喝拉撒的，需要睡眠，也需要放松神经，但机器却完全不需要这一切。因此，届时在与具有意识和情感的机器的对抗中，人类将处于完全不利的境地。

一旦由人类创造的人工智能在产生意识、思想和情感，并摆脱了人类的掌控，甚至只能被人类以"上帝的杰作"的名义来予以总结的时候，那也许就是人类无法主宰自己命运的开始。这也就是霍金等大科学家一再警告人类不能进入这一步的原因。据说现在对人工智能很感兴趣的，还有各国的军方：试想，若有一天机器人能参加战争，那又将是一幅什么样的场景？2017 年夏天，包括特斯拉总裁马斯克在内的许多国际名人联名签署一封公开信，要求人工智能领域绝对禁止制造"杀人的机器人"，但后来似乎也不了了之了。

与此同时，也有科学家从科学革命首先改变人类生活，其次才是危害的角度，呼吁人们对人工智能不要有过多担忧。

面对"科学灾难"：我们应有多少警惕？

当讨论这些问题的时候，我们实际上已经切入到科学伦理和哲学的层面了。

看上去，这些似乎都是科学家、哲学家们需要思考的问题，或至少具备大知识分子气质的人才会关心这些问题。其实，作为任何既关心人类进步，同时更关心人类生存的人，每一个人其实都需要一些哲学思维，这样才能保证人类永远行进在进步而又稳健和正确的轨道上。更何况，人工智能就实实在在发生在我们周围。

存在主义哲学家萨特曾经说过："科学家与知识分子的区别就在于，前者是在实验室研究核技术，而后者则是走上街头反对核武器。"从这个意义上说，研究人工智能的科学家，首先必须具备一定的哲学思维，而不能仅把自己定位在科学家的范畴内。

写到这里，忽然想起一个真实的故事。在前几年的博鳌亚洲论坛上，有一场关于现代科学前沿的直播讨论。一位脑科学家兴致勃勃地向主持人描绘着未来脑科学的前景，其中包括可以直接干预恋爱中的人们的情绪和感受。刹那间，科学家津津乐道，而美女主持人则听得像小孩般瞠目结舌。

但那一刻，双方其实都陷入了一个巨大的迷思乃至陷阱之中。试想，若有一天，现代脑科学可以随意干预特定人群的思维，那无疑就是"潘多拉的盒子"被打开，终有一天将酿成大祸。那一刻，用手机观看现场直播的我，真的希望那位脑科学家能有多一点哲学思维，而不是那么津津乐道于其科研成果；我也希望，那位女主持则能多一点批判性思维，而不只是瞠目结舌。

因此，大脑科学和人工智能在内的现代科学发展只有在有利于人类整体利益的前提下发展才是有意义的；而且，在其研究的前期，就应该有更多的哲学思维和健康、多元的公共讨论介入。否则，若任由科学主义像一匹脱缰的野马，现代科学给人类造成的伤害将大大超过它给人类带来的益处。

事实上，在人类历史上已经有过这样的沉痛教训，其典型的例子就是核技术的扩散和使用。核技术能造福人类毋庸置疑，但当核技术被应用于核武器的制造时，这一技术给人类带来的益处几乎被抵消殆尽。二战后，各大国又要花费巨大的资源进行核裁军与核不扩散，几十年里走过的道路几近荒诞。由于汲取了这一教训，在后来的其他一系列先进技术（如克隆技术等）方面，人类开始变得谨慎、变得警觉。

但到了人工智能的大潮面前，"科学无所不能"的观念再次回归，人类之前的谨慎和警觉似乎又再次消失，或至少退居二位……

从现在情况来看，有两个趋势值得注意。

第一，对大多数从事人工智能的科学家，尤其是中国的科学家来说，目前正是享受科学大发展的"兴奋期"，因此对上述的科学伦理问题虽有意识，但总觉得发展是硬道理，先发展了再说，以后的事情以后再说。他们的理由很简单：若以"强人工智能"的危害性来否定人工智能，甚至阻碍"狭义人工智能"的发展，那么人类就不可能进步和发展。

我必须说，科学家们的这些想法是善良的，但也是天真的。当人类进入高科技、高技术时代，若不能从伦理和哲学上对科学的边界从一开始就予以界定，那么这匹"脱缰的野马"最后导致的伤害一定大大超过它所带来的益处。准确界定科学的伦理和哲学甚至是法律的边界，不是要限制科学的发展，而恰恰是要保护科学的发展，使之真正有益于人类的福祉。在这里，我愿意再次引述存在主义哲学家萨特的话："科学家与知识分子的区别就在于，前者在实验室里研究核技术，而后者则走上街头反对核武器。"

我还必须说，至少在今天的中国人工智能科学界，我还没有看到具有哲学家思维和大知识分子气质的科学家。希望我的这一论断不是以偏概全。如果有的话，那么我希望，我的这一以偏概全能引发全社会（包括科学界）的公共讨论。

第二，对绝大多数公众而言，目前的基本情况是，要么觉得十分恐慌；要么觉得"目前距离我还很远""船到桥头自然直"，一切顺其自然，届时自然会得到解决。

我也必须说，在人工智能即将走进你我的生活之际，公众（包括公共舆论）的旁观感、无力感、漠然感，是一种不健康、不正常的现象。

只有越来越多的人参与到这场公共讨论中去，人工智能才不会成为"脱缰的野马"。

好了，我们不再做哲学家了。让我们回归到现实经济层面上吧。

四、人工智能时代：中国经济"弯道超车"？

在谈这个问题之前，先看一则美国《纽约时报》的消息。

这则消息发表于 2017 年 7 月 21 日，距中国国务院发布有关人工智能的政策文件刚过了一天。报道写道：

20 日，中国制定了一项发展规划，希望在 2030 年成为人工智能领域的世界领导者，打造规模超过 1 万亿元的本土产业。

中国国务院发布的这项政策阐述了中国政府最高层的意图：全球第二大经济体将投入大量资金，以确保企业、政府和军队跃升为人工智能技术的全球领先者。

而与此同时，美国却在削减科学资金。特朗普政府提交的预算案建议削减一些传统上支持人工智能研究的机构的资源。而诸如高性能计算等领域的经费削减，也将影响到人工智能辅助工具的开发。

中国的实力，特别是先进技术和新技术上的实力，长期落后于发达的邻国以及欧美发达国家。但是，一个为期数十年、追赶西方的产业政策已经给中国带来了红利。

专家们认为，中国有越来越多的学科都取得了长足进展，人工智能就是其中之一。北京对人工智能的兴趣已经引起了美国防务机构的警觉。

在这个新政策提出的时间表中，政府希望到 2020 年，中国公司和研究机构的总体技术和应用与美国这些居于世界先进水平的国家同步。之后再过 5 年，要求在特定领域实现重大突破，人工智能成为中国"经济转型的主要动力"。

到了最后阶段，即 2030 年，中国将"成为世界主要人工智能创新中心"，而这反过来又将为中国"跻身创新型国家前列和经济强国奠定重要基础"。像这样的高级别声明，也是向全国各地的地方政府和公司发出一个信号。

这个新计划正式确定了一个之前在中国就已经广为人知的侧重点。很多地方政府都已经根据各种线索制订了特别的人工智能计划，建成了专注于 AI 研究的中心。

许多地方正在人工智能上投入数以亿计的美元，有些地方的投入甚至更大。6 月份，在北京以东的城市天津，市政府表示计划提供 50 亿美元的资金来支持人工智能行业，而且还划出了一片 20 多平方公里的土地来建设"智能产业园"。

这一倡议也有可能会席卷中国私营企业。近年来，互联网搜索巨头百度已经在硅谷运行着一家人工智能研究中心，它在今年还宣布，将与政府合作，建立一个新的实验室。

《纽约时报》的这篇报道写得平实，但其中的各种信息却充满亮点和爆炸性，同时也充满了某种焦虑。

人工智能：中国首次与世界同步？

按照百度创始人李彦宏在《智能革命》一书中的说法，目前美国和中国是在人工智能方面发力最大的两个国家。

他写道：

人们习惯于把百度和谷歌放在一起比较，这也可以看为中美比较的一个缩影。我觉得两个公司有很多类似的地方，因为起源都一样，公司层文化有很多类似的地方，百度在中国的优势跟谷歌在美国的优势也类似。

两家公司也不同，百度的创新空间和在某些领域的创新速度也比谷歌更大、更快，这源于中国与美国的国情不一样。

移动互联网在中国的创新程度在很多层面已经超过了美国。……无论在无人驾驶汽车、金融、医疗，还是整体制造业，中美都面临智能升级的节点。但是，中国的宏观环境给百度这样的智能企业的机会和空间要比谷歌在美国获得的更大一点。

李彦宏还写道：

从国家层面，人工智能给中国带来的不光是整体竞争力的提升，还是一个超越他国的天赐良机。中国是制造业大国，数据量的庞大规模无出其右，也就意味着我们有机会提取比别人多得多的"知识"。……智能时代，在国家竞争、产业竞争中，掌握更多"知识"也就可能使自己立于不败之地。但从制造业来讲，如果中国能把握住这个机会，完成真正的智能化升级，其他国家是没有办法跟我们竞争的。

据权威数据显示，从 2012 年开始，中国在人工智能领域新增专利数量已经超越美国，人工智能企业融资规模仅次于美国，位列全球第二。从 2014 年开始，在深度学习领域，从论文发表数量和被引用次数两个标准看，中国均已超过美国。这几年，中国在类脑智能、智能信息处理、智能人机交互等方向进行了重点研发布局，特别是在汉字识别、语音合成、语义理解、生物特征识别、机器翻译等方面保持国际先进水平。

更重要的是，在产业领域，科大讯飞、百度、腾讯、滴滴等不少中国高科技公司都建立了自己的人工智能研究机构，拥有巨大的用户群，都掌握了人工智能深度学习进化所必需的海量数据。

人工智能：中美的差距在哪里？

但与此同时，究竟如何客观地看中美两国在人工智能领域里的异同点？或准确地说，如何客观看待两国在这一领域的优势和差距？

包括腾讯研究院 2017 年 8 月发布的《中美两国人工智能产业全面解读》在内的一些分析报告，从两国在人工智能领域的顶层设计、产业布局、人才结构与资本投入等方面进行了比较。其结论是：

第一，顶层设计：中美战略相同，美国棋高一着。

这主要是指，人工智能将成为未来 30 年改变人类生活的重大趋势，因此两国政府都把人工智能当作未来战略的主导，出台发展战略规划，从国家战略层面进行整体推进。美国人工智能报告体现了美国政府对新时代维持自身领先优势的战略导向。作为最大的发展中国家，中国也在战略引导和项目实施上做了整体规划和部署。

但在应用系统中，美国走得较远，已经开始将 AI 装备到军事领域。同时，美国一直处在人工智能基础研究的前沿，保持全球领先地位。中国在全球跻身第一梯队，但在基础算法和理论研究方面，与美国还有相当大的差距。

第二，产业布局：美国全产业布局，中国局部突破。

从产业发展实际情况来看，中国似乎明显落后，而美国则已在产业布局和完善方面走在了前面。有研究报告对中美两国的人工智能产业布局进行了多个维度的全面对比，结果没有发现可以"弯道超车"的迹象，实际上中国只在局部有所突破。

美国 AI 产业布局全面领先，在基础层、技术层和应用层，尤其是在算法、芯片和数据等产业核心领域，积累了强大的技术创新优势，各层级企业数量全面领先中国。

● 基础层（主要为处理器/芯片）企业，中国拥有 14 家，美国 33 家，中国仅为美国的 42%。

● 技术层（自然语言处理/计算机视觉与图像/技术平台）企业，中国拥有 273 家，美国拥有 586 家，中国为美国的 46%。

● 应用层（机器学习应用/智能无人机/智能机器人/自动驾驶、辅助驾驶/语音识别）企业，中国拥有 304 家，美国拥有 488 家，中国是美国的 62.3%。

第三，企业数量：美国领先全球。

根据 2016 年的数据，在全球范围内，人工智能领先的国家主要有美国、中国及其他发达国家。截至 2017 年 6 月，全球人工智能企业总数达到 2542 家，其中美国拥有 1078 家，占据 42%；中国其次，拥有 592 家，占据 23%。中美两国相差 486 家。其余 872 家企业分布在瑞典、新加坡、日本、英国、澳大利亚、以色列、印度等。

从企业历史统计来看，美国人工智能企业的发展早中国 5 年。美国最早从 1991 年萌芽，1998 年进入发展期，2005 年后开始进入高速成长期，2013 年后发展趋稳。中国 AI 企业诞生于 1996 年，2003 年产业进入发展期，在 2015 年达到峰值后进入平稳期。

第四，人才结构：美国梯队完整，中国参差不齐。

在人工智能产业领域，美国产业人才总量约是中国的两倍。美国 1078 家人工智能企业约有 78000 名员工，中国 592 家公司中约有 39000 名员工，约为美国的 50%。美国基础层人才数量是中国的 13.8 倍。美国团队人数在处理器/芯片、机器学习应用、自然语言处理、智能无人机 4 大热点领域全面领先中国。

在研究领域，近年来中国在人工智能领域的论文和专利数量保持高速增长，已进入第一梯队。相较而言，中国在人工智能领域还需要在研发费用和研发人员规模上持续投入，加大基础学科的人才培养，尤其是算法和算力领域。

总之，在人工智能的基础学科建设、专利及论文发表、高端研发人才、创业投资和领军企业等关键环节上，美国形成了能够持久领军世界的格局。而中国虽然有李开复、李彦宏这样的早期开拓者及其引进的一批华人世界级科学家，但在整体的产业和研究人才上，还有很长的路要走。

第五，行业热点：中美各有优势。

由于算法和数据在近十年来获得了重大的突破，深度学习成为人工智能得以迅速突破的领域。当下，人工智能产业出现了九大发展热点领域，分别是芯片、自然语言处理、语音识别、机器学习应用、计算机视觉与图像、技术平台、智能无人机、智能机器人、自动驾驶。

在美国 AI 创业公司中排名前三的领域为：自然语言处理 252 家，机器学习应用（Machine Learning Application）242 家，以及计算机视觉与图像 190 家。在中国 AI 创业公司中排名前三的领域为：计算机视觉与图像 146 家，智能机器人 125 家，以及自然语言处理 92 家。

第六，投资趋势：美国资本雄厚，中国奋起直追。

自 1999 年美国第一笔人工智能风险投资出现以后，全球 AI 加速发展，在 18 年内，投资到人工智能领域风险资金累计 1914 亿元。截止到目前，美国达到 978 亿元，在融资金额上领先中国 54.01%，占据全球总融资的 51.10%；中国仅次于美国，为 635 亿元，占据全球 33.18%；其他国家合计占 15.73%。

据透露，2016 年，中国的 1 亿美元级大型投资热度高于美国，共有 22 笔，总计 353.5 亿元。美国超过 1 亿美元的融资一共 11 笔，总计 417.3 亿元，超过中国 63.8 亿元。

第七，创投趋势：美国面向全产业，中国集中在应用层。

中国人工智能企业中，融资占比排名前三的领域为：计算机视觉与图像，融资 143 亿元，占比 23%；自然语音处理，融资 122 亿元，占比 19%；自动驾驶/辅助驾驶融资 107 亿元，占比 18%。中国的自动驾驶/辅助驾驶企业虽然数量不多，只有 31 家，而融资额却是第三，意味着中国的投资者非常看好这一领域。

据估计，美国融资可能在 2020 年前突破 2000 亿。预计在 2020 年之前，美国 AI 公司数量累计将会超过 1200 家，累计融资将达到惊人的 2000 亿元人民币。中国 AI 企业增势不明朗。根据行业发展周期来计算，中国人工智能产业将会在 2018 年回暖，新增公司数量会上涨到占世界 30% 以上，预期融资累计量将会达到 900 亿—1000 亿元人民币，仍和美国有较大差距。

第八，产业主导实力：美国先发优势明显。

由于 AI 产业核心技术掌握在巨头企业手里，巨头企业在产业中的资源和布局，都是创业公司所无法比拟的。因而引领 AI 产业发展的技术竞赛，主要是巨头之间的角力。当前，苹果、谷歌、微软、亚马逊、脸书这五大科技巨头无一例外地投入越来越多资源抢占人工智能市场，甚至整体转型为人工智能驱动的公司。国内互联网领军者"BAT"也将人工智能作为重点战略，凭借自身优势，积极布局人工智能领域。

巨头通过招募 AI 高端人才、组建实验室等方式加快关键技术研发。同时，通过持续收购新兴 AI 创业公司，争夺人才与技术，并通过开源技术平台，构建生态体系。

历史警示：中国仍须埋头抓住机遇

上面这一段对中美人工智能领域发展的比较，让人看到了中国的追赶势头，但也看到了至少在目前阶段的差距。

也许，人工智能领域的行家对这样的比较各有说法，也许会提出完全相反的论点和论据。但是，兼听则明，偏听则暗，我们权当做个参考，同时也使我们在发展道路上保持更为清醒的头脑。

保持清醒的头脑，这是一句人人都可以挂在嘴边的话。但有时，真的到了实处，你会发现，这是一件需要不断自我提醒，甚至需要很大勇气才能实现的事情！

中国经济"弯道超车"的前景究竟如何？中国目前存在的风险究竟是什么？尤其是将中国发展放到历史的背景下予以透视，当年美国赶超英国的经验，又可以给我们以什么启示？

有关这些问题，我有一段与张燕生的对话：

邱震海：今天的中国，有两件事情在同一个时空下发生。一方面，后发优势要学习模仿和合作；但另一方面，在世界科技革命的浪潮下，到了拐弯的阶段，没有追逐和模仿的对象。

所以，从这个意义上说，今天的中国即所谓"横看成岭侧成峰，远近高低各不同"。从某一个角度看，今天中国依然很落后，尚有许多需要迫切追赶的地方；但从另一个侧面看，今天的中国又在很多领域走到了世界的最前端，比如移动互联网的发展、移动支付的普遍使用等，虽然其中的核心技术并非是中国的。但这大概就是今天的中国。包括人工智能，中国急起直追，已经进入第一梯队，但与美国相比，还是存在不少差距。

也正因如此，今天无论是我们自己看中国，还是世界看中国，都很自然会出现两种完全不同的观点：一种是认为中国依然不行，还需要追赶和学习，依然需要保持谦虚，接受人类先进文明成果的态度；而另一种观点则认为，中华民族已经到了厚积薄发的阶段，现在是中国全方位超越西方的时候，因此无论是中国模式还是中国自信已经到了全方位确立的时候了。两种观点，两种不同的切入口，各有道理，但又各有偏颇。这个时候，客观审视尤其重要，包括将中国的发展放到人类历史的坐标系上。美国当年赶超英国的经验，在今天并非完全过时，依然值得研究。

张燕生：今天的中国其实依然存在风险。风险是什么呢？当年美国"弯道"超英国的车，历史上是在 1870 年到 1913 年。重温这段历史在今天尤其必要。

邱震海：1872 年前后美国成为世界第一大经济体，总量超过英国，这个阶段很像今天的中国。从 1870 年到 1913 年，是一段非常重要而敏感的时期，确实值得今天的中国好好研究。

首先，从科技革命史和经济史的角度看，这是人类进入电气化的事情，电的发明，使人类摆脱了晚上的黑暗，城市开始逐渐兴旺；尔后，电话和电报的发明，使全球的距离开始瞬间缩短，这几乎类似于 100 年后的互联网的发明。由于这一切的科技革命，人类进入了第二次全球化的轨道，生产资源和贸易开始全球配置。人类的第一次全球化发生在15世纪的地理大发现之后，由于地理大发现，世界的航海进程就开始了，海上贸易、海上强国不断出现，极大促进了人类的发展和繁荣。但那个时候，由于工业革命还没有发生，因此地理大发现和第一次全球化，并没有从根本上改变人类的生活和生产方式。人类的质变发生于18世纪60年代的第一次科技革命，纺织机和蒸汽机的发明使人类进入了工业革命，一切的形态均为之改观。100年后，人类又进入了第二次科技革命——电气化，并由此开启了第二次全球化的进程。

张燕生：回顾这段历史，对今天的中国非常重要。这是从科技革命的角度看。从国际经济角度，也可以有很多思考。

邱震海：欧洲强国的发展进程上看，这段时间是第一次世界大战逐渐酝酿的时期。由于第二次全球化的产生，各种资源开始全球配置，全球市场全面放开，欧洲强国之间的各种冲突开始凸显，争夺日益激烈，这也就是后来被列宁称为"资本主义的最高阶段"——帝国主义阶段的诞生期。有人说，全球化可以消弭冲突。19世纪下半叶的第二次全球化的历史，其实正好提供了一个相反的例子，全球化反而把各国的利益冲突暴露在了阳光之下，最后导致了第一次世界大战不可避免地发生了。当第一次世界大战爆发的那一刻，每个国家都觉得很无辜，都抱着浓烈的爱国主义情怀投入了这场在后人看来十分无谓的战争。

最后，从英国和美国的全球位置的互换角度看，这段是非常敏感的时期。当时，英镑统治世界已近100年，英国的实力开始走下坡路，但还没有完全显露败象，而美元则开始逐渐走强。这一点也很类似今天的美国与中国的关系。而且，当时的英国还受到来自另一翼的攻击，那就是来自德国对其海军实力的挑战。当时的英国，确实受到来自美国和德国的两翼的同时挑战，前者挑战其金融霸权，后者挑战其海军霸权，但美国和德国采取的策略完全不同。关于这一点，我们在后面还会谈到。

张燕生：对。但在1870年到1913年这个阶段，是英国由盛而衰，美国、德国由弱而强的阶段。英国人在这个阶段建立了国际的自由贸易。

邱震海：整个 18 世纪、19 世纪都是英国人的世纪。

张燕生：英国人相信他们是世界上最强的，凭借第一次工业革命的技术和产业，它打遍天下无敌手，全世界开放，最大的受益者一定是英国。到后来英国却是由盛而衰，美国、德国由弱而强。中间有一个最重要的差别，这时发生了第二次产业革命，德国人和美国人就抓住了这次机遇，发展出相对资本密集型的产业和技术。

邱震海：而英国人那时在干什么？

张燕生：英国这个时候正忙于海外扩张，忙于构建日不落大英帝国，完全无暇顾及第二次产业革命带来的技术和产业。

邱震海：这个教训是深刻的。刚才讲到，当时败象渐现的英国遇到来自两个国家分别从两个方向的挑战，一个是美国对英国国家经济和金融实力的挑战，另一个则是德国对英国的军事实力，其中主要是海军实力的挑战。美国对英国经济和金融实力的挑战渐进、温和，因而能为英国所容纳和接受。直到 20 世纪初一战结束，英国彻底衰败，美国才顺理成章地接管了英国腾出来的世界老大的位置，而美元对英镑的完全接管，则是到了 1944 年"布雷顿森林体系"才最终实现。我不知道这是历史的偶然还是美国当时确实有一套深谋远虑的战略。但与之相反，德国对英国海军实力的挑战却是赤裸裸的。1890 年俾斯麦被逼退位后，威廉皇帝野心勃勃，执意推行"世界政策"（德文：Weltpolitik）和"舰队政策"（德文：Flottenpolitik），逐渐激化了与英国的结构性矛盾，最终导致了英德战争。实际上，当时的德国若能像美国一样稍具战略眼光和耐心，后来的历史可能将为之改写。这当然是我们在大国崛起的逻辑和战略方面做的深层思考。但回归到 19 世纪下半叶的科技革命和产业革命，我们可以看出，当时的英国确实因疏于布局而落伍了。

张燕生：因此英国的优势是第一次工业革命的技术和产业，德国和美国的优势是第二次产业革命的技术和产业，一个是轻工业、纺织工业，一个是重化工业、重装工业，完全不在同一个层次。在新兴技术和产业领域，英国完全不具备同美国和德国竞争的实力。英国由盛而衰，被迫推动自由贸易转向保护贸易，打不过别人，只有保护。

邱震海：这对今天的中国来说，有什么警示？

张燕生：对中国来讲，当下恰恰处于像1870年到1913年这么一道坎，怎么把握住第四次或者是新兴的科技革命的机遇？当大家向四面八方跑的时候，怎么选择一个正确的路径，取得先发优势，完成从小到大、从弱到强、从国内到世界的变化？这对中国而言非常重要。

邱震海：这是个非常重要的战略研判和战略抉择的过程。就科技革命而言，前面几次的科技革命，中国都错过了。18世纪60年代的第一次科技革命——机械化发生时，中国已经步入了衰败的轨道；19世纪60年代后的第二次科技革命——电气化发生时，中国刚刚经历了两次鸦片战争，痛定思痛之余，虽有"洋务运动"，但在观念上依然未能与当时最先进的科技和思想接轨；20世纪40年代末以后的第三次科技革命——自动化发生时，中国在革命和阶级斗争的迷思中，白白错过了30年的大好时光；只有20世纪70年代末开始的第四次信息科技革命，中国勉强赶上了尾巴，以"世界工厂"的方式融入了全球化的产业链，但由于发展模式的落后，这一轮科技革命只使中国成为财富大国、贸易大国，却并未使中国成为一个真正的强国。

这一次能否赶上、用好，顺利实现"弯道拐车"乃至"弯道超车"，对中国来说十分重要。这一轮智能化科技革命浪潮，发生在中国成为世界第二大经济体之后，因此以中国现阶段的实力，不但应该赶上，而且还应该用好。最关键的是：中国赶上和用好这一轮科技革命潮流的过程，也恰好发生在中国经济需要结构性调整的同时。因此，从理论上说，中国经济完全应该，而且也可以利用这个难得的外部机遇，实现"弯道超车"。问题是怎么实现"弯道超车"。

张燕生：美国、德国、日本、中国、俄罗斯、巴西，现在都在布局世界新兴科技创新领域。这对中国来讲，不仅仅是追随和后发的问题，而是怎么把握新科技的到来，像当年美国、德国，一个是 13 个殖民地的美国，最后怎么变成世界强国，一个是被称为比英国工业化落后一百年的德国，怎么能够由过去的德国制造廉价产品，变成世界最强。先发优势对现在的中国同样有着非常重要的作用。

今日的创业者，只有少部分人会成功？

既然谈到科技革命趋势和经济转型，就不能不谈这几年风靡中国的"双创"——大众创业，万众创新。

我与张燕生的对话也自然涉及这方面，但结论却似乎会让你感到吃惊：

邱震海：从 2015 开始，整个"大众创业，万众创新"带来了新的氛围。我在《当务之急：2014—2017 年中国的最大风险》一书中曾提到，中国经济问题很多，但只有两个灵魂，一个是创新，另一个是经济自由度。所谓经济自由度是指，中国的经济究竟是否是真正的市场经济，政府市场的干预是否被减少到了最低程度，对市场和企业的监管是否真正符合市场经济的规范，企业家精神是否真正得到了保护和扶持，年轻人是否都以创业为追求（虽然创业并非适合每一个年轻人）。

从 2009 年到 2013 年，中国爆发了国进民退、资产价格大幅上涨、腐败、人们幸福指数下降、移民等一系列的问题，在年轻人中，创业创新没有氛围，千军万马考公务员，求安全、安稳。年轻人在最新锐、最有创意的年龄却选择考公务员，这其中是有些悲剧色彩的。我始终认为，公务员需要优秀的人才加入，但出色的人则应从事科学研究和创业，前者乃推动科技进步，后者则是推动财富发展。这几年，这个情况开始改变了，其中当然有反腐的原因，但不可否认这几年中国经济的自由氛围开放了很多。今天在深圳，30 多岁、40 多岁的人在一起吃饭，不带个项目去都不好意思。现在遇到了移动互联网和大数据时代，又是资本大发展的年代，经济自由度的提高既是水到渠成，又是势在必行。

张燕生：第一个问题会涉及我们的判断，现在世界性的科技革命离我们有多远？为什么涉及这个呢？如果现在我们正在进入一个世界性的科技革命浪潮，这时你会发现，参与越早的人，越早获益；而参加最晚的人，错过先机。在这种情况下，我们鼓励"双创"，这时的创业和1979年的创业是不一样的。1979年创业什么东西都缺，但是没有人用市场的方式生产，因此当时政府通过简政放权鼓励大家下海，让一部分人成为最先吃螃蟹的人。那时，在广东、浙江、江苏、山东、福建，很多把握住1979年改革开放先机的人，通过下海成了得到第一桶金的人。

现阶段2015年、2016年又鼓励大家创业，跟那个时候不一样了。现在创业很大程度上是因为有一轮新的科技革命，有"互联网+"，包括有新兴领域很多的机会。这个时候，大学生、职业教育培养出来的中专生、大专生，愿不愿意去把握新科技革命的第一桶金？所以它跟1979年的创业和简政放权又像又不像。像的地方都是简政放权，政府把权力交给市场，政府把权力交给社会，政府把市场交给企业，形成分散决策大众创业的环境。原来大家是把握市场化改革的先机，这次是要把握世界科技革命的先机。从前创业往往大部分是没受过教育的人，可能下岗、换岗，可能本身没有工作，把广州乃至海外过来的产品倒到北京、上海，得到第一桶金。现在大部分是受过良好教育的大学生，风险很大，只有少部分人会成功。

今天的创业者，只有少部分人会成功？

张燕生最后的这个结论有点令人吃惊。于是，就有了我们在第四章里的讨论。

第四章
创业环境大洗牌：你怎么办？

前面我们的讨论，从"人工智能时代，什么人会最早失业"谈起，到最后的结论落在"今天的创业者，只有少部分会成功"，似乎描绘了一幅比较灰暗的图画。

其实不然。未来几年，无论是中国经济"高空飞行中更换引擎"，还是人工智能时代的"失业—再就业"的转换，都离不开一个重要的过程：转型。

就中国经济而言，从现在开始的新旧常态更换，其实就是中国经济更换引擎的过程。其间的难点之一就是，如何在经济不出现大幅下降的情况下，把经济增长的引擎从原来的简单生产要素拉动，转换为创新驱动，同时紧紧抓住方兴未艾的第四次科技革命的潮流，实现中国经济的"弯道超车"。

就人工智能时代的"失业—再就业"的过程而言，无论是个体还是集体，都有一个对这一科技革命趋势的准确把握问题：这一趋势最终的发展边界在哪里？为了使自己不在这一大潮中落伍甚至被淘汰，究竟应该做哪些转型？

第三章的最后结论"今天的创业者，只有少部分人会成功"，也许会让你感到吃惊。顺着这一结论，来谈谈中国日新月异的创业环境。

说到创业，在过去30多年的中国发展历程中，有过几个截然不同的阶段：20世纪80年代初的创业，当时鱼目混珠，各种体制相对不健全，由此产生了严重的"体脑倒挂"和"拿手术刀的不如拿剃头刀的，造原子弹的不如卖茶叶蛋的"现象；尤其是80年代中期的下海创业，大都利用当时的"双轨制"价格体制实现致富，由此产生早期的腐败。到了20世纪90时代，创业开始逐渐走上正轨，但也伴随着曲折，其间既有"民进国退"，也有"国进民退"；世纪相交时的科网股大潮及其破灭，成为令许多人至今谈虎色变的记忆。至于21世纪头15年的创业环境，则几乎是在"国进民退"的强烈阴影中成长和发展的。

有一些故事，现在回想起来似乎已恍如隔世。

20世纪80年代上半期，上海九江路有一排新开的餐厅，每一家的门口都用帘子掩着，里面灯光昏暗，貌似情调不错，其实谁也不敢入内。据说，这些在当时被称为"个体户"的都是刑满释放人员，出狱后正好赶上做"个体户"大潮（今天就叫作"创业"）。有一次，我的两位朋友"误入"这些貌似有情调的餐厅，点了四个菜、两瓶啤酒，结果结账时被"斩"900多元。须知，当时一个月的工资才60多元……

80年代后期，我研究生毕业后在大学教书。当时的大学年轻教师收入极少，生活清贫。有一位在其他系任教的同级毕业生，不久后南下深圳创业，其实是进入一家贸易公司。两个月后，他回到上海，和我们见面时已坚决不抽我们递上的烟，而要执意拿出从深圳带回的高级香烟……

2000年，我从德国回到中国香港的3年之后，加入了一家香港的上市公司，亲身感受到了当时科网股大潮的炽热和疯狂。这是第一轮网络大潮裹挟着金融的力量，几乎每个新的创业者都希望能以故事或概念在金融市场上"圈"到足够的资金。市场上，无休无止的路演、与投资者的见面会，以及对股价的掌控和引导，无不是为了完成这一梦想。至于科网股大潮背后的真正创新，则似乎谁也没有关心过。

20世纪90年代末到21世纪初，也是一个中国内地"民进国退"的时代，许多的国营资产当时就以十分低廉的价格被转移到了民营资本手中。

但将近 10 年之后，准确地说是 2009 年下半年，亦即美国金融危机爆发一年之后，一切都发生了变化。当年的"民进国退"在不知不觉中变成了"国进民退"，民营企业的创业者度日如年。那一年 11 月在杭州的"民营企业峰会"上，我问几位民营企业家："谁从 4 万亿刺激措施中分到了一杯羹？"只见大家抽着烟，面面相觑，谁也不说话。最后，只有一位民营企业家说了一句话："我巧立名目，换了个名字，才拿到了 400 万元。"我在 2014 年出版的《当务之急：2014—1017 年中国的最大风险》一书中，记载了这一故事，后来也在很多场合提到这个故事，因为这个故事实在太有典型意义了。

过去 30 年多年中国的创业环境，几乎无法摆脱两个基本特征：一是贸易主导，创新成分极其微弱；二是市场与政府的关系纠缠不清，亦即始终在"民进国退"和"国进民退"两者之间徘徊和挣扎。

2015 年开始，随着"大众创业、万众创新"的提出，中国进入了一个新的创业阶段。与过去 30 多年的创业环境相比，这一轮的创业环境有几个特点：一、时值第四次科技革命大潮来临之际，而过去几年中国在使用移动互联网的过程中又成绩卓著；二、贸易模式退居二位，科技含量成为主导因素；三、资本大发展成为创业、创新的新的辅助力量。

我曾在本书前面章节提到，在今天的深圳（注：相信其他一线城市也是如此），如果你的交往圈子恰好跨越商界、投资、法律等行业，那么朋友请吃饭，不带一个项目去聊一下，有时都不好意思去吃这顿饭。

既然这样，让我们就来看看，这一轮的创业大潮有何特点？将走向何方？如果你正好是其中的一员或准备成为其中的一员，又该如何自处？

我就此与张燕生展开了一场对话：

一、这一轮"吃螃蟹"的人，有多少会成功？

邱震海：中国前后几次创业大潮各有异同点。现在的问题是：这一轮的创业、创新大潮，可能有哪些泡沫，比如"双创"？

一个简单的道理是：创业不等于创新，是两回事。比如以前国企改革，职工下岗，摆个馄饨摊，但这不是创新。现在大部分的创业者有创新的成分，但很多创业未见得等于创新。

张燕生：同意你的看法。

厘清一个误区：创业不等于创新

邱震海：有两个问题需要我们讨论。

第一个问题：从经济转型迄今的效果看，怎么评估"双创"这一蔚然成风的氛围？它对未来3年到5年中国经济的实际拉动有多大？可否解燃眉之急？

第二个问题：现在"双创"有没有泡沫？现在大家都玩APP，搞大数据，先拿到天使融资，再拿A轮、B轮融资，产品还没做出来，上端核心技术来自西方，只是在中国大地进行商业模式的创新。这有点类似1999年的美国，虽然时空环境不同，但不能完全排除相似性。

张燕生：泡沫破灭是2001年和2002年。那个时候的教训至今记忆犹新。

邱震海：2000年我加入香港一家上市公司，做B2B，切身感受到了那种疯狂的状态。当然，我希望是杞人忧天了。新经济蔚然成风，对我们现在谈2020年中国经济转型，未来5年到10年"转账"的效应到底有多大？

张燕生：人们看"转账效应"是看BAT（百度、阿里巴巴、腾讯），然后还有追随它们的一些互联网企业，"转账效应"怎么样呢？榜样的力量是无穷的。如果在过去3—5年没有BAT和这一批创新型企业的成功，我相信不会有那么多年轻人选择创业。"转账"的效应目前讲还是比较明显的，会带来什么呢？看中国的版图，什么地方网络约车最火，什么地方快递业务最火，什么地方"双创"的活力就最火。现在通过地图看网络约车，快递业务量的分布，就能看出"双创"在中国的活力分布。

从这个角度来讲，我们可以看到"转账"的效应是比较显著的，它加速了中国传统经济、新经济，旧产业、新产业的分化。从政府来讲，很重要的变化是说，怎么把传统经济和网络经济深度融合，怎么用网络改造传统。从"双创"创业角度看，应当承认效果还是显著的。

邱震海：但今天和未来的中国需要有技术含量的创新，而非单纯的创业。

张燕生：从创新的角度来讲，我非常同意你的这个观点，那就是：创业到创新之间的鸿沟是很大的。因为创业不求有新市场、新管理、新要素的组合方式和新的商业模式和新技术，能够满足一些碎片化需求的就算是创业；而要创新则必须要有新的产品、新的市场、新的管理、新的模式，新的要素组合方式，要有本事把科学家的科学发现，把工程师的技术发明，变成市场、产品、利润，就是我们讲的"企业+才干"，才能真正推向创新。

从目前看，要有更好的知识产权保护，要更好地鼓励创新，为创新融资、投资和打造品牌，有更高经济的自由度和更好的法制。市场在资源配置中间起绝对作用，从理论到现实，更好地发挥政府的作用，增加公共产品和公共服务，双引擎地推动经济。大众创业现在进步是比较显著的，而万众创新的这个引擎，还是需要一段比较长的时间。"双创"对目前经济的贡献是比较显著的。

这一轮创业大潮有哪些泡沫？何时"退潮"？

邱震海：1999—2002年的科网股泡沫，至今仍令人记忆犹新，甚至谈虎色变。虽然时隔多年，时空环境都已不同，但当年的教训还是对今天的创业和创新具有警示意义，或至少没有坏处。

张燕生：从泡沫的角度来讲，1999年是上一轮IT泡沫兴起比较快的时间点。1999年的时候，只要有好的创意、好的方案，风投也好、PE也好、创投也好，有很多人给几百万、几千万的钱，使一个创意和一个商业方案实现一轮又一轮的融资。

邱震海：上市目标基本上都是纳斯达克，到纳斯达克上市最快。

张燕生：到纳斯达克上市有退出机制，所有风投、创投、PE都兑现了，融到资以后，估值可以很高。在美国，传统经济和新经济区别很大，新经济往往像微软、英特尔、戴尔等，估价都很贵，传统的PE、石油公司、花旗银行，估值远不及新经济，这就形成股票市场的激励。大家愿意疯买新经济题材的股票，不愿意买传统经济的。

邱震海：最后导致泡沫破灭，时间点非常重要。我之所以感同身受，是因为当时我参加了香港的上市公司，当时我们的竞争对手只是比我们在美国早上市三个月，就融到很多钱。当时技术条件还是固网、宽带，中国内地还没有宽带。如今这一轮则是移动互联网和大数据。

张燕生：2001年上一轮IT泡沫破灭。2000年全球投资的规模是1.5万亿美元，在泡沫鼎盛的时候，投资名列前三位的，第一位是IT，第二位是金融，第三位是实体经济，像矿业。在2001年IT泡沫破灭以后，全球投资从1.5万亿美元下降到8000亿美元，泡沫一破，全球投资下降到53%，出现了泡沫破灭以后的损失和代价。而且从2001年一直下降到2004年，很长一段时间全球的投资都是低迷的，全球经济也是不景气的。在这个时候，美国的新经济繁荣周期终结，但它不想接受，想永远繁荣，希望IT的创新浪潮像永动机一样始终推动美国往前走，就搞了金融。金融创新是以什么为它的特质？房地产。比如你可以融资105%，100%的本金，5%或10%的装修费用。穷人说，我没有钱还。债主说不要担心，你的房子明天比今天贵，把它卖掉还债，还能赚钱。现在呢？是不是我们全世界又开始很像这个"金融创新"的感觉？

邱震海：现在我们的技术载体是移动互联网和大数据，当时是固网和宽带，这一轮的泡沫如果起来，一定比 2000 年美国那一轮更大。

张燕生：那一次有搜狐等几家，这次中国有阿里、腾讯、百度，还有各种跟互联网相关的企业，有没有泡沫？一定有。我跟互联网公司老板谈的时候，他们也承认有泡沫。这个时候很像 20 世纪 90 年代末，只要有好的题材、创意，有大家觉得还靠谱的想法，就可以融得一轮又一轮资金，然后开始烧钱，没有盈利，商业模式还在探索中，但钱是源源不断地烧。

邱震海：目前的情况是，不能说全部，至少相当一部分创业企业家心里想的是如何尽快上市，而资本的目的也在于此。最好是在一个点上市，20 倍、30 倍，甚至几百倍的增值，然后套现。

张燕生：一旦上市，新题材会得到股民追捧，可能从几块钱、几十块钱，到几百块钱，所有前期投资吹这个泡沫的人都得到丰厚的收益。从上一轮 IT 泡沫的教训看，虚拟化、泡沫化最后会产生空心化，一旦破灭，对大家的损害会非常大。

邱震海：现在像买股票一样，当菜场的大妈都买股票时，你就要退了。现在在资金进入创业这个时代，其实已经到了同样的时刻。现在股权专家都在鼓吹，个体过去 10 年靠什么赚钱？房地产，尤其是在 2009 年之前，而未来 10 年则靠股权赚钱。你怎么看这个问题？以我的观察，新经济的泡沫正在吹起，通过股权套现的泡沫已经出现了。

张燕生：这两个观点我都同意。道理很简单，无论靠房地产还是股权，说透了是靠泡沫赚钱。泡沫赚钱像击鼓传花一样，看泡沫最后破在谁手里，破到谁手里，谁就倾家荡产。像股权，如果泡沫破灭以后，持有股权的企业或机构或资产，它的价值就会大幅度的下降。它可能是资产、收益，可能是净负债。如果是净负债，那你还有钱吗？不但是没有赚到钱，还得赔更多的钱。从这个角度来讲，一定要记住上一轮泡沫经济破灭的教训——很多企业持有这种高风险、高泡沫资产，最后导致破灭。美国雷曼倒了，还有好几家企业都倒了，如果不是美国救市，世界顶尖的投行都该倒闭了，包括 AIG 国际贸易公司。通过这件事应该汲取的教训是，手里持有三个资产——地产，有风险；资本，是最赚钱的，但是有风险；经营实体，一样有风险。但三个风险是不一样的。

也就是说，资本的风险和地产的风险，尤其是经过衍生工具和证券化以后，都有很高的杠杆，一旦破灭，损失是加倍的。实体经济的杠杆率比较低，赢不会那么快，赔也不会那么快。这就取决于你是什么类型的人，风险爱好者、赌徒，就喜欢赢钱、输钱的心跳；还是赔1块钱的痛远大于赢1块钱的快乐那种？我是尽可能的不冒风险。什么样的人，决定是持有地产，还是持有资本经营，还是做实业家。因此我们建议，属于"风险厌恶者"的实业家和投资者，尽可能远离以高科技为题材、以房地产为题材、以金融创新为题材的泡沫性资产。否则，从历史经验看，这些泡沫破灭以后，曾经得到暴利的企业会输得很惨。如果你是赌徒，就喜欢赌博的心跳，那就是另外一回事了。绝大部分人是这样的。在这种情况下，我个人觉得还是本分为好。

2020 年前后：中国企业大洗牌？

邱震海：做本分人，说说容易，做起来很难，关键是很难抵挡利益的诱惑。但这一切都取决于中国的实体经济究竟是否具有坚实转型的基础。如果实体经济能让人有足够稳定赚钱的机会，也就不会有那么多人容易受利益的诱惑。因此，还是回到原点：中国实体经济的创新情况究竟如何？什么时候是一个拐点？

张燕生：现在我们看到的是飘上来的部分，水下的部分还都没有看，很多企业都在潜泳。潜泳之后会有几个不同的发展方向，一个方向是往创新走，比如为什么通用电气（GE）会把家电卖给海尔，是因为海尔进行了彻底的商业模式创新。有些科技创新的企业不断取得技术突破，华大基因最近在基因谱方面就有很大的进展。创新特点是：第一，投入很贵，无论人才还是设备都是很贵的；第二，风险很大。要探索一个新的东西，表面看起来快要成功了，99%的工作都做完了，就剩1%，可这1%可能需要10年，扛得住吗？但创新回报也是很大的。在创新活动中，越来越多的潜泳企业前赴后继。但是，潜泳过程中还有很多企业是停滞不前的，水退去它还在原地，甚至还有很多的企业倒着游，不是往创新方向游，而是往反的方向游。

邱震海：这有点像春秋战国群雄争霸的局面。2020年前后能见分晓吗？

张燕生：2020年能见分晓，会有一次退出。但2020年前后，会有大水漫灌看不清的局面。这是一次退潮，一旦退潮，一切真相大白。往前游的企业，除了有牺牲者以外，在产品、市场、管理、商业模式、技术的创新方面取得了绝对优势，它们是领跑者，别人想追都难。

邱震海：这个退潮是什么？什么样的变化将导致这个退潮？

张燕生：一般在繁荣情况下大家看不出来，都能赚到钱。一旦开始调整，真正走向新经济，会有一次调整、振荡、盘整，这时有的企业需要渡过难关。我个人认为2020年前后会有一次。美国在1989年到1990年就有一次盘整，衰退结束，创新企业过关了，有些企业被卡住，退到大海里全部淹死了。

邱震海：中国经济2018年到2019年有大的退潮盘整，这是在考验中国企业新旧经济转型，谁能成功，谁又最终会以失败退场。

张燕生：无论对国家还是对地方，无论对企业还是对个人，都会遇到一道坎儿。旧的火车越开越慢，会停下来，新的火车一步一步提速。这时每一个人都要抉择，是在旧的火车上慢慢走向终结呢，还是在新的火车上重新飞奔呢？

2020年前后：什么样的企业将被淘汰？

当我们说"2020年前后将会有一次企业大洗牌"的时候，其实是在表达两个意思：一、2020年前后，那些依然在旧经济形态下生存的企业，将面临大浪淘沙，被清洗出局的命运；二、2020年前后，那些虽已赶上这一轮创业大潮，但从骨子里不具备创新基因，而只是在新经济的外壳下，卖着旧经济的内涵，这些企业也必然将被淘汰。

当然，实际情况将远比这短短的一段文字要来得复杂。但我们先看看这两种情况将如何发生吧。

2012年年底，我到武汉给一批企业家讲课，当时涉及的话题就是如何在新经济形势下寻求转型的机遇。如前所述，2012年对中国来说是一个重要而敏感的年份：那一年，中国16—59岁的劳动力总人口达到峰值，意味着人口红利在中国的正式结束。既然这样，中国经济增长的引擎就必须从早年的简单生产要素拉动，转型为创新拉动。创新，作为中国经济增长的引擎，在2012年正式登上历史舞台。也正有鉴于此，我们在本书的前面章节提出"2012年之前，谁创新谁死；2012年之后，谁不创新谁死"。

就在2012年年底的那次与企业家对话中，一位企业家说了一句至今仍可被视为"经典"的话："我的产品还卖不出去，企业面临裁员压力，你让我怎么向创新转型？"那一年，中国企业产能过剩、出口滞销、内需无力等困境都已出现。因此，站在那位企业家的角度，谁都可以对他的困境感同身受。但现实是残酷的，趋势更是无情的，那就是：2012年之后，谁不创新谁死。

从那时到现在，已是5年过去了。我不知道那位企业家目前的生存状态如何了。但我只知道，过去5年，因为移动互联网，我们的生活发生了翻天覆地的变化；我更知道，未来5年，以5G为代表的移动互联网、大数据和人工智能，将使我们的生活发生比过去5年更为翻天覆地的变化，凡是跟不上这一潮流的企业和人们，都将面临被淘汰的命运……

2013年年底，我到陕西某市调研。这是一个靠煤矿产业起家、致富的城市，一度被称为"中国的科威特"。但那几年煤价的大跌令其举步维艰，因此亟须谋求转型。但一个以煤价起家的城市，究竟该向哪个方向转型？这个城市的管理者想到了"红色旅游"这个概念，试图以其靠近革命圣地延安为"亮点"，打造其经济转型的新起点。

那天开完会已经深夜，我走在这个城市的街道上，只见到处是黑压压的一片，很少能看见灯光、街市和人气，但走近一个几无人烟的住宅小区，一问均价，却已经超过一万元！

在这么一个几无人气的城市，仅靠"红色旅游"是否能拉动其经济转型？明眼人都可看出，若论"红色旅游"，人们恐怕首选的是延安、遵义和井冈山，怎么也不会轮到这三个地方的周边小城！也正是在这个城市，一个从事技术开发的企业家对我说了另一个可谓经典的话："房地产主导经济的势头若不压下去，实体经济将无生存之地。"

当我现在写下这段文字的时候，大脑里浮现出来的，不光是过去 5 年里的情形，更多是未来 5 年乃至 10 年的各种情形。原因只有一个：从现在开始，未来 5—10 年，科技革命改变我们的速度将更快，力度将更猛！在这股潮流面前，任何想固守原有形态，抑或只想通过改头换面，投机取巧获得"新生"的举动，恐怕都将难以为继。

其实，未来 5 年的复杂程度，将远远超过上面描述的这些范围。

世界如此复杂，趋势何以残酷！一切就视乎我们如何认知！

记得很多年以前，在谈到哲学的任务和使命时，经常使用的一句话是："哲学不但要解释世界，更要改变世界。"这是一句充满勃勃雄心的话语。但也许我不是哲学专业出身的缘故，这么多年了，从中国到西方，又从西方回到中国，我居然从来没有怀疑过这句话。

直到前几年我的母校一位哲学家对我说了下面这段话，我才觉得豁然开朗："这么多年，我们一直认为哲学不但要解释世界，更要改变世界；但这么多年过去了，当我们在改变世界的时候遇到这么多挫折、弯路甚至错误之后，我们才认识到，在改变世界之前，最重要的其实还是解释世界。"

用哲学语言和思维来谈论经济和企业转型，对很多企业家来说，也许显得有些过于深奥和遥远了。但只要记住一点：准确认知我们面临的环境，亦即这一环境的趋势和走向，往往比我们盲目采取行动更为重要。

二、与你前途有关的外部环境，你知道多少？

既然这样，那就让我们来看看，身处其中的国际环境已经发生了哪些微妙而深刻的变化。

当我们这么思考的时候，忽然发现，10 年前曾风靡一时的《世界是平的》一书，其实在过去几年里已悄悄地过时了……

畅销书《世界是平的》已经过时？

曾几何时，由《纽约时报》专栏作家弗里德曼撰写的《世界是平的》一时轰动全球，原因就是弗里德曼以大量的亲身经历说明，一个资源全球配置的时代已经来临，世界即将或已经连成一体。其实，从本书前面的分析中可以看出，我们经历的这一轮全球化，在人类历史上已经是第二次全球化的历程了，第一次发生在 19 世纪下半叶电气化革命之后，最后导致了第一次世界大战的发生。

当 2007 年《世界是平的》出版并引发全球震撼时，由第二次全球化所引发的全球资源（包括土地、金融、生产、人力、国力等）的竞争已经开始，过去 10 年里达到了几乎白热化的状态。就在《世界是平的》一书出版 3 年后，美国高调介入了原先由 4 个国家发起的 TPP（跨太平洋伙伴关系协定），并将其重新设计、打造成一个针对中国的贸易组织，其背后的战略意图就是要阻断中国参与塑造全球贸易秩序的道路。2015 年 10 月 5 日，当 TPP 的 12 个成员国完成谈判时，时任美国总统奥巴马说了一句话，可谓一语道破天机，"我们不能把 21 世纪的贸易规则交给中国来改写"……

2017 年 1 月特朗普上台，第一件事就是撤出 TPP。当然，特朗普此举纯粹出于提振美国国内经济考虑，但这不等于特朗普对全球化就有好感。相反，特朗普的贸易保护主义态度人所皆知。"特朗普现象"的产生，本身就折射了全球化过程中出现的许多问题，其中包括全球范围内产生的贫富不均。

恰恰在这个时候，另一股潮流汹涌而来，那就是本书之前详细分析的第四次科技革命的潮流。就其本质而言，全球化与第四次科技革命是两个完全不同的范畴，彼此之间不构成互相竞争与干扰。前者是世界生产与贸易秩序的重新规范，而后者则是推动人类生产和生活方式变化的技术力量。但两者如果在同一时空背景下发生，对一个如中国这样的正在上升的经济体而言，还是有一个战略选择的过程，或至少是多了一个经济发展战略的选项。

10 年后再回看《世界是平的》一书可以发现，这本书里的结论虽然没错，但在未来 5—10 年却将被另一股浪潮所取代。

就这一世界经济与科技的宏观问题，我与张燕生也展开了一场对话：

邱震海：弗里德曼写的一本书叫《世界是平的》，《纽约时报》的畅销书，2007 年出版。那时我看了一遍，很受启发；现在又看了一遍，觉得这本书似乎过时了。书中举的例子都是 2002—2004 年的，亦即整个世界产业分工、资源配置正呈现全球化的趋势。作者是记者，不是学者，用了很多现场的采访稿，如印度公司的原料来自哪儿？配送来自哪儿？运送到哪儿？于是他在飞机上跟他的妻子说："我发现世界是平的。"他想用这种表述证明全球化的趋势。

张燕生：你为什么现在觉得这本书过时了呢？

邱震海：我有几个思考点：第一，全球化不能说过时，但从美国这几年战略看，有意把全球化转变为边缘化、空洞化、区域化则是一股"逆流"。中国作为过去近 40 年全球化的受益者，当然是全球化的支持者；未来若有机会，中国也当仁不让地将成为全球化的领导者。但是，过去 40 年的全球化所带来的弊端也是不可忽略的，其中最主要的就是贫富差距的扩大。再加上美国作为这一轮全球化的领导者，目前正在内部考虑关上全球化的大门。

第二，这一轮中国的机会并不一定是全球化，而是科技浪潮，以及它即将带动的产业革命浪潮。前面我们曾讨论过去250多年里几次科技革命对人类进步的推动。从18世纪开始，每一轮的产业革命都是由科技革命引领的，英国的纺织机迅速带来工业革命，花了100年不到的时间。从19世纪末起，以电气化为特征，迅速带来第二轮的产业革命，比如电话、电报等，这时也可以说是第一次全球化产生了。第三次科技革命是以信息化为特征的，发生在二战以后，是自动化带领的。第四轮，随着互联网产生信息化的浪潮，也是信息革命。现在，我们可能面对第五轮科技革命的浪潮——智能化，这一轮的产业革命刚刚开始。

今天的中国经济既遇到挑战，那就是转型；但也遇到机遇，那就是第四次科技革命正在走来。这个机遇如果抓住并抓好了，中国经济就可能在转型中实现超越，即实现"弯道超车"。

张燕生：你回顾这段历史是非常有价值的，从1870年到1913年，人类社会第一次进入全球化时期，我认为全球化时期有三个特点。

第一个特点，开放驱动。什么叫开放呢？首先，1870年创立了国际金本位制度，国与国之间的投资、交换、竞争是以金本位为汇率基础，不用担心汇率风险，是固定制度；其次，这个时期，贸易的自由化蓬勃发展。我们今天讨论的，比如国与国之间的关税、零关税，国与国之间关系非关税，关税的取消或降低，国与国之间贸易投资的便利化，在这个时期都是蓬勃发展的。

第二个特点，市场化驱动。国与国之间交易按什么方式进行？是按照市场配置资源起决定性作用来进行的。凡是全球化时期都伴随着发达国家、发展中国家和转型中国家的市场化改革。进行到一定程度，出现全球化。

第三个特点，创新驱动。开放全球市场，竞争格局加重，往往会出现世界性的科技革命和世界性的产业革命。

中国人怎么看全球化？中国人对全球化有两个基本的判断。第一，从世界经济史的角度看，凡是经济全球化时期，都是世界经济增长的黄金时期，搭上了全球化这班车就能得到快速的经济发展。中国人把全球化看作一个机遇。党的十八大有一句话"我国发展仍处于可以大有作为的重要战略机遇期"，就是讲世界经济是全球化时期，是快车道、是机遇，这就是中国人对全球化的第一个判断。第二个判断是从世界史上看，全球化时期往往是世界的货币危机、银行危机、金融危机高频率发生的时期。1870—1913 年的全球化，最后结果是两次世界大战。

全球化曾带来哪些教训？

既然已经谈到全球化的问题，就不能不谈历史上全球化曾经带来的经验和教训。

最近一些年，很多人都在说，世界已经进入全球化时代，你中有我、我中有你，因此大国之间不可能发生战争。这一说法听似有理，实则似是而非。在这个时候，有必要回顾一下，19 世纪下半叶第一次全球化曾经导致的各种矛盾犬牙交错。当然，时空环境变了，但人类社会似乎总有些规律性的东西是可以深刻研究并汲取的。

我与张燕生的对话在继续中：

邱震海：国际关系理论认为大国之间不会发生战争，全球化是你中有我、我中有你的时代，"地球村"不会发生战争，牵一发而动全身，代价太大。但 1880—1900 年德国的军力强大、国力强大是因为搭上了全球化创新的浪潮。全球化本身没有阻止、推延战争，相反还有可能引发利益冲突并继而促发战争。这个悖论的提出是对主流思维的反向思考。

张燕生：就像修昔底德陷阱，当德国由弱而强，德国作为一个新兴大国，它要求现有的国际经济秩序要满足它的利益诉求。当不被接受时，它有可能用战争，世界大战的方式来实现它经济大国的权益。就像我们看《动物世界》时，新猴王和老猴王在猴群里，老猴王和新猴王要斗争厮杀决定谁是王。第一次世界的经济全球化的结果确实走向了世界大战。

后来，国际社会反思两次世界大战产生的根源，第一次世界大战结束以后达成了《凡尔赛和约》，和约要求战败国对战胜国战争赔款。这个战争赔款是 3700 亿美元。德国人为了还赔款向英国人借钱，英国人向美国人借钱。到了 1929 年大萧条的时候，美国人没有钱借给英国人，英国人没有钱借给德国人，德国借不到钱，要勒紧裤带，经济受到严重影响。这种情况下极端分子希特勒上台，直接导致第二次世界大战重新对全球化的成果和地位发起挑战。

因此国际社会在二战结束以后反思，为什么二战紧接着一战爆发？因为《凡尔赛和约》没有解决好战胜国和战败国的利益分配。因此国际社会形成一个共识，如果战胜国不要求战败国赔款，反而帮助恢复它的经济发展、国泰民安的话，希特勒不会上台，打仗就可以避免。因此二战结束以后，国际社会对战败国德国没有像第一次那样，索取高额的赔款，而是扶持它战后恢复，让它融入国际社会中。

今后新兴大国和守成大国之间，是不是非要用战争的方式解决问题？像有些学者讲的，往往守成大国会用两种方式压抑新兴大国？第一，用所有手段遏制它、压制它，防止形成对自己的威胁。第二，把全球公共产品的供给责任推卸给它，压垮它。现在来讲，确实中国和美国就面临修昔底德陷阱的困境，美国有人认为中国和美国之间，新兴大国和守成大国之间，必然是你输我赢的零和博弈。中国有几千年的历史文明，她认为守成大国和新兴大国之间，可以不冲突、不对抗，可以相互尊重，在地球村里互利共赢。现在美国方面不接受中国的新兴大国关系，双方在战略上的猜疑大于战略上的互信。

邱震海：整个 19 世纪是属于英国的时期，英镑占据 19 世纪经济本位，到了 19 世纪下半叶，美元对英镑温和挑战，美国经济总量和工业总量成为世界第一，当时的美国类似于今天的中国，国家经济总量占全球第一、第二，货币地位上升。1890 年俾斯麦下台，到威廉一世，他的继任者上任开始牛起来了，要搞世界政策，变成世界大国，同时要搞舰队政策，海军力量要走出去。英国受到来自两个国家挑战。德国失败了，美元一战以后顺理成章地取代了英镑。今天这一逻辑的表象多多少少有些类似，霸主是美国，挑战者只有一个国家，但却是对一个国家两个侧面的夹击，一个是中国经济实力的载体人民币的挑战，另外是军事实力，尤其是海洋冲突。

张燕生：从历史来看有点像，深究一下会发现还是有巨大差异的。首先，主体当事国不一样，英国、美国、德国都主张先发制人，对世界都有着某种使命感，强大了就要走向世界。中国不太一样，习总书记对中国的崛起有一句话，叫"国虽大，好战必亡"，他曾经讲，中国在历史上曾经长期是世界上最强盛的国家，但却没有留下殖民和侵略他国的历史。按照经济合作与发展组织（OECD）已故经济史学家麦迪森写到的，中国经济的长期表现，1820 年中国 GDP 占世界比重是 32.9%。而1820 年是不是历史上中国 GDP 占世界比重最高的时期呢？其实不是，因为在过去的历史上，在中国的强盛时期，比如唐朝，那时中国 GDP占世界比重比 1/3 还要高，可以接近一半。

习总书记讲"国虽大，好战必亡"，中国确实没有留下侵略他国的历史。郑和下西洋送的是丝绸、陶瓷，没有像哥伦布那样。历史有相似的地方，但不同的是这次强盛的主体是中国，不是殖民和侵略他国的国家。她的文化第一个特点就是平等，认为国与国之间，在历史上、在今天、在未来，都要构建平等的国际经济秩序。第二个特点是包容，和而不同。中国对不同的宗教、制度、文化都是比较包容的。比如在人类历史上，伊斯兰教进入中国最后形成了中国的伊斯兰教。第三个特点，中国文化包含共享。

因此，中美之间，中国和世界之间，在走向未来文明的过程中，中国可以探索出第三条道路，不会像当年的德国、美国、法国，都是用战争方式。《凡尔赛和约》为什么会有战争的赔款呢？因为当时的普法战争，法国战败赔偿巨额赔款，今天法国胜了为什么得不到赔偿呢？中国与他们还是有民族、文化的差异的。

还有，现代经济全球化给世界带来的影响是有不同的。第一个不同，这一轮全球化是 1990 年开始，1990 年美国 GDP 占世界 GDP 比重 26%。但 2011 年美国 GDP 占世界比重是 32%。危机爆发的时候，2009 年或者 2008 年，美国 GDP 占世界比重大致是 23%，现在可能 23% 都不到。这一轮全球化中间的重要变化就是，美国经济在全球经济的影响力是下降的。谁的影响力是上升的呢？中国。是谁推动这一轮全球化的呢？美国。美国相信它有全球绝对的军事霸权、政治霸权，有金融和货币的特权、有华尔街、有美元，足以推动全球化。

邱震海：结果并不尽然，这就是美国开始把以 WTO 为载体的全球化空洞化，组建 TPP、TTIP 等的原因。

张燕生：全球化走到一个十字路口，可能往前走，也可能往后走。美国开始推动 TPP、TTIP，不带中国。虽然 TPP 已经是过去式了，但全球化导致的美国人的战略警觉是不可忽视的。

邱震海：当时，TTP 把越南也拉进去了，越南经济增长水平高于中国吗？这是说不通的。过去说中美之间是相互依存的，现在随着人民币的国际化，跟美元慢慢脱钩，贸易总量甚至国力开始超过美国。再加上国际秩序话语权的改变，过去中国是规则的接受者，慢慢要成为规则的制定者之一，这种变化是非常巨大、非常深刻的。在这种情况下，中美脱钩，导致产生冲突的概率上升。

张燕生：我是非常同意的，有一个学者罗奇，写了一本书叫《失衡》，书中观点就是说中美关系失衡，已经达成相互依存的关系，如果一方转型另一方没有转型，平衡关系就会破坏。破坏会产生冲突、对抗、矛盾、分歧。这样一来，中美两个负责任大国怎么掌握风险，成为我们要讨论的重要问题。

洗牌的年代：需要通才，而非专才

全球化不但不可能防止冲突、战争的产生，相反还可能是冲突、战争的重要推手。这个结论是震撼的，但却是我们从对第一次全球化进程的研究中可以得出的一个痛苦结论。

今天，我们从新闻媒体上看到的各种地缘冲突（主权国家之间的冲突）和非传统安全（包括恐怖主义在内的各种威胁），如果深究其背景，有相当程度乃植根于全球化的土壤和进程之中。中国在过去30多年受惠于全球化，并由此在短短的30多年时间里，由原来的"全球化受惠者"一跃而成为世界经济规则的重要重塑者。因此，今天的中国可谓站在全球化的十字路口，无论是从继续推进全球化进程，还是从同时规避全球化可能带来的进一步冲突的角度，都负有极其重要的责任和使命。在这个十字路口，历史和国际的视野无疑是非常重要的。

但与此同时，对已深度卷入全球化和世界科技革命浪潮的中国来说，下一个问题就是：这个时代要求人们具备什么样的视野？

前面曾提到《世界是平的》一书的作者弗里德曼。这里，我要提到另外两个美国人。这两个美国人都出身政界，知名度各有高低，但都在这个历史的重要拐点上进行并发表了他们的思考。

第一个美国人是阿尔·戈尔，克林顿时代的美国副总统，2000年与小布什角逐美国总统，功亏一篑，饮恨而退。这之后，戈尔退出政坛，专心从事应对气候危机的非营利事业，同时撰写了一系列畅销书《濒临失衡的地球》《不愿面对的真相》《攻击理性》《我们的选择——解决气候危机的计划》等。他参与制作的纪录片获得第79届奥斯卡金像奖。2007年，他和政府间气候变化委员会一起获得当年的诺贝尔和平奖。

前几年巴黎气候大会之前，戈尔的团队曾经和我联系，希望能在巴黎气候大会之前，由我的节目和世界著名电视节目一起，同步直播戈尔团队参与制作的纪录片。后来由于技术原因，这一合作没有成功，但戈尔在全球气候变化问题的努力，却一直是我关注的对象之一。

2013年，戈尔出版了《未来——改变全球的六大驱动力》一书。该书第一章开宗明义写道：

工作的数字化以及曾经称为自动化的机制的戏剧性和相对突然性同时带来了两种巨大变化：

一、工作从工业化经济体外包给人口众多、工资较低的新兴发展中经济体；

二、机器化处理、计算机程序、各种大小和形状的机器人，以及仍处于初级阶段但每年都在不断改善效能、作用和能力的人工智能等代劳人类的工作；

……

正如18世纪最后25年，北美13个美洲殖民地作为一个整体涌现，正如意大利古代城墙包围的城邦在19世纪下半叶终于成为统一的国家，全世界现在也作为整个单一的经济体涌现出来，迅速走向完全一体化，至少在工商界和科学界，以及在大多数新科技向全世界商业中心的迅速扩展中，这已经成为现实。

在政治和政府政策领域，民族国家依然是主角。在心理上和情感上，以及我们构建自己身份的方式上，我们大部分人的思想和行为照旧，似乎我们仍然生活在从小就了解的世界里。然而事实上，就生活的和经济现实而言，昨日的世界正从时限中消失。

戈尔的这段话，字数不多，但几乎涵盖了我们前面讨论的全球化和科技革命这两个正在疾速冲击我们生活形态的潮流，同时更切入我们今天面对的经济、科技一体化，但政治、战略依然高度分裂的现状。

在这种高度分裂的现状下，21世纪的世界将如何发展？又走向何方？确实值得思考。而这显然不是依赖单一的学科知识和思维所能完成的。

我在以前的著作中指出，今天的中国已经呈现出一种"立体型复合式结构"，亦即表面看上去的军事问题，说不定背后连着经济和民生；抑或表面的经济问题思路，说不定背后连着政治考量。

中国如此，中国置身于其中的世界也是如此。

我在很多场合经常引用法国人的一句名言:"战争太重要了,不能只把它交给将军们。"这背后的深刻含义值得细细玩味和体会。

本书前面的章节曾谈到人工智能。细心的读者也许能从中嗅出,我对某些缺乏哲学思维的人工智能科学家,其实是抱着高度怀疑甚至批评态度的。延伸法国上面的那句话,可以把它改为:"人工智能对人类太重要了,不能把它只交给人工智能科学家们。"

同样的道理,香港学者丁学良多年前有一句话,曾引起轩然大波:"在今天的中国,能被称为经济学家的,不超过 5 个人。"风波归风波,实际情况是:今天,10 个经济学家能给中国经济开出 20 贴"药方";但最后得以实施的必定是第 21 个方案,因为只有这第 21 个方案,才是跨界和整合的。

这个世界是分裂的,而且还将越来越分裂:经济全球化与政治民族主义化的分裂,科技现代化与观念保守化的分裂,生活形态走向明天和思维形态留在昨天的分裂。

但这个分裂的世界,恰恰需要整合与跨界的思维。只有这样,这个世界才有未来,生活在这个世界里的人们才有未来。

另外一个美国人没有戈尔那么出名,但只要说出他曾经做过的事情,你恐怕也会大吃一惊。

大家都记得 2008 年美国总统选举,奥巴马横空出世。之前从无任何担任州长经历的他,仅担任 4 年参议员后就荣登总统宝座。再往前推 4 年,2004 年 10 月,我在美国中部一个州第一次见到奥巴马,那时他刚担任参议员。有了解美国政情的人士悄悄对我说:"这个人 8 年后可能是美国的总统。"没想到,奥巴马 4 年后就当上了总统。

奥巴马 2008 年当选,创造了美国政治史上的许多个"第一":这是第一个有黑人血统的美国总统;这也是第一个之前没有任何行政实务经验的美国总统,不需经过几次选战的考验就轻松登上了总统宝座。奥巴马的当选,让之前美国政坛上多少历经多次选战而依然饮恨而退的白人老牌政客"泪洒疆场"……

这背后，自然是很多助推的力量。除了各种政治、财团势力外，必须承认，直接诉诸年轻选民的新媒体和社交媒体发挥了很大的作用。而奥巴马竞选团队中，新媒体和社会媒体的直接操盘手，是一个当时只有30多岁的年轻人，名叫艾力克·罗斯。

艾力克·罗斯出生于20世纪70年代初的美国西弗吉尼亚州。在美国，这是一个相对比较贫困的地区。有人说，这是一个地区遭遇后工业时代的衰退和全球化冲击的样本；也有人说，这里远离发达地区和政治、经济中心，年轻人很难走向成功。但就是从这个地方起步，艾力克·罗斯居然当上了2008年奥巴马竞选团队的主要干将。所以，后来有人说，打个不恰当的比方，从西弗吉尼亚走出来到华盛顿特区闯一番天下的艾力克·罗斯，仿佛一个山西小城的青年后来在中南海有了一番作为。

奥巴马当选总统后，有人总结说，如果没有新媒体的介入，从无行政经验的奥巴马根本不可能获得成功。这其中，出身卑微的艾力克·罗斯自然是个大功臣。

奥巴马当选后，为了酬谢艾力克·罗斯，把他推荐给了时任国务卿的希拉里。希拉里很快就任命艾力克·罗斯为主管新技术的特别顾问。奥巴马第一任期，艾力克·罗斯的任务之一就是用新媒体来为美国建立新的国家形象。2012年3月，我在中国香港对他进行独家专访，发现这个小个子、年纪比我小9岁的美国人十分聪明，对全球各种事务的了解也十分到位，甚至有着自己非常前卫的看法。我当时的直觉是：这个人的能力和野心，将绝不仅止于做国务卿的特别顾问。

果然，时隔将近5年之后，有一天我忽然收到艾力克·罗斯发给我的一个电邮。

这么些年来，我的邮箱里，每天要收到几十封来自各个国家政府和智囊机构的电邮，绝大多数是常规发送。坦白地讲，我忙起来根本顾不上看，有时只能在周末进行"回放"和"恶补"。但艾力克·罗斯的这封电邮却立刻引起了我的注意，因为他的开头是这样写的："Peter，好久不见！希望你一切都好！"

这是朋友间的电邮的开头方式，有别于绝大部分常规公文电邮的发送方式，自然会引起我的注意。在电邮里，他告诉我，他即将参选马里兰州州长的竞选，希望在这过程中能得到我的帮助，或至少能让我持续了解他的竞选动态。

就是这么一个小小的细节，凸显了这个比我年轻 9 岁的男人的天分。我相信，这是一个通发电邮，但就是这么一个专门设计的细节让大多数人都会点开他的电邮，并对他予以持续的关注。

在这之后，他经常会以朋友聊天的方式，在电邮里告诉大家，他最近做了些什么，对趋势和潮流有些什么新的想法等。我相信，对他的竞选活动，我能提供的帮助几乎为零，但就是由于这些让人有好感的电邮，我开始关注他的与政治有关和无关的各种活动，并知道他前几年还写了一本书，书名就叫《未来世界的产业》。

顾名思义，这本书探讨的就是未来世界的产业分布及其格局。要谈这一点，首先离不开对方兴未艾的科技革命的把握。罗斯在这本书里涉及并看好的产业有：机器人、个性化医疗、被代码全面渗透的金融市场、大数据。

他在书中写道：

随着大数据不断被大范围接受，它将成为任何产业都可以使用的商品。对有着专业技术可以自己创新的股东来说是个千载难逢的机会。但是如果他们犹豫太久，机会就会青睐加利福尼亚州那些二十几岁的年轻人。某个产业适应速度越慢，最终就会越有效，就像优步这种没有太多专业知识的创业公司超越拥有几十年领域专业的老牌公司一样，有句名言说的就是这样："要么适应，要么毁灭。"

……

随着大数据市场在未来几十年的不断发展，拥有当地领域专长优势的古老工业中心能够因此复兴……我们没有理由对大数据公司将在全球遍地开花的前景感到沮丧。它只是把算法的专业知识和领域专长相结合，比如，在输掉互联网带来的财富积累后，如今德国决定将本国的领域专长优势应用于物流和家用电器，以占领传统工业领域的分析市场，这项计划又被称为工业4.0。

……

熟悉多种文化在一个全球化程度进一步加深的商业世界已经越来越重要，还有一些和我有过交流的思想家和专家强调一套不同的技能或者说外语只是等式的一部分。很多人认为，现在的小孩必须同时掌握科技、编程和科学语言。如果大数据、基因组学、网络和机器人都是未来的重点发展产业，那么，要想以这些产业为生，就需要掌握背后的各种编码语言。

……

在这个时代，小孩最需要什么技能？……很明显，最重要的是分析能力。人们做的大多数常规的事情将被电脑取代，但是人会管理电脑，因此分析能力绝不会过时。

……

我交流过的许多人都推崇由来已久的博雅教育，它的核心是"学会如何思考"。……重点是要通过跨学科的方式将科学和人文结合起来，为孩子们构建一个没有学科对立的世界。

农民工将被机器人替代？

如果说，上面讨论的都是一些宏大的命题，让我们再从宏观回到微观，看看未来的中国经济在这一宏观趋势下，将受到哪些影响。

我与张燕生的对话还在继续：

邱震海：现在讨论的问题是比较宏观的。再回到经济，这轮全球化和IT革命是伴生发展的，它对未来全球和中国经济的影响究竟如何？

张燕生：它对经济产生的影响就是，过去的国际分工都是产业之间的分工，生产劳动密集型和生产资本密集型等。后来由产业之间的差异产生的国际分工，变成产业内分工，比如都生产汽车，但你生产的是奇瑞，我生产的是丰田，他生产的是通用和奔驰。我们的差异是品牌、质量、性能，这就形成一个产业内的分工。在全球化和上一轮信息技术革命带来的技术变化中，叫产品类分工。我们都知道手机的生产商，比如苹果或者三星。

邱震海：这其中是全球化下的各种资源的全球分配。

张燕生：对。产品不同的环节，分别在不同的地方完成不同的工序、不同的环节，可以在世界上不同地方完成。怎么选生产的地方呢？取决于这些要素在国家之间的流动性。技术可以全球流动，原料设备可以全球流动，劳动力不可以全球流动。中国的有2.7亿农民工参与国际分工，这2.7亿农民工如果到了欧洲、德国、日本，谁都受不了。怎么办呢？什么要素不能流动就在那里设厂，把可以流动的工序环节完成以后，在那里完成最后的加工组装。老百姓是不可以自由流动的，因此最后一道工序就放在中国完成。技术是别人的、品牌是别人的、零部件是别人的，终端的加工、组装、装配是在中国完成的。

因此，国际资本都要到中国投资，用中国的农民工、中国的廉价土地。这就构成了上一轮信息技术革命和全球化带来的重要变化，就是和物流，海运、空运、水运、陆运、管道运输等形成一个全球的供应链管理，不同的环节放在不同的地方，进行全球化的管理，全球化的运作。中国确实是这一轮的 IT 革命和全球化的受益者，比如这么多投资者来到中国，给我们创造了就业，创造了市场竞争的压力和动力，创造了转型的机会。

邱震海：但全球化似乎正在面临退潮。

张燕生：这个趋势叫去全球化。2015 年中国的外贸下降 7%，这是过去全球化时期很少有的。因为过去的全球化都是外贸增长率远高于GDP 增长率。因此外贸是经济发展的引擎，当去全球化时，全球外贸的增长率低于全球 GDP 增长率，外贸引擎熄火，反成拖后腿的了。在这种情况下，美国企业开始回归美国，欧洲的企业开始回归欧洲，日本的企业开始回归日本，韩国的企业开始回归韩国。另外，新一代移动终端的信息技术革命的互联网，给我们带来了什么？即不用到中国生产，可以全球分散生产。也就是说，要满足全球碎片化需求、定制化需求，也就是说由上一轮全球化的集中，变成新一轮的分散。这时再出现机器人智能化、自动化，用机器替代人工，这样连劳动力也变得不重要了。

邱震海：这个趋势在智能化时代将日益凸显。过去若干年，无论是电商的诞生、繁荣还是移动互联网的兴旺，都使原来的许多行业萎缩、工作位置被替代，另一些新兴的行业和职业则诞生并走红。在即将到来的机器人和人工智能时代，将有更多的工作岗位被替代，不是低层次劳动力，而是相对具有教育水准的劳动力被替代。比如秘书、翻译，甚至大量的中层管理人员被替代，将是大势所趋。未来社会里，不能被替代的只有两种岗位：一是具有原创性或独特性的技术岗位；二是具有思想资源的岗位。

张燕生：资本不用在全世界找农民工了，机器人就是农民工。因此当机器人可以替代劳动力时，所有要素都可以流动，所有地方都可以成为生产的地方。全球经济活动变成哪有需求投资就去哪了，而不是哪有农民工就去哪里。"互联网+"带来的网上购物、跨境电商，以及工业的物联网、大数据、云计算、智能化，所带来的变化就是不一样的。中国下一步要深度融入世界，要发展更高层次的开放型经济，战略是"一带一路"，也就是用投资进入世界最有活力的亚太经济圈，然后用投资进入世界最富有的欧洲经济圈，覆盖广大的亚非拉、亚非欧。

另外还有一个战略，叫自由贸易区战略。关于这一战略提出来三点。第一，立足周边，要搞亚太自由贸易区。这一点和美国人不太一样，美国要搞TPP，没有中国，而美国说亚洲要搞"RCEP16+1"，中国搞的"RCEP"没有美国，它的意思是双方各自推一个竞争性的方案，互相把对方边缘化。中国就提出过一个亚太自贸区，亚太21个成员一个都不少，包括TPP和美国。中国的文化不是要搞集团，边缘化谁，是一个都不少，有你有我，我们开放合作。第二，下一步中国自由贸易协定和自由贸易区要覆盖"一带一路"，"一带一路"在亚非拉或者亚非欧大家都遵循开放的自由贸易协议，零关税、签证便利、通关便利。第三，要构建全球的自由贸易区网络，我相信中国会和欧盟、日本、俄罗斯签订自由贸易协定。中国和美国呢？会不会也签订自由贸易协定呢？都相互开放了，是不是全球化开始进入 4.0 版呢？

邱震海：中日，尤其中美，签自由贸易协定，在现阶段是很难想象的事情。

张燕生：美国希望跟中国签一个比较短的负面清单，从学者的角度来讲，我们希望中美尽可能快地签订中美双边投资协定，相互开放。2015 年美国到中国的外商直接投资有 28 亿美元。中国到美国外商直接投资是 86 亿美元。开放既有利于美国，因为美国想进入中国的金融业、服务业、高新技术业，而且对中国也是很有好处的。80 亿美元投到美国，联想、三一重工等企业，在美国可以获得更有利的环境。目前来讲，双方实际上既有竞争又有合作，但共同利益会越来越多。

今天中国开放还有一个特征，除了"一带一路"和自由贸易，还要推动高水平的双向开放，和扩大内需战略结合起来。扩大内需是扩大消费，带动进口，带动别的国家的发展。另一方面，双向开放扩大对外投资，中国开始为世界发展注入新动力，我的内需带动你的进口、你的出口，我的进口带动你的出口，我的走出去带动你的税收、就业和经济发展，地球村越来越相互依存。而且涉及"互联网+"、工业化、工业物联网几个方面。

三、这一轮大洗牌：中小企业怎么办？

如果你是一个企业家，读到这里，也许会产生一个疑问：作为具体的企业来说，在这一波的大潮中，究竟该怎么办呢？

请看我与张燕生的对话：

该引进好的制度和方法了

邱震海：对中国企业来说，如果想要"弯道拐车"或"弯道超车"，在这一轮经济机会中能抓到什么机会？

张燕生：过去中国的企业在做生产决策的时候，是从中国视野来看。一旦进入全球的合作，就越来越多地进入全球视野。新一轮的科技革命，有先发优势、后发优势，但有一个不得不承认的现实，全球知识积累、技术进步和高端人才，仍然是集中在美国、日本、欧洲，创新的资源、人才，美、日、欧是最多的。

中国的企业寻求同美、日、欧科学、创新、人才方面的合作，越来越多的中国企业开始使用投资、并购、跨国并购的方式，把研发中心、咨询中心、通信中心、人才中心设在美国、日本、欧洲。这样可以在科技创新、知识积累方面，了解到美、日、欧最先进的学校、人才、企业在想什么、做什么，比历史上任何一个时期都更紧密地交流和合作。

在美、日建立起研发创新的机制以后，把国际上新的概念、实践、技术引进来，过去是引资本，现在是引技术。更重要的是引进制度和方法。

邱震海：前几年，美国发明了页岩气技术，极大改变了美国自身的能源需求和世界能源格局。这种核心技术的发明，其终极的推手居然是美国的一些中小企业。这是美国企业创新的活力，更是一种制度红利。我很难想象，中国的中小企业能具有这样的创新活力。当然，中国有大型国企，但大型国企能否借助自身的实力实现这样的创新呢？

张燕生：这是一种最好的"弯道超车"的途径。人类社会最前沿、最新式、最有活力的东西和中国现代产业结合，这种结合会带领中国现代产业体系和企业进入到世界创新的前沿，并且形成先发优势、形成基础。可以吸引这个领域全球最优秀的人才，团结全球最优秀的企业，把新产品做出来，销售到全球最需要的市场。中国在这个过程中，培养出一大批跨国公司。在过去30年是中国生产，全球销售，在全球卖中国制造的东西，但是能做到全球销售，不等于就是跨国公司，缺少全球综合运作的能力，包括融资能力、创新能力、品牌能力、渠道能力、人才能力是不行的。中国在新一轮工业革命中，正在发展更高层次的开放经济，深度融入世界，中国的企业开始在多国建立研发中心、人才中心、设计中心，开始在多国建设自己的品牌专利和销售渠道，真正把张瑞敏讲的主流产品、主流品牌、主流渠道在全球市场建立起来。中国人全球化的综合运作能力和创新能力，会有非常显著的提高。

邱震海：如果遵循这个逻辑来做的话，这些企业至少要有相当规模。对中小型的民营企业来说，这个境界可望而不可即。

张燕生：对中小企业来讲，是可以在一个不长的时间里培养出巨无霸的，好比中国的阿里巴巴，美国的微软、Facebook，小企业把握住商机，是可以造就大企业的。另外，舒马克讲的那句话"小的是美好的"，不一定非得把企业搞成巨无霸，也可以只做小企业。

另一方面，小企业也可以在供应链、上下游、产供销、内外贸、大中小等方面形成产业链的合作模式。不一定非要谁都变成操盘者，可以变成供应链体系中间不可或缺的一环。这是一个非常有活力、有弹性的体系，而且从结构来讲，它是非常灵活的组合方式，因为小企业在这个过程中是不会被固化的。过去在传统的生产中间，要给德国奔驰提供一个零部件，奔驰走哪儿、你走哪儿。

在互联网智能化和数字化的新时代，这些小企业，本身就有很强的创新精神，有很强的灵活性和适应能力，而且它们本身就对新一轮全球化和新一轮的数字技术革命带来的碎片化的需求、个性化的需求、本地化的需求非常敏感。看起来我是北京的一家小企业，但我的供给是要满足全球的碎片化需求、个性化需求和本地化需求，实际上是全球化的企业。用它的智能化、工业物联网、大数据、云计算构建成它的"小的是美好的"这么一个王国。

由于新一轮科技革命的浪潮已经展现，中国的中小型企业在敏锐把握趋势这一点上，其实与美国中小企业的起点是相同的。在这个时候，谁能抓住把握趋势，抓住机遇，谁就能够获得先机。

美国前总统克林顿有一句名言："一切都是经济！蠢蛋！"我们不妨剔除其中的脏话，把这句话改一下："一切都是趋势！"

趋势，趋势，趋势！这是这个时代给我们每个人提出的挑战。

在这方面，我们不妨看看西方著名大企业失败的例子，其中有不少就是由于对趋势的把握出现失误造成的。

诺基亚手机何以消亡？教训很深刻！

以手机为例，20 世纪 90 年代开始，有很多全球手机品牌，如爱立信、诺基亚、摩托罗拉等，逐渐确立了其在全球手机行业的江湖地位。但时至今日，我们再看看世界手机市场，就可发现所有这些品牌都已日渐消亡。

在这其中，诺基亚是一个很典型的例子。

很多人知道诺基亚是因为其手机，正如很多人知道华为是因为其手机一样，因为手机是与普通消费者最接近的一个产品。作为大企业，诺基亚依然存在，而且还在不断发展；这几年，诺基亚在整合全球电信业与互联网方面做了大量的工作。但必须承认，曾经辉煌一时的诺基亚手机生产确实退出了历史舞台，即便这几年想卷土重来，但全球手机市场的三分天下格局已定，诺基亚手机要重拾昔日的辉煌已经不再可能。

就在十多年前，诺基亚几乎是世界手机领域的一个神话。诺基亚直板手机通话质量不错，电池待机时间很长，相较于智能机更经久耐用。诺基亚在每一个地方做得都很精致，但最后还是被淘汰了。诺基亚当时的口号是"做世界最好的手机"。

"做最好的"——这曾经是企业经营放之四海而皆准的真理，相信在未来 3000 年里将依然如此。然而，在诺基亚身上发生的荒诞是：当它希望保持"最好的"地位时，面临它的命运则是三个字：被淘汰。

在那个年代，诺基亚的工程师都是全球一流的。但这些一流工程师的问题，不是出在他们的水平，而是出在他们面对科技潮流的研判上。

据行内传言，2007 年第一代智能手机起来后，有人对诺基亚的工程师说：改革和转型的时代来到了，诺基亚也要与时俱进。但据说，诺基亚的一流工程师的回答是：诺基亚手机的目标客户是中产阶级和商务人群，这部分人对通话质量和电池待机时间的要求很高，但基本上没有时间通过手机浏览资讯、接收电邮和展开社交，因此诺基亚未来将依然"坚守"而非"转型"。

后来的事实证明，这是一个严重的趋势误判！中产阶级和商务人士也都热衷于碎片化的浏览，而且其工作大量都是在手机上完成的。就这个意义而言，今天的商务人士、中产阶级，其对移动网络的热衷程度几乎与"屌丝"无异，正如在今天"消费大爆炸"的年代，富豪阶层与中产阶级的消费质量从整体上已没有太大差异。

但诺基亚的一流工程师，恰恰栽在了对这一重大趋势的研判失误上。由于这一重大的误判，在智能手机方兴未艾的年代里，诺基亚被迫无奈地出局了。

诺基亚手机的失败例子，似乎也可以用本章前面描述跨界和整合的那句话来予以延伸："对手机趋势的研判太重要了，不能把它只交给手机工程师们。"

我与张燕生的对话在继续：

邱震海：就失败的例子而言，诺基亚手机十分典型。我们再看手机产业三分天下格局中，就兴起的次序而言，第一个是苹果，第二个是三星，第三个是华为。但今天，三星已被华为超越，苹果手机也岌岌可危。

由此，我们可以得出的启示是：现在的科技革命日新月异，这一轮科技革命已经开始，下一轮它引领的产业革命马上开始，由于行业不同、企业不同，具体如何准确把握自己的趋势非常重要。有时趋势把握不好，还试图在旧状态当中，想做到最好、最极致，等待你的往往是失败。

张燕生：海尔的产品卖到美国、欧洲、日本，卖到全世界了，卖得很好。海尔是怎么做的？海尔作为大企业，对传统的商业模式做了颠覆性的改变，怎么适应未来呢？把企业分散化，好像把野战部队变成无数个小分队，这无数个小分队在一个局部市场，比如一个县域市场完成所有决策。它怎么创新的呢？既然互联网、物联网、大数据、云计算，能把所有东西连接起来，那么把技术难题都放到网上，就可能有2000个以上的团队帮助解决技术难题，他们不是海尔的研发部门，海尔甚至都不知道他们是谁。

对海尔来讲，不需要研究如何解决技术难题，海尔有开放的研发创新平台，有开放生产和销售的平台，就好像有无数个传感器来探索这个世界。

邱震海：风险分散化了。

张燕生：面对新一代的数字技术革命，新一代的网络革命，中国大企业用这种方式去适应，比如华为、联想、海尔、美的、格力，包括小米的那种颠覆性商业模式，还有无数个小企业，它们就像活跃的细胞，不断新陈代谢，不断适应变化。

四、企业转型：哪些该创新？哪些该坚守？

如果还是以诺基亚手机为例，此时可能有两个硕大的问号出现在你的脑海里：讲坚守，又讲创新，到底哪些该坚守？哪些该创新？诺基亚的"坚守"导致了其手机业务的全面崩溃，但也有更多的"创新"导致了其核心业务的流失。那么，究竟该怎么办？

"工匠精神"与创新是否矛盾？

我与张燕生也就此展开了讨论。我们的讨论先从工匠精神与创新开始：

邱震海：对于很多企业来说，新的科技革命和经济转型两个大潮融为一体，让它们感到很困惑，表现在两个关键词上，一个是创新，还有一个是坚守。到底什么该坚守？什么该创新？一不小心坚守就成为不创新的代名词。创新当然是现在的主潮流，但是一不小心创新就会变成浮躁的代名词。近年来提出"工匠精神"，企业中有很多浮躁的东西，以至于说我们缺乏"工匠精神"。怎么理解"工匠精神"？到日本、欧洲看百年老店，确实有"工匠精神"，在非互联网时代成长起来的，几代人一直专注做一样东西，做到精益求精，这就是坚守。无论企业、个人，确实应该区分清楚，什么应该在坚守中创新，什么应该在创新中扬弃？

张燕生：你说的我非常同意。从我自己来讲，我是专注、持之以恒讲得比较多的。人生的经验告诉我们：万变不离其宗。无论怎么创新、怎么变化、怎么调整，"本"是不变的。什么叫坚守呢？比如做投资，所谓的坚守就是真正了解投资的窍门，这就可能需要在投资的行当连续工作15年，这是起码的条件。然后第二个条件，15年连续作业以后是开了窍呢，还是迟迟开不了窍？这就是衡量人才的标准。

我们下一阶段追求的是高品质。高品质就需要坚守、需要专注、需要工匠精神。什么叫工匠？我当过工人，我对工匠的理解就是，在一个工序和岗位上连续工作，担任一级工能解决较粗糙的问题，担任二级工能解决稍微复杂点的问题，到三级工、四级工一直到八级工，继续坚守，直到成为技师、高级技师，并最终成为这个岗位上最优秀的，什么难题都难不倒的。这就是工匠。

对企业来讲，这样的经验积累，最好能在学校培养。比如职业教育的大专、本科、硕士、博士，把工匠几十年积累的技能，尽可能压缩到几年教授给学生。工匠的培养不同于以往的课堂学习，学习内容以技能和经验积累为主，需要边干边学，在实践中学习。企业非常需要一支高素质的员工队伍，只有员工做到精益求精，企业才能生产出好产品。

邱震海：当我们讲"工匠精神"的时候，有时会觉得，这似乎与创新会有矛盾。

张燕生：创新和工匠精神是不矛盾的。企业生产创新和高水平的产品，需要坚守、专注和工匠精神，但也要适应变化，使整个机制保持弹性、适应性和灵活性。不然，就像我们现在做调研时遇到的很多优秀的企业，生产高品质的产品，但没有办法满足市场的需求，因此没有订单，有好技术有什么用？有工匠精神有什么用？对企业来讲，这两方面不是对立的，必须相辅相成。

如果把商场比作战场，企业就好比作战部队，它派出的侦查部队有最敏感的触角，可以触及市场需求的变化、消费者偏好的变化，反馈回来的信息传递给大本营。大本营就把消费者的需求，转化为产品的设计、开发以及生产。但是产品质量要做到精益求精，大本营团队都是需要坚守、持之以恒和工匠精神的。

有关"坚守"与"创新"的关系问题，本书第五章还会有详细的论述，这里暂先打住。

中国制造业最大问题：大而不强，缺乏效率

该谈谈中国的制造业了。

也许你会觉得奇怪：书都已写了一大半了，为什么才开始想到写中国的制造业。确实，不但你有这个疑问，就连我自己也有些纳闷：在讨论中国经济的时候，我们无意中是否都把制造业放到了一个太不重要的位置上了？

如果把本书一路读下来就可发现，讨论中国经济问题及其下一阶段的动能，确实有太多的内容需要涉及；制造业虽然重要，但毕竟其调整和提升是个极长期的过程，既不可能反映在下一季度的中国经济数据上，也不可能对防控系统性金融风险起到实际作用。

但从另一方面看，制造业在任何一个时代的重要性都是不言而喻的。不管是3000年前的石器时代，还是3000年后的我们至今仍无法想

象的那个时代，人类只要有继续生存的需求，那就需要制造出能供人类生活并符合那个时代的东西。这就是制造业的根本内涵，也可以用来解释，为什么制造业是任何一个经济体的根本所在。

阅读人类的经济史就可发现，人类制造业活动在早期只是手工作坊，18世纪60年代第一次科技革命带来机械化的大发展之后，手工作坊进入了大机器生产的时代；当大机器生产需要进一步发展时，才有了金融业的诞生；金融业诞生后，大机器生产如虎添翼，西方工业国家的物质极大地丰富，这就有了对外贸易的需求。而伴随着对外贸易的需求，西方帝国主义的侵略本性开始展露，这也就有了后来的西方一系列对外侵略战争。

纵观人类过去数百年的经济史，有两个环节始终是不可或缺的。一、技术革命：每一次人类经济活动的推进，无不是由技术革命引领的。如前所述，技术革命、产业革命、社会革命这三大革命，在工业革命发生后的200年里几乎已经成为一个基本链条，伴随着人类发展的起起伏伏。二、制造业：所有的技术革命和金融创新，最后都必须回到制造业的原点上，因为技术革命和金融创新的根本目的是提高人类的生活水平，而生活水平提高的最后载体是制造业，毕竟人不可能仅靠呼吸空气过活，抑或在一大堆钞票上睡觉。

正是由于这样的原因，凡是先进国家都高度重视制造业的提升，尤其是在互联网时代。必须承认，美国在这方面的前瞻性，不但把中国，而且把欧洲也远远甩到了后面。

我和张燕生也就此展开了讨论：

邱震海：制造业转型，各国都在做，背景大致相同，尤其美国制造业的回流全世界都非常关注；德国提出"工业4.0"，中国也提出了"中国制造2025"。我在其他著作中曾提出，创新依然关键，同时制造业也非常关键。中国制造业转型情况如何？在这一轮科技潮流中，制造业有什么优势？

张燕生：中国制造业从 1949 年到 1978 年，几十年取得了巨大的进步，中国有自己的手机、汽车、两弹一星，可以说形成了独立自主、不依靠外援，而且门类比较齐全的工业化体系。每一个行业都有共性技术和公共技术服务的机构，我们有 242 个科研院所，每个行业都有职业教育体系，商业技工、化工技工学校。问题是什么？所有工业部门的构建都是根据国民经济和社会发展的需要构建的，不是根据市场需求构建的，因此是大而全，什么都有。

邱震海：中国的制造业虽然规模大，但大而不强。

张燕生：由于它没有市场机制、没有竞争的压力，因此最大的问题是没有效率。它满足市场需求的能力不足，而计划和市场需求之间有的时候是脱节的。因此我们开始进入 1979 年改革开放这 30 多年，中国制造业发生了翻天覆地的变化，从一个计划经济的制造业转型到市场经济的制造业。这时突然发现，哪家企业能活，不是政府决定的，而是市场决定的。市场决定企业生产什么，生产多少，怎么生产，这一切是由订单说了算的。市场需要的是有竞争力的产品，竞争力既包括价格的竞争力，也包括质量的竞争力，更包括企业满足需求的能力。

邱震海：中国制造业的最根本问题，恐怕首先不是缺乏市场经济，而是其产品结构低下。未来 35 年中国制造业如何发展？

张燕生：把制造业推向世界前沿，第一步从 2015 年到 2025 年，这 10 年要全面提高中国制造业的素质。包括基本的材料、基本的工艺、基本的设备和基本的制造能力，全都要从基础开始，为全面提高素质奠定基础。制造业分为传统的制造业和先进的制造业，鼓励传统的制造业和新兴的数字革命深度融合，用智能化、数字化改变传统制造业的产供销，推动制造业的服务化。制造业服务化是微笑曲线的两端延伸，既能提高研发能力、设计能力、资讯能力、人才能力，又能提高物流能力、商业流能力、资金流能力、人才流能力和信息流能力，也就是说用服务业的提升，即提高生产性服务和工业服务，以提升制造业。

邱震海：具体来说怎么做？会有哪些措施？

张燕生：这 10 年从国家来讲，开始使用我们现在讲的供给侧结构性改革的一系列措施，核心就是提高效率和生产力。这个时候从国家来讲，结构调整要去产能、去杠杆、去库存、降成本、补短板，增强制造业的素质。另外，要鼓励包括钢铁、有色金属、铁路、化工、通信、工程机械、汽车、造船、航空航天等行业的国际合作和装备制造业的国际合作。鼓励通过"一带一路"，由 13 亿人口中国市场进入 44 亿人口"一带一路"的市场，由 44 亿人口进入 70 亿人口全球的市场。鼓励在国内开展自由贸易试验区、开放经济试点示范区、开展自主创新示范区等，而且鼓励在海外开展境外经贸合作区，通过各种方式把中国由今天大而不强的制造业，转变为大而强的制造业。

第二步就是 2025—2035 年，这个目标就高了，中国要成为世界制造强国，就要解决核心竞争力的问题，包括创新能力、品牌能力、渠道能力，也包括全球综合运作能力。

第三步就是 2035—2049 年，就是未来 35 年末，中国制造业要成为先进制造行列的前端排头兵。第一个阶段是做大，第二个阶段是做强，第三个阶段是要走到世界制造业的前沿。

智能化：中国企业不能再错过

邱震海：我们正在经历科技革命的潮流，经济转型过程中，科技革命潮流可能是我们"弯道超车"的机会，这轮科技革命和产业革命能不能提供"弯道超车"的机会？现在看到佛山好多中小企业做智能化，美国人提出组合网络空间和物理空间，就是把智能化越来越多地体现在制造业上。2015—2049 年的三个 10 年当中，智能化的潮流只是中国制造的一个环节，还是未来整体的趋势？

张燕生：从国际上来讲，西门子是工业 4.0，它的智能化是把所有的工序、环节和流程通过智能化的链接构成智能化的整体，以此提高满足全球不同需求的能力，德国人的精益求精，通过精准的智能化来满足现在的、未来的市场需求。

美国的通用电气（GE），它的智能化可能跟德国不太一样，德国更多的还是微观的、企业的，美国 GE 的制造业服务化曾经走过弯路，也就是说当通用电气作为道琼斯指数唯一活下来的、世界最先进的顶尖制造企业，走向了高端化、金融化，再往前走向了虚拟化、泡沫化、空心化，脱实入虚了，因此在这场危机当中它差点没能活下来。

这家百年老店，世界最伟大的企业之一，在这场危机过后痛定思痛，重新回归制造业，把通用电气全卖了，把法国的阿尔斯通买回来，法国阿尔斯通发电设备是世界最好的，花了 127 亿美金。我问它们的管理层，当美国 GE 重新起步会怎么走呢？制造业服务化、制造业高端化、制造业智能化之后，重新再起步时怎么走呢？美国人跟德国人不一样，不是把工厂智能化，是把它的供应链、产业链、创新链，整个流程连接起来。这样一来，美国的 GE 可能走出一个工业互联网模式。

邱震海：美国的工业互联网比德国的工业 4.0 早了两年，德国是 2013 年 4 月在汉诺威博览会上提出工业 4.0 的。有一种说法，说美国工业互联网和德国的工业 4.0，表面上看殊途同归，但它们的切入点和目标是不同的，德国人想以互联网提高制造业，互联网只是手段。美国则是想把工业和互联网结合起来，最终推进它的科技发展。德国主要是制造业立国，而美国则主要是科技立国、金融立国。德国和美国的竞争，最终鹿死谁手？中国怎么办？中国面临战略抉择，是选择互联网，还是像德国那样选择制造业？

张燕生：西门子是很有信心的，它的制造业智能化，能使每一个环节、每一道工序、每一个流程智能化，使制造业产生革命性的变化，德国人很有信心；美国人也很有信心，美国人认为，美国的网络、科技及全球的影响力这么强大，对工业互联网当然也是非常有信心的。它们双方对对方的技术路径的选择彼此不太认同，都认为自己会赢。这样一来，我们可以看到在这个世界上，在新一代科技革命浪潮中出现两个代表性的巨头。

邱震海：中国企业到底做何选择？战略是什么？

张燕生：我们不说政府怎么做，不说"互联网+"，也不说"中国制造2025"，我们看中国企业的选择，就会发现中国文化是很有意思的，它是包容的，既有德国工业4.0的试验场，又有美国工业互联网的试验场，它把微观的和宏观的，糅到了一起。很多企业层面上的试验，还在尝试第三条不同的路，不是德国的，也不是美国的，而是更适合东方的一条智能化发展的道路。

我在佛山看到一家家具厂在国内有600多万个用户，它把所有的工序和环节都做到了智能化链接，也就是德国西门子的4.0。比如产品的设计和涂料，还有销售、配送、售后环节，都能链接起来。不仅对生产线能够进行智能化的控制和管理，而且对企业和顾客之间，包括商流、物流、资金流、信息流、人才流之间，也可以通过智能化链接，还可以把消费者的意愿、偏好反馈收集起来，然后把每一个顾客的信息反馈到设计部门、生产调度部门和控制部门，指导产品设计。大数据、云计算，和智能化的供应链开始在企业层面上构建出了一个企业和顾客之间、企业和物流配送部门或者第三方物流之间非常成熟完善的线下体系。

邱震海：中国有广大的农村地区，市场需求应该很大。

张燕生：虽然有很大的需求，但是我们相当多的工厂智能化程度是不高的，造万吨轮船是用焊枪一块一块焊的，而德国人、日本人、美国人造船，看不到一个焊工，他们是用智能化控制的生产线来控制的，然后组装装配。中国制造和美国、日本、欧洲至少应该有50年的差距。

邱震海：德国已经4.0，我们现在有的地方才2.0。对中国来说，未来几年不但要和工业4.0对接，而且还要同时追赶3.0甚至2.0的步伐。

张燕生：中国有的地方还只停留在2.0或者1.5的水平上。但中国还是可以学习先进的理念、管理、技能，来缩小差距。比如佛山的这家家具厂，原来中国的家具厂就是木工，我做梦都没想到现在竟然能拥有600万个用户，而且是完全智能的方式，这是我没有想到的。这涉及中国的企业怎么用先进的信息网络技术、工业互联网技术、智能化技术，改造传统的流程和生产方式，这是一个非常艰巨的工作。

邱震海：现在全国这方面做得最好的企业在哪里？

张燕生：经济最有活力的地方，在广东、浙江、江苏和四川等地。四川有些制造业比较落后，但它在新一代信息技术革命和生物技术革命中涌现勃勃生机，有越来越多的企业去那里投资。成都的电子科技大学，有大量的信息、技术、智能化、人工智能的专业人才，很多企业慕名而去，现在已经形成企业集群，像深圳一样，企业在相互学习中不断成长。缩小差距还可以通过收购与兼并。但是想要缩小50年的差距确实不太容易。

邱震海：这个叫作借壳上市，或巧借东风。

张燕生：比如美的收购库卡。库卡是世界顶尖机器人企业之一，美的有需求，库卡有供给，两者结合到一起如虎添翼。中国有订单，在2020年之前，据估计订单会出现倍增的局面。中国还有钱，海尔收购花了54亿美元，像河南漯河的肉联厂双汇买美国的肉联企业花了76亿美金。中国有订单、有资金，还有需求，就差技术。

我曾经问过双汇的领导，我说和美国加工厂合作会不会有文化鸿沟或者文化冲突？他说没有，我们是同行很容易沟通。我也问过李书福，吉利买了沃尔沃，有没有水土不服，李书福说没有。沃尔沃的技术平台都是可以为吉利转型升级提供技术支撑的。从这个角度讲，中国企业制造业升级有两个有利条件：一个是先天条件，另一个是通过收购兼并。

邱震海：智能化是中国制造业做大做强的唯一途径吗？

张燕生：不是。智能化，它是一个机遇，智能化能改变运输效率、通信效率、链接运行网络的效率。但仅仅智能化、自动化、数字化是不够的，还有新能源、新材料、新工艺。新能源、新材料有着非常广阔的前景，包括新工艺。"中国制造2025"是全面的提升，不仅仅是智能化这一个方向。

第五章
未来 3 年：中国企业能否起死回生？

第四章的结尾，已经开始谈到中国企业的转型。现在，到了我们系统地看一下中国企业转型的状况的时候了。

2017 年 5 月，我在深圳接待了一批来自山东的民营企业家，探讨的依然是大家关心的问题，即中国经济走势和民营企业的境遇。

出乎我意料的是，带队的山东某县的副县长开口就说："虽然经济开始向好，但民营企业的境遇没有根本改善。"

"为什么？"我问。

"很多政策依然流向国企和央企，民企在经济复苏的大潮中能分到一杯羹的机会依然不多。"副县长十分坦率。

2009 年前后，分不到一杯羹的说法，在民营企业家中并不少见，那多半是指当时国家 4 万亿刺激措施的流向很少能惠及民营企业，大量资金流向了国企和央企，导致了后面几年的"国进民退"现象的激化。

如果说"国进民退"是当时中国企业面临的政策生态及其困扰，那么由于房地产的疯狂发展，民营企业遭遇的处境之荒唐，就更是实实在在的困境了。就像我在其他著作里举过的例子，一位深圳的企业家在 2013 年对我说："我办了 20 年实业，最后发现最值钱的却是我的厂房……"

究竟是"买房建厂"还是"卖厂买房"？这个荒诞的问题，在很长一段时间内，着实困扰了相当一部分的中国企业家。2015 年在陕西榆林，一位民营企业家愤懑地对我说："只要房地产的荒唐不解决，中国的实业就不会有希望。"

几年过去了，无论是"国进民退"还是"卖厂买房"，民企的这两个困境解除了吗？2017 年 5 月那位山东副县长在深圳对我说的话，似乎已经给出了答案。

然而，在 2017 年的时候，坦率地说，民营企业遇到的问题，已不仅仅是"国进民退"和"买房建厂还是卖厂买房"，而是如何完成自身结构的调整。这其中，能否抓住这一轮的科技革命机遇，显然比上面的两个问题更加重要。

从 2016 年到 2017 年，我与张燕生的几次对话，都围绕着这一问题展开。

一、实体经济：哀鸿遍野？生机勃勃？

邱震海：中国实体经济的现状究竟如何？中小企业整体生存氛围有没有改善？

张燕生：应该说有一定改善。这个改善对中小企业来讲，首先第一个问题是要有转型的共识，转还是不转？以前跟中小企业打交道，它们寄希望于经济繁荣，认为中国政府有 4 万亿元，不愿意转。我个人觉得，从去年到今年中小企业有一个新的共识，叫非转不可。我之前讲了就是中小企业转型有利有弊，缺技术、人才、资金和品牌，缺渠道，缺转型的经验和能力。这些民营企业、草根经济，市场沉淀下来的中小企业，现在面临的转型非常难。

中小企业能否迈过三个"坎"？

邱震海：中国民营企业要转型，要解决哪些根本问题？

张燕生：中国的实体经济是世界上最有活力的，生机勃勃，中国发展经济不畏艰难。我个人觉得，中国的实体经济第一个特点是非常丰富的多样性；第二，目前来看，最困难的时期实际上就是中国实体经济现在面对的三个"坎"，都不容易过。

第一个"坎"是中国的实体经济从代工模式转向自主模式，这个坎儿要迈过去很难。第一次技术数字革命带来的变化就是全球化、综合物流和供应链管理。过去国际分工都是讲产业之间的分工，你做高端，我做低端；产业内的分工，你做丰田车，我做奇瑞车。全球化和新科技革命以后，新的分工就是产品内分工。一个产品的研发、设计、品牌可能是在美国，关键零部件的设计制造可能是在德国和日本，剩下的元件可能是在韩国，组装在中国，成为代工。这种技术不是自己的、品牌不是自己的、渠道不是自己的，只有组装是自己的。这个部分转型要转向自主研发，按照习主席的话来讲就叫"自尊、自信、自立"，这对我们实体经济是个巨大的挑战。怎么把技术、品牌、渠道变成自己的或者是合作者的？这对实体经济是非常困难的。

邱震海：我们之前曾经谈过，中国企业的转型和中国经济转型一样，其难点就在于"高空高速飞行中，要换发动机"。飞机换发动机不难，飞机入库就行；但高空高速飞行，乘客毫无察觉下换发动机，是一件几乎不可能的事情。但这一不可能的事情，就正发生在今天的中国经济和企业身上。经济增速不能大减，不然就有社会风险，但经济增长的动能必须改变，这就是经济结构调整。同样，企业也必须在基本不倒闭和基本不裁员的情况下完成转型。很多民营企业家都知道要转型，因为原有的发展模式难以为继了，但问题是企业要继续生存，而且还要发展，同时却要"换发动机"。我遇到的很多民营企业家都对我说："我也知道需要转型，但我不能丢掉现在的模式去转型啊。"

张燕生：由过去近40年的代工模式向未来的创新模式转型，对中国的民营企业来说，确实是一个极其艰巨的挑战。我有时在想，中国是一个大国，怎么就发展出这么多的代工？东亚生产网络有两种不同的生产模式，一种是以日本和韩国为代表的自主生产体系，都是自己的，配套也是自己的，很少有日、韩的企业是为欧美企业做代工的。只有台港澳地区是比较典型的代工，台港澳地区经济是小经济体的模式，而大陆，怎么会在过去30年发展出小经济体模式？有可能我们市场经济的第一桶金是台港澳地区教给大陆的。

邱震海：改革开放早年，大量的海外投资首先是以港资进来，后来才慢慢被台资追上。

张燕生：早年的所谓吸引投资有80%是港资、台资，后来是海外华人投资，他们带来了订单，带来了技术、管理、材料，在村里找一块地，办村办的厂，"三来一补"交给市场经济。当发展到市场经济初始阶段完成以后，到20世纪90年代很多企业开始从代工走向自主研发，从国家来讲也希望像日韩一样，发展出大企业跨国公司。可偏偏又赶上了亚洲金融危机，打击的就是亚洲的自主企业，像韩国大宇、现代、起亚。当时的亚洲金融危机对台港澳企业影响不大，日、韩企业反倒是受到重创。我也在反思，中国下一步该如何发展，现在是制造业外包，下一步谈服务业外包，都是嵌入分管体系中，下一步怎么才能形成自尊自立的生产体系，这对我们有很大的挑战。

邱震海：从理论上看，这个挑战早在15年前就已出现了。只不过，过去15年是中国入世后融入全球化进程最快的一段时间，依靠对外贸易赚得盆满钵满，因此谁也不会真正有决心去解决这个问题。但现在，过去一切成功的内外条件都消失了。对外，全球化面临终结，或至少是遇到严峻挑战；对内，人口红利全面消失。在这种情况下，天下华山一条路，只能逼上梁山，被迫转型。但这一步的转型，究竟只是建立自主体系，还是一步到位解决创新的问题？这也是一个挑战。

张燕生：是的。这就说到中国制造业面临的第二个"坎"，那就是前35年靠工程代工，下一步要走向高增值作业。过去实体经济竞争低成本，低成本劳动力主要是农民工。据统计，有2.7亿农民工进入非工产业，有1.7亿农民工进入城市，农民工最大的特点是便宜，最大的弱点是缺少技能、专业训练。改革开放前，我们还有非常好的职业教育体系，改革开放以后只剩下了正规教育。所谓工匠精神讲的是时间的积累，农民工缺少经验积累，缺少职业教育基础培训。农民工是我们过去35年低成本的优势。我们有贵的材料、有便宜的材料，有贵的零部件、有便宜的零部件，有贵的设备、有便宜的设备，企业选择便宜的，生产的东西就便宜。想迈向高增值，那就意味着一线员工要转型，而转型要有发达的像德国一样的双轨制的教育体系。而且需要管理人员，中高级的管理人员要从过去的"游击队"转变成"正规军"。

邱震海：这一个坎儿，其实是中国企业的产品需要结构性升级，由原来的低附加值向高附加值产品升级。因此，国企面临从"游击队"向"正规军"的转型，也需要在管理方法和思维方式上有所进步，甚至有大幅度的进步才行。在这方面，中国企业的现状如何？

张燕生：管理"游击队"的这批干部和管理"正规军"的干部，都叫管理人员，但他们是不可同日而语的。这就要求企业家要有企业家精神。企业家精神就是创新，过去企业家是用汗水驱动增长，新的企业家需要智慧、创新，技术创新对企业家素质要求是完全不一样的，这个转变对实体经济是巨大的一个坎儿。

邱震海：当中国企业的产品向高附加值升级的时候，其实就已经切入了创新的问题。

张燕生：是的。这就是中国企业面临的第三道"坎"。过去35年更多是简单的模仿、抄袭、山寨，但我们需要的是创造性的模仿和创新。实体经济面临三道"坎"，国内基础好的企业在迈这三道坎儿时遇到更大阻力，而基础不是太好的显得更加主动。

四川：盆地为何也能转型成功？

自主、升级、创新，中国中小企业面临的这三个"坎"，说起来都不是什么新鲜的概念。过去至少有10年时间里，这些概念我们可谓耳熟能详，问题只是知易行难。

如果说，这一切过去是知易行难，那么从现在开始就是逼上梁山。

一谈到逼上梁山，那就必然会出现"梁山好汉"，也必然会出现暂时上不了"梁山"的"落败者"。那就是今天中国经济转型过程的成功和失败的例子。

我与张燕生的对话开始向这个方向延伸。

我们首先从一个转型相对成功的例子——四川说起：

邱震海：我们如果沉下心来观察、研究就可发现，中国的经济转型早已悄悄开始。一个明显的例证：今天谈中国经济，已不能用一个标准笼统地谈，而需要把一个一个地缘板块分开才行，因为从南到北的经济状况差别太大了。比如广东和东北的经济情况，就完全不可同日而语。东北的基础其实不是很差，但为什么经济就是上不去？

张燕生：从实体经济来讲，辽宁遇到的困难似乎最大。辽宁的制造业、人均受教育程度、人均资源占有量、城市化率，发展实体经济的所有条件都好于重庆、成都。但今天，成都、重庆的经济却远远超过了辽宁。

邱震海：过去常讲"蜀道难，难于上青天"。历史上，四川基础设施不好，当地百姓有盆地意识，因为交通不便所以与外界联系很少，人们喜欢打麻将、坐茶馆、吃火锅，进取心不强。过去讲"少不入川，老不离蜀"，是指天府之国乃温柔之乡，好吃好喝，麻将茶馆，美女如云，若年少入川，难免流连忘返，胸无大志，但老了倒是很适合在那样的慢节奏下生活。没想到今天那里的经济居然超过了一个老工业基地。

张燕生：我曾经在成都铁路系统工作，成都的宝成线铁路是1954年修的，我于1974年在那里工作。我很吃惊地发现，当时铁路本地的干部很少有能做到科长以上岗位的。也就是说从1954年到1974年，20年的铁路的工业化，培养本地的干部管理人才，只培养了低级的，中高级的很难培养出来。中高级的干部都是哪里的人？辽宁人，大多都是东北人。当时我在机务段时，机务段火车司机都是大连铁路司机学校毕业分配过来的。

邱震海：从当时的情况来看，辽宁的工业基础显然要远胜于四川，所以才会出现这样的情形。

张燕生：是的。辽宁的实体经济条件远好于重庆、成都，但今天重庆、成都实体经济发展无论是 GDP 的规模、工业的规模还是发展态势，明显好于辽宁。为什么？成都和重庆的实体经济，几个方面做得比较好。第一，开放。现在坐飞机飞到沈阳和重庆、成都，就会发现到重庆、成都航班多，国航在成都每半小时一趟，重庆是每 1 小时一趟，远多于北京飞沈阳。第二，成都和重庆在电子商务领域在过去的几十年很努力发展，而且起步是很早的，现在网上购物比例占全国40%，四川占14.5%，成都、重庆在实体经济转型过程中，积极地推动国际物流大通道，推动本地的经济和欧洲的大市场物理上的联结。

邱震海：这显然首先是观念的开放。没有观念的开放，做不到这些。

张燕生：它们非常努力去克服本地实体经济的困难，并把握住参与国际竞争、国际交换、国际合作的机会。究竟你的实体经济发展态势好还是不好，很大程度取决于努力的程度。

东北：转型不成功的教训是什么？

与四川转型相对成功相比，辽宁显然是一个恰好相反的例子。作为老工业基地，辽宁的工业基础不可谓薄弱。但是，为什么转型始终步履维艰？

我们的对话在继续：

邱震海：其实，过去十几年，国家也曾给了东北不少政策，比如振兴东北老工业基地等。但为什么依然没有效果？这其中当地在实施过程中，究竟是哪些环节出了问题？

张燕生：2003 年国家曾经给东北制定了振兴东北一揽子的政策。

2003年恰恰是中国的消费转型进入到老百姓要买车、买房、买手机的阶段，13亿中国老百姓要买车、买房、买手机，就带动了重化工业，像钢铁、水泥、电解铝、玻璃的超常繁荣，带动工业机械设备、造船设备的超常繁荣，带动了房地产、建筑超常繁荣，因此东北超常繁荣。这个时候，发展实体经济就面临一个选择：是用发展的黄金期做大规模，还是做好结果？

邱震海：现在回头看，辽宁的选择是前者，而非后者，亦即先做大规模，再做好结构。从一般的思维来看，这一选择似乎也没有错，先把蛋糕做大，才能慢慢地把蛋糕做好。

张燕生：但这一选择的结果是什么？就是黄金期的规模做得越大，结束时去产能的包袱也越大。但是，在发展黄金期，如果做的是结构、质量、效益，黄金期结束时仍然有竞争力。

邱震海：当然，人都有人性的弱点，活得好的时候一定想把规模做大，不会想把质量做好。而且"做大"是依靠原有的工业基础，比较容易，而"做好"则意味着在当时要对辽宁的工业结构进行改革，显然要困难很多。

张燕生：其实，可以收购兼并做大规模。

邱震海：这样说，虽然有些"事后诸葛亮"，但毕竟还是可以给人一些反思。这些反思主要是什么？

张燕生：1998年，我曾经带我们单位5位处长在东北一个省调研一个月，回去向领导汇报调研的观感时，领导对我的调研报告说了8个字评价，前面4个字是"老生常谈"，抱怨很多年都是这些话，东北有资源，都是重车出，从外面回来的都是轻车回，是它对全国发展做出历史贡献的地方，这些全国人民都是认账买账的，但光说这些是不行的，下面怎么发展？后面4个字是"转变观念"。东北的振兴核心发展的问题是要转变观念。

邱震海：在这方面，辽宁与四川恰好形成了两个截然相反的局面。不过，转变观念很重要，但往往知易行难。有时候，坚守往往成为墨守成规，而转变观念却变成了走火入魔。无论是坚守还是转变观念，都需要清晰的界定。

张燕生：转变观念作为东北来讲就是实体经济。像上个月我又去东北做了调研，去了沈阳和大连。一方面东北在过去三年进步是明显的，比如大连的服务外包，经过几十年的努力培养出了本地服务外包的龙头企业。而且东北有很多传统的小行业转型也成功了，像造船厂。招商也不错，招宝马投了80多亿元人民币，宝马系列在当地的发展还是不错的。

但东北最大的问题是，转变观念还应该适应市场，怎么把发展的理念从追求速度转向追求质量，怎么把产业结构从低端转到中高端？怎么把增长动力由投入增长支撑转变为生产率支撑？这几个方面要花大力气。

邱震海：后面我们将会谈到另一个工业城市——佛山，却正好和东北相反。

张燕生：佛山最大的优点是创业活力，是中小企业、民营企业。我看了几家国企，国企最大优势是技术方面实力强，员工素质高，国家重点项目大多是放在央企的。很多产品生产线确实事关国家命运，这是它们的强项，它们也有弱点。美国的通用电气GE的老板讲，如果不赚钱我不配担任这个职务，企业高管第一要做的就是给企业带来经济效益。

东北还有一个问题，对市场的周期、风险和转换，这方面敏感度不够，民企在这方面更加敏感，而且背水一战的能力和勇气更强。东北转型需要的是脱胎换骨，这样才能迈过这个坎儿。

邱震海：如果把四川和东北放在一起比较，前者基础差，但是成功了；后者基础好，却一直很艰难。从中可有哪些启示？

张燕生：我个人觉得首先要转变观念，即开放。我们前面提到四川的故事，就是蜀道难，难于上青天，他们有很强的盆地意识，由于有盆地意识就喜欢打麻将、吃火锅、摆龙门阵、坐茶馆，四川的工业基础很差。几十年前，辽宁的制造业率比四川要先进很多，辽宁的城镇化率比四川先进很多，辽宁的人均受教育程度比四川高很多，辽宁的资源占有量比四川多很多，也就是说四川是辽宁的生产基地。从这个意义上说，辽宁是四川的老师。但是 2016 年的经济规模和增长率，重庆排第一，10.7%；辽宁排最后，是负的。看 GDP 排序能够看到，辽宁排在 14 位，四川加重庆排第 4 位，也就是说，我们可以看到发展经济所有的要素，辽宁的资源不知道要好多少，但是四川经济发展的业绩比辽宁好很多，为什么？我们前面谈到四川对天空的开放，也谈到四川和重庆在发展电子商务方面走在了全国前列。另外，他们的经济发展观念，比九省通衢的武汉还先进。开放改变了四川百姓的观念，缩小了与世界的差距。

坚守：守什么？转变观念：变什么？

讲到四川和东北的区别，如果说前者成功是由于观念的转变，后者艰难是由于观念的保守，我又想起两个故事。

第一个故事：2003 年，在广州，一个药品制造企业的老板对我说："我们这些人错就错在太实在，只会做实业，不会玩财技。我们如果能会一点财技，那一定如虎添翼。" 2016 年，在北京，我又见到他。时隔 13 年，他的企业更大了。我和他开玩笑："看来过去 13 年，你的财技玩得很好。" 他连忙说："我幸亏没有去玩财技，不然可能连公司都没了。"

第二个故事：2015 年，我曾参加一个制造业企业的内部会议，讨论的是有关转型的问题。在会议上，一些管理人员用了很多篇幅阐述坚守的理念，用以说明坚守是企业的灵魂，在汹涌的激流中尤其需要坚守。结果发现，这个公司的产品和生产流程 20 多年几乎没有变过，最后在大浪淘沙的激流中越来越式微了。

两个故事，正好折射了两个企业走的不同途径，前者貌似保守，最后倒反而稳健；后者大谈坚守，倒反而失败了。"不是我老汉不明白，只是这世界变得快。" 这句话用在这里，似乎有点苦涩的味道。

本书第四章曾提出"坚守"与"创新"的关系问题。诺基亚手机的没落，显然是由于其"坚守"，而其背后则是对趋势研判的失误；同样，东北一些老工业基地的式微，似乎也与其"坚守"有关。

当坚守成为保守甚至不转型的代名词，那么企业的式微也就是命中注定的了；但当转型成为走火入魔的代名词，疯狂过后，同样的命运以不同的方式也会降临。

关键是坚守而不保守，积极进取而不走火入魔，两者的边际到底在哪里？我与张燕生的对话在不断深入：

邱震海：四川转变观念走在了辽宁前面。但四川有没有问题？

张燕生：也有。最近有一个朋友跟我讲，你是不是应该到重庆、成都看看，那儿有大量的中小企业背上了负债的包袱，陷入了风险的旋涡。过去的乱融资、高利贷和相互担保在四川中小企业当中逐渐产生巨大的市场。民营中小企业经济发展面临很多条路可选，尤其是好一点的中小企业，可以坚守实业，还可以搞房地产、赚快钱、赚大钱、赚容易赚的钱，还是玩资本金融空手套白狼。

邱震海：前面我曾提到，无论是坚守还是转变观念都需要界定。有时候，坚守往往成为墨守成规，而转变观念却变成了走火入魔。

张燕生：确实，好企业在黄金期时都有三种诱惑：第一种诱惑是坚守实业；第二种诱惑是做房地产，暴利；第三种诱惑是做资本经营。有些企业三种诱惑同时发生，做实业，因为实业是成为百年老店的基础；又做房地产，暴利诱惑太大；还做资本经营。三种都做的结果，今天的温州就是一个教训。温州原来是民营经济最发达、创业最活跃、实体经济最健康的地方，在三种诱惑下，过多地做了房地产、过多地做了资本经营，以至于到今天这个局面。凡是坚守实业的企业现在日子都好过了，不是难过。

邱震海：如果有企业家愿意三种诱惑同时接受，那至少说明他还没有放弃实业。但我听到很多企业家说：我做了20年实业，最后最值钱的还是我的厂房。很多企业家在这种情况下，干脆把工厂卖了或关了，"专心"做起了房地产或金融，这才是最糟糕的。

张燕生：厂房值钱的原因是有人需要，谁需要你的厂房？好企业。一旦退出了行业，把厂房退出来了，把工人退出来了，把市场退出来了，把原材料退出来了，那些活下来的企业日子就好过了。你没有坚守退出了，接盘者一定是实体经济转型中的获胜者和优胜者。大浪淘沙把弱者淘汰掉，做了20年实体经济还剩下厂房，但是现在有人需要你的厂房，反过来说，实体经济整个都不好，你的厂房谁还需要？

邱震海：从宏观大视野来看确实如此。但有些企业家从微观的角度，看不到这一点。很多企业家前些年走的是第三条道路，即金融投资，脱实入虚。虽然有点走火入魔，但在那种疯狂的状态下，很难顶得住金融的诱惑。

张燕生：做金融惨不忍睹，这一刻不但教育当代人，还教育后代人。

邱震海：其实，谈到坚守也要两面看，有时候坚守往往也成了不转型的代名词。我明白你指的是坚守实业。但在今天，我们看当年坚守实业的，也分成了两部分人，一部分转轨道了，与互联网和科技革命拥抱结合，而另一部分则还在老轨道上。与这些企业家聊起来，这些人有时后悔当年的坚守。

张燕生：后面那部分的错在于转型没有成功，而不在于坚守实业。

邱震海：你这个点题很重要。很多人的迷惑恰恰在这里，以为坚守实业就是不转型，或以为转型就是搞金融，走火入魔。现在是到了正本清源的时候了：中国企业家应该坚守的是实业和制造业，但旧的代工模式要走向自主、升级和创新，这才是长期盈利的根本；而非离开实业去搞金融或房地产，走火入魔。

金融害死人：如何返回制造业？

说到金融，每个人都会承认其魅力无穷，不然就不会有本书开头我曾提到的那个著名的公式 $R>G$，亦即资本投资收益率高于经济增长率，也不会有那么多的人在金融的高回报率面前走火入魔、迷失自我。

最典型的例子就是 2015 年年中的股灾，全中国的大城市恐怕没有几个家庭未被卷入其中。

翻开人类的经济发展史，早期的手工业作坊在 18 世纪 60 年代的第一次工业革命（机械化革命）后被替代，人类进入大机器生产的年代；当大机器生产需要更多地扩大规模时，金融业就应运而上了。由于金融业的诞生，大机器生产如虎添翼，并导致市场经济体制下物资的极大丰富，这才有了西方资本主义国家对外贸易的需求。

显而易见，在人类市场经济的发展过程中，金融业是推动大机器生产如虎添翼的重要推动，但金融业辅助实体经济的作用始终未曾改变。唯独进入 20 世纪 80 年代，当金融创新日益加剧并展示其远胜于实业的回报率和"魅力"之后，人类市场经济的迷失和金融自身的迷失才开始了。

这就像一个美丽的女孩子，天生丽质无疑是上天的赋予，理应珍惜，但若以此为资本而忽略了知识的积累，整天沉溺于美貌带来的虚荣乃至财富中，这就是迷失了。结果，到了一定年龄就会发现，美貌会褪色，而忽略知识导致的空白则使其一生都过得空虚和苍白。

今天的中国经济，金融不可少，但也决不能占比过高、过大。而恰恰在这方面，情况似乎不容乐观：

邱震海：前面几次提到，今天中国的 GDP 结构中，金融占比依然过大，这是一个很大的隐患。金融从 100 多年前诞生后，就一直是把双刃剑。人类 250 年前从手工作坊进入了大机器生产，然后就逐渐产生了金融业，并由此更快地推动了大机器生产，从而最后导致对外贸易的需求。但金融由于其特殊的杠杆作用，在短时间内获得巨大财富的同时，也隐含巨大的风险，即所谓"成也萧何，败也萧何"。2008 年美国金融危机就来自金融占比过大和金融创新过度，监管严重不足。今天的中国经济，某种程度上也存在类似的隐患。但对企业来说，尝过金融的"甜头"之后，往往就再也不想返回实业这杯"苦水"。

张燕生：我给中小企业讲课的时候，经常说到 GE，即美国通用电气。知道这场危机发生以后美国 GE 做了什么调整？把 GE 最赚钱的金融部门全卖了！因为 GE 的人告诉我说：金融害死人，它太赚钱，它太容易赚钱，它会把我这个 GE 全球最伟大的制造企业一步步带向空心化、虚拟化、泡沫化，若不把金融全卖了，就不可能成为百年老店，不可能有明天，我就留一点点金融租赁，直接为我的航空发动机等服务的一点金融租赁。它们把法国阿尔斯通买过来了。

邱震海：有这样的认识不难，但有勇气把旗下最赚钱的金融部门卖掉，这一点了不起，在中国恐怕没有几家企业做得到。或者至少有企业家认为，金融化和实业化是可以同时进行的。但人人都知道，这是一个迷思。

张燕生：后来我问他们：你们现在开始往制造业服务化、制造业高端化的方向发展，而过去走了一条制造业金融化的道路，一看错了就退回来了，那么当你们再次起步的时候，怎么走呢？他们说：我们会制造业服务化，坚定不移地走，把工业服务做大做强，做好主业，然后我们是坚定不移坚持制造业高端化的，因为我们太贵了，所以必须要做好的，但是过去走的金融化的方向错了，而现在重新出发做智能化。通用电气的人告诉我们：我们在制造业智能化方面，相信物联网会比西门子工业 4.0 走得更好。

邱震海：今天的中国，至少在民营企业中，认识到这一点的企业家不少，但恐怕很少有企业家能有这样的胆识。

张燕生：从这个角度来讲，我们的温州民营企业在市场化、民营化、国际化方面初始走得很好，后来被学者、金融机构忽悠，去搞资本经营、房地产，现在佛山的 GDP 有 8000 多亿元，东莞 6000 多亿元，温州只有 4000 多亿元。佛山坚守实业的结果是超过了青岛、大连，因此中小企业必须牢牢把握发展实体经济的基础，就是实业救国。

哪儿有农民工，机器人公司就在哪儿

2013 年年底，我在陕西榆林与民营企业家就谈起这个问题，并提出民营企业转型的问题。

2013 年年底，那是一个 4 万亿刺激措施效应已经消退，"转型之问"已经提出，但迫切性依然不那么强烈的时候。一年后的 11 月 21 日，央行首次宣布降息，随后的一年里又连续多次降息、降准，随后资金开始脱实入虚，中国的房地产面临新一轮疯狂涨势的前夜。

"您说得都对，但现在要我们转型，真的不知道路在何方。"一位企业家坦率地对我说，"一方面，我尽量不能裁员；另一方面，原有的贸易出口渠道还在，虽然不死不活，但在新的转型道路没有出现的情况下，我也只能这样不死不活地撑下去。"

这位企业家说得很实在。面对他的焦虑，当时的我也无言以对。

现在回想起来，2013 年年底的时候，智能化浪潮尚未全面展开，现在我们称之为第四次科技革命的浪潮尚未滚滚而来。即便以我们每个人的日常生活来说，移动支付、移动出行等生活方式，虽然已在我们身边出现，但尚未普及。

用最简单的话来说，2013 年年底的时候，生活形态尚未发生如现在这样的大幅度、根本的改变。那么，当我们知道第四次科技革命浪潮已经滚滚而来的时候，再过 4 年，生活形态又将发生哪些改变？

因此，4 年后的今天，是把这个问题重新提出来思考、讨论的时候了。

邱震海：2013 年年底在榆林，有一个企业家对我说：只要房地产继续存在泡沫，继续有钱赚，实业就无法振兴，这里面的诱惑实在太大了。确实，在旧的经济发展模式下，实业无论如何搞不过金融，也难怪企业家们在金融的诱惑下三心二意。现在的关键是：能否把企业家的注意力从金融转移到具有先进元素的实业上，比如智能化实业？在这一轮的科技革命浪潮下，智能化是一个必然的趋势，而现在的企业转型方向也就在这一方面。

张燕生：对！新工业革命是一个趋势。上一次 IT 革命带来的影响是全球供应链管理和综合物流管理，就是说把一个产品分成不同的工序和环节在全世界不同的地方完成。因此，上一次工业革命被总结为"哪儿有农民工，国际资本就在哪里"。

邱震海：这个就是弗里德曼在《世界是平的》这本书所讲的，全球化和外包的时代。这本书出版于 2007 年，我们前面曾谈过，现在回头读这本书，发现这个时代似乎已经过去了，一个新的时代，亦即智能化时代已经到来。我们的企业要做好迎接这个时代的准备。

张燕生：这个时代变了以后，有一个最根本的东西，去佛山就能看到，"哪儿有农民工，机器人公司就在哪儿"，用机器人换人，有多少农民工就给你多少机器人，如果机器人能够替代农民工，国际资本就不用在全世界找农民工了。

邱震海：说起来让人不信，中国现在已经成为全球机器人最大的需求国。以前，人们总以为日本对机器人的需求量大，因为日本的老龄化严重，大量的老龄人口需要照顾，日本人口少，机器人正好可以填补空缺。但现在，中国对机器人的需求迎头赶上，而且中国未来对机器人的使用，不是（或不仅仅）在老龄人口的护理上，而更多是在制造业的升级换代上。这与日本存在一个本质的区别，一个如蒸蒸日上的少年，用机器人升级换代，而另一个则如日薄西山的老人，靠机器人护理。全球最大、最好的机器人公司之一——德国的库克公司，居然已经被中国的民营企业买下来了。这让很多人感到匪夷所思，却是实实在在的现实。

张燕生：更重要的是，德国人对中国企业家说：你们要吃鸡蛋，那买鸡蛋就可以了，为什么要连下鸡蛋的母鸡一块也买了？中国企业家的回答是：因为未来几年中国对机器人的需求量极其巨大，因此我们不但需要产品，还需求技术，不但需要鸡蛋，更需要下鸡蛋的母鸡。

邱震海：光这个信息，就已经够震撼的了，而且对企业、对个人都具有长远的启示意义，值得每个人好好琢磨。

张燕生：在这种情况下，十分重要的是观察资本的流向。新的科技革命、物联网、云计算、大数据，是哪儿有需求，国际资本就在哪儿安家。

现在的美国，特朗普要创造就业，所以要在美国卖东西必须在美国投资，福耀玻璃为什么投资美国，它的消费市场在美国，就投资美国。它们的战略是，美国的需求投美元资产，欧洲的需求投欧元资产，日本的需求投日元资产，人民币需求投人民币资产，鸡蛋不放在一个篮子里，然后形成货币，不同的货币升跌互相对冲，不同的经济繁荣和衰退对冲。因此，对企业来讲，它的预期收益率是最可靠的。在这种情况下，它是用什么方式吸引国际资本，用什么方式在全球寻找需求的呢？有跨境电商，用物联网，它满足了需求是分散化的需求、碎片化的需求、个性化的需求和本质化的需求。

在这种情况下，跨国公司在全世界满足碎片化需求，而中国的中小企业必须要走"一带一路"，必须要到美、日、欧寻求技术的合作、人才的合作等共同开发第三方市场。从这个角度来讲，中小企业的转型，无论国际环境，还是需求的环境，还是供给的环境，还是技术的环境都在发生和过去30年完全不同的变化，从这个角度来讲，民营企业核心问题就是回到我说的那三句话，一是如何适应新常态，二是如何进行结构性改革满足新需求，三是如何能够稳重建立我们的信心和预期。

邱震海：这其中，有几个十分重要的环节：一是观念的改变；二是看准机会，果断转型；三是具有坚忍不拔的毅力，不为暂时的诱惑所迷惑，其中就包括对房地产和金融诱惑的抵制。

张燕生：前几天我到某电视台做节目，每次我看那个电视台新的大楼，我心里就很不舒服。为什么不舒服？我总觉得那个大楼是泡沫时代的遗留，看到那个就想起了那个时代，就是造钱的时代。因此，现在的中小企业，是卖房子、卖地呢，还是坚守实业呢？比如现在卖北京的一套房就是一家上市公司的纯利，但是我们要记住，这是泡沫最后的晚餐，你是想吃这顿晚餐走向死亡，还是走向新生呢？

之前我提到重庆的故事。重庆能做到别的地方也能做到，如果全国都像重庆一样通过城乡的土地制度改革，让农村的三块地——宅基地、建设用地和农耕地参与城乡统筹，增加土地供给；如果下一步国家房产税、遗产税等出台，我相信也不会远了；如果是国家的刚需的廉租房、保障性住房配套完善，房价还会疯涨吗？我相信不会了。

我相信像美国也好、欧洲也好、日本也好，共同的道路就是买房容易卖房难，房价是低的。到那个时候，中小企业再说，没房子可炒了。像重庆有一个老板跟我讲，他在重庆买了一套房，十年了一点都不动。泡沫过去了，所以我们中国人有一句老话：风宜长物放眼量。也就是说企业家要有远大的眼光，才有未来。光是忙着今天投机一套房，投机一块地，不会有未来的。所以，中小企业我觉得应该对新常态有更深刻的认识。

二、佛山制造业转型：对全国有什么启示？

在我们前面的对话中，曾好几次提到佛山。我几乎有种迫不及待要把佛山推出来的感觉。这不是由于我对佛山情有独钟，而是在多年的职业生涯中，佛山确实给我留下了深刻的印象。

我最早听到佛山这个城市的名字，还是 1995 年我在德国的时候。

那年夏天，正在撰写博士学位论文的我，同时应聘于德国的一家工业语言培训机构，专门为即将被派往中国的德国企业的员工培训中文。我的第一批学生，就是当时被派往佛山的德国企业的员工。从那时开始，我不但知道了佛山这个城市，而且还知道佛山与德国企业之间，早在 20 多年前就已经建立了较为密切的联系。

但佛山真正引起我的关注，还是在 2012 年以后，那已是在我离开德国整整 15 年之后了。

佛山的政府职能转型试验，从那里走出来的一些闻名全国的著名企业（如美的、顺丰等），以及那里的制造业转型，尤其是近年在"中国制造2025"的背景下，佛山制造业直接对接德国"工业4.0"的实验，都引起我的兴趣和关注。近年，我多次前往佛山，考察那里的制造业转型，同时也感受这个具有浓厚岭南文化氛围的城市的人文风情。

和我相比，张燕生对佛山的关注时间更长、程度更深。作为发改委的学者，他很早就与一些学者一起，把佛山作为中国城市和制造业转型的模板之一进行考察。前些年，他和一位香港学者合著的《佛山模式》一书，以中英文同时出版，使佛山的改革和转型在境内外都引起了关注。

2015年春天，我请张燕生到深圳录制节目。午餐的席间，他兴奋地谈起在佛山考察的见闻，对佛山制造业的转型评价颇高，同时也对东北经济转型的艰难颇感惋惜。就是这次午餐，直接促成了我和他在北京的几次对话，并最终把对话的精华形成书籍予以出版。

佛山：中国制造业转型的影子

谈佛山，可以有很多个侧面，但首先离不开那里的制造业。

佛山的制造业，与上海不同，它没有上海的制造业那么大和精；与东北更不同，它大都是民间和草根的企业。但就是佛山的民间、草根的中小企业，近年却展现出了相当的活力。前面提到的美的、顺丰等如雷贯耳的企业，其总部居然都在佛山一些完全不起眼的小镇里。尤其是前面提到的美的，收购德国最大的机器人公司——库克，则更是让人对小镇里走出来的佛山民营企业刮目相看。

但多次前往佛山考察的张燕生还认为，佛山的民营企业近年在制造业向智能化转型的进程，也已走在了全国的前列。

邱震海：你经常去广东，尤其多次去佛山考察。为什么对佛山情有独钟？

张燕生：因为佛山是以制造业为主的城市，是一个以民营企业为主的城市，是以中低端产业为主的城市。中国实体经济转型的困难，在佛山都能看到。

邱震海：佛山制造业的特点是，那里主要是小企业、家族企业、草根企业。那里的转型情况如何？

张燕生：它们现在转型，我的看法是比登天都难。

邱震海：此话怎讲？你在佛山感受的情况是什么样？哀鸿遍野？还是有一线生机？

张燕生：在佛山能看到的就是分化，佛山的顺德区、南海区、高明区、三水区在分化，同一个行业也在分化，像我前段时间到佛山去，一天看了四个厂。

邱震海：佛山五个区，哪个区发展最好？实体经济在转型方面，哪个区最差？还是一个区里也有分化？

张燕生：也有分化，现在比较好的还是顺德、南海，目前看转型，顺德有美的、科龙。顺德跟南海的模式不太一样，顺德有龙头大企业带动企业发展。南海是一群小企业，目前来看，有一些企业是相当好的。顺德和南海，一个是有大企业，一个是有很多的小企业，更重要的是发展出不少隐形冠军。虽然不是大的企业，但行业在全球的占比能达到百分之五六十左右的比重，这就是隐形冠军，世界最优秀的中小企业，现在开始涌现出来了。佛山现在机器人是最火的。

邱震海：美的收购了德国最大的机器人企业库克。

张燕生：那是世界上最好的机器人企业。为什么它们需要机器人呢？机器换人在佛山有大的需求。对标德国、对标欧洲、对标它们的工业服务，美的开始收购世界最好的德国的机器人企业，能不能收购？它给的价格非常高，是翻番的价格。此外，为了对标德国和欧洲的工业服务，佛山的职业教育也做了起来，不但用"双零模式"提供民营化的社会化的职业教育，一步一步形成职业教育终端、职业教育大专、职业教育本科、职业教育硕士班。

邱震海：职业教育是非常重要的一个环节，以前我们似乎很忽略。

其实，德国的"双轨制"职业教育很出名，他们也称之为"第二条教育道路"，对德国战后经济的起飞和维持世界制造业的先进地位起了很大作用。我们国家这些年开始重视德国"双轨制"，但还不是很普及。

张燕生：在现有中国教育体系下，佛山要培养职业教育博士班、硕士班很困难，所以跟华南理工大学合作办职业教育的硕士班、博士班，相信下一步还会跟香港理工大学合作，跟职业教育出身的大学合作办学。

弗兰格协会有1.8万名研究工程师，佛山想学习它的方法、窍门，建立为企业提供工艺、零部件、技术和人才的培训机构。德国这个机构的60个研究所、1.8万名研发工程师，经费的1/3是财政支持的，1/3是公共经费支持，1/3是有偿服务。德国这个机构为企业提供公共技术服务，60%以上的经费都不是从市场上来的。公共服务和公共产品的范畴，也包括职业教育。

从这个角度来讲，佛山很大程度是代表中国的实体经济，现在正处在转型中间，它所面临的困难正是中国现在所面临的。

邱震海：你到佛山去看了四家企业，具体情况怎么样？

张燕生：看了以后感觉还是比较振奋的。看了一家传统的家具企业，现在提到互联网会讲德国的模式、美国的模式，中国的模式是什么呢？中国的"互联网+""中国制造2025"。这个家具企业，使我感到非常震撼，600多万用户散布在中国各地，通过智能化平台运作，在电脑的演示屏幕上，随便点哪个用户，就会出现这个用户的位置，所选择家具的颜色、风格、品质，和家具的配送物流。他们已经能够做到全产业链，尽可能用智能化的方式展示。他们可以做到企业和用户、用户和设计员、设计员和整体服务的互动，真正满足个性化的要求来进行定制。

我还看了一家传统铝型材的企业，当时遇到一批来自德国的访问团，两辆大客车，有七八十个德国客人。我参观了四个实验室，看到了40摄氏度高温、-40摄氏度严寒、10级以上大风等各种复杂恶劣的条件下，实验室里铝材的情况。产品智能化而且高品质，就这么一个本地的民营的铝材厂做到几十亿的规模，品质、设计、服务、国际化都做得很好。这几家企业是实体经济转型的领头羊。

邱震海：你刚才说佛山制造业转型比登天还难。既然这样，那么你刚才提到的这些成功转型的企业，似乎只是少数。他们只是挑好的给你看？还是佛山制造业的转型确实已经蔚然成风了呢？

张燕生：企业看了很多，到一个地方即便给我看的是优秀的少数，我至少能知道现在优秀的少数是什么状态。举个简单例子，销售额过1000亿元，销售过2000亿元，在中国实体经济绝对是优秀的极少数。长期以来，我去中国最优秀的实体经济企业，看新产品展示，看企业生产和经营情况，内心的真实新想法是：第一，佩服，在这么困难的情况下能把企业做得这么优秀；第二，是有点伤心，很多销售额过1000亿元的企业新产品展示没有技术创新，只有商业模式的创新，只有设计、外形的改变。

邱震海：这可能是现阶段中国企业的普遍问题，亦即只有商业模式创新，而没有根本性的创新。我们在后面专门谈创新的章节里，还会谈到这个问题。

张燕生：但是，我在国外看到跨国公司的展示，能看到它未来的第二代、第三代、第四代，能够看到这个行业和这个企业未来的中长期的发展前景，可以看到它技术的储备、产品的储备、管理的储备、市场的储备。中国企业却看不到。

但是现在很多地方的龙头企业，已经跟过去优秀的大企业不可同日而语，已经有自己独特的技术优势了，注重生态绿色环保，在管理方面，包括理念，都有独特的一面，现在整体的中国经济开始出现一个新经济—旧经济、新产业—旧产业、新业态—旧业态的转换。

创新型经济是否已见成效？

本书前面谈到，现阶段的中国企业大都依然只有商业模式创新，而看不到长远的发展前景。虽然这涉及中国经济的创新历程和阶段问题，后面的章节还会有专门讨论，但我还是迫不及待，想在这里就先把这个问题的一些侧面画个轮廓。

这里的主要问题是：现阶段中国企业的创新情况究竟如何？现阶段，创新对中国经济的实际支撑度究竟有多少？

这其实还是回到本书前面提出的问题：2017 年开始的中国经济"未触底已反弹"的趋势，其中究竟有多少是结构调整导致的良性因素？

邱震海：你刚才谈到新型企业，在贸易量、产量包括占据市场方面，在经济转型中已经见到成效了吗？还是设备架构搭了起来成效没见到？经济转型也是这样，想 3—6 个月见到成效很难，企业向智能化方向发展，需要很长时间的转化过程。打个比方，如果银行转账 5 年才到账，对今天的实体经济是没有什么帮助的。另外，企业智能化的方式，美国人说 CPS①，实体和虚拟的系统，它现在有没有开始盈利，有没有开始转化为实际的成效？还是要等一段时间？

张燕生：应该这么看，拿佛山为例，既然佛山已经成为全国乃至全球机器人最热的地方，一定是有需求订单吸引，那么就说明实体经济有需求，对智能化包括新的设计、材料的需求，催生新兴的业态和新兴的产业，我个人估计这些对现在经济的支撑作用能达到 15% 左右。

邱震海：15% 具体指哪些产业？

张燕生：包括网上购物，也包括新兴的产业，估计在 15% 左右。

邱震海：未来上升空间呢？假设预测到 2020 年，可能达到多少？2025 年达到多少？

张燕生：我估计在 2020 年可能上升 5 到 10 个百分点。新兴业态、产业和新兴的经济从绝对的少数已经开始对经济产生影响，变得越来越

---

① 信息物理系统（Cyber-Physical Systems）是一个综合计算、网络和物理环境的多维复杂系统，通过 3C（Computer、Communication、Control）技术的有机融合与深度协作，实现大型工程系统的实时感知、动态控制和信息服务。

蓬勃、越来越重要。

邱震海：若再上升 5 到 10 个百分点，那就是到 2020 年可能达到 20%—25%。新兴经济若能在整个经济形态中占到 1/4 的比例，这个状况令人满意吗？

张燕生：就像生命周期一样，初始阶段是爬坡最困难的，到了成长阶段增长率会进入一个加速发展的阶段。我个人觉得，加速发展阶段在 2025 年以后，新兴经济成长会比较显著。

邱震海：刚才说到已经走在前列的和智能化结合的这些企业，到底是怎么开启转型过程的？是因为企业家领导者本身理念比较先进，还是企业状态发展条件比较好？要知道很多中小制造业企业面对转型，难于登天。

张燕生：我们在前面曾谈到中国近 40 年来，几次消费升级的历史，只不过这一次是在更高层次上的升级换代而已。既然是更高层次上的升级换代，就总有些企业走在前列，有些企业落在后面。

整体来说，中国的轻工业和纺织工业经过 20 世纪 90 年代去产能和结构调整，现在普遍轻装上阵。因此现在出口和国内市场的产品领域，轻工业和纺织工业普遍困难，但是经过这么多年的调整，往往竞争力是比较强的。在佛山的一家香港的纺织企业，生产污水处理后拿给我喝，这家企业污水处理已经达到了相当先进的水平。而且厂里的几万工人，是手机智能领工资，这有一个好处，发的工资老婆看不见，没收不了，有的企业还能做到纺织女工工作模具化。

邱震海：有没有看到失败的例子？

张燕生：太多了。以佛山为例，最有名的是科龙电器。南方视察前后，科龙冰箱在全国是最好的，这是一家最民营化、最进取的企业，现在被海信收购了。它倒在什么地方？倒在改制上。涉及基本问题是七个创始人，开办的集体所有制的企业，小规模的时候怎么都好说，当做到几亿、几十亿，做成大企业而且是全国排头兵时，当地镇政府引入了外来的投资者并购，这家企业就开始产生了一系列问题，就是民营企业在市场化过程中间怎么发展的问题。

邱震海：这是现代产权架构不完善带来的问题，也是中国民营企业持续发展遇到的根本问题之一。有没有旧经济到新经济转型不成功的例子？

张燕生：还是很多，佛山出现钢贸危机，全行业系统性风险的爆发。佛山主要有四个行业：第一个是陶瓷，很多都转移到了江西、湖南，转移到周边地区；第二个是家电；第三个是金属，困难比较大，整个去产能过程中，中国钢铁行业不景气，而佛山有很大的钢铁市场，最后全面陷入困境；第四个就是装备。现在发展起来的新兴行业是LED、机器人。

佛山能做到，其他地方能否也做到？

谈佛山，不光是为了佛山，也是为了全国。从佛山看全国，佛山的经验在多大程度上对全国有借鉴意义，这是我关心的问题。

邱震海：我们看佛山的经验，以它成功和失败为例，把佛山这个"麻雀"解剖看，有什么经验？

张燕生：第一个经验，佛山不像深圳是特区，又不像广州是省会，各种资源是最集中的，又不像沈阳等好多地方，国家重点项目放在那儿，它很草根，完全靠市场。因此它的第一条经验就是佛山的简政放权。过去35年，政府的权力是从市下放到区，因此佛山五个区是经济发展的支柱。下一步，政府公权力下沉到镇，形成几十个专业镇的合力，越分散越有活力，风险也就越分散，结构的矛盾、去产能的矛盾等也就越小，让市场起了决定作用。

邱震海：简政放权在全国推广，佛山可以说是提供了一个试点。

张燕生：第二个经验是佛山开放。佛山最大的优势是地理位置毗邻香港，香港的国际化、市场化对佛山有重大影响。广佛同城对佛山也有大的影响，过去广州和佛山交界的地方，是"被爱情遗忘的角落"，一旦同城化，边缘地带成了广州的副中心，广州的一部分。那么一觉醒来，"被爱情遗忘的角落"成了一个阳光普照的地方，可以和广州对接的地价大幅上升。很多人才、专业服务、公共服务，通过广州的分享，跨行政区划的共享，资源得以重新配置。从佛山来讲，政府的补位做得特别好。

邱震海：即所谓政府"有所为有所不为"。这是一个在很多地方都存在的问题，政府的角色要么"越位"，要么"缺位"，"到位"和"补位"似乎很难。

张燕生：第三个经验，前面曾提到，佛山的职业教育非常好。企业想转型升级，员工从哪来？工匠从哪来？佛山政府是"双零"模式，职业教育中学生零学费、学生掌握技能和参与生产实践零距离。佛山职业教育学校的就业率100%，而且培养无论是规模、建制还是质量，都是上乘的，对标德国的模式。佛山的医院经历市场化，现在又回归公益，提供了更好的医疗保健服务，做得很好。国家号召政府增加公共产品、公共服务，佛山市政府一直在补这个位。

邱震海：政府补这个缺位，非常重要。很多地方政府缺乏的恰恰就是这个。另外，佛山作为草根城市，职业教育做得好，但在创新方面能否与其他大城市匹敌？

张燕生：这就是佛山的第四个经验。从佛山来讲，目前面临发展最大的问题就是，光靠佛山市政府增加公共产品、公共服务是不行的，比如做创新，佛山市政府引入了清华大学在本地成立分校，支出部分财政吸引科学院，支持科学院跟佛山共建科研中心，以此促使科技成果产业化、商品化，让科研人员、科研机构和企业实现对接，帮企业解决一线问题。但我去调研时发现，光靠一个城市的力量太不够了。

因此当我跟佛山政府领导介绍深圳的优势和缺点时，他们跟我说了一句话，说深圳作为特区，全国最好的地方，如果都存在这些短板，佛山根本比不了，怎么可能有深圳特区的能力呢？其实这就涉及政府补位的问题，政府补公共产品、公共服务的"缺位"，"位"是下一步需要花大力气解决的。

邱震海：像佛山这样，下一步如果公共财政支出不够，是不是意味着中央政府要给它多点补贴？或者在央地财税关系的调整中，适度向这样的城市倾斜？

张燕生：我个人觉得不需要补贴，佛山并不缺钱，只是靠佛山一个城市无法完成更大范围内提供的公共产品服务。

邱震海：要跟中央配套。

张燕生：讲创新，佛山是香港科技园，香港在创新方面虽然不是强项，香港的研发强度只有 0.73，远不如广东，可能是广东总投入的 1/4。但是香港比较规范，在知识产权保护和产品检验检疫这些方面，都做得很好。佛山应该跟香港科技院和研究院合作，跟内地科学院合作，要像蜜蜂采蜜一样，将中国各地区的研发创新的优势结合起来，也包括欧洲的、美国的。缺技术怎么办？缺工艺怎么办？缺零部件怎么办？缺材料怎么办？缺新理念怎么办？政府要帮佛山的企业解决。那就要形成一个网络，使企业知道缺东西时政府应该怎么帮，公共服务很重要。

从这个角度来讲，佛山解决的还是不错的。比如在佛山打工的农民工，要想取得佛山的身份，要考察他在佛山生活了多久，五险一金缴了多久，以此判断是否可以取得佛山人的身份，然后就可以享受教育、养老、住房、医疗等这些公共服务了。居住证、户籍制度改革，佛山做得都很好，有一套规范的制度。

邱震海：佛山的转型，你觉得对全国其他地区企业转型有没有借鉴意义？

张燕生：我觉得有借鉴意义。佛山很草根，它能做到的别的地方也能做到。中国过去 35 年的发展模式，一方面是地方政府之间的竞争来促进的，另一方面是地方政府之间的合作促进的。只要有好的模式，全国各地都会去学习、参观、交流，然后吸收。比如，佛山有些干部去东莞当了市长，他会把好的东西带过去。

四、中小企业究竟怎么转型？

谈完了佛山，我还是想回到本章开头的话题：中国中小企业的境遇目前究竟如何？

谁都知道，中国企业生态一般是三分天下，即国企、外企、民企。这三分天下中，谁的地位最高？谁对经济成长的实际贡献最大？对此显然见仁见智，而且地位与实际贡献不见得就能完全匹配。

可以肯定的是，在这三分天下中，外企的地位正在日益下降和边缘化，与20世纪80年代改革开放早期的情形形成截然反差。其中的原因既正常又复杂。所谓正常，即中国经过近40年的高速发展，从当年仰望西方到与西方平视，乃至在经济规模上超过绝大多数的西方国家，外企在中国的地位发生变化属于题中之义，势在必然。所谓复杂，则涉及中国国内环境随着富裕而需要保持开放的问题。

至于国企与民企的地位与贡献，则又是一个见仁见智的问题。很多年以前，当时的浙江省工商局局长为民企仗义执言，一时成为舆论热点人物。有一次他与央视主持人对话，用平底鞋和高跟鞋来比喻民企和国企之间的地位差异，用站着说话和坐着说话来比喻民企和国企的不同境遇，引起舆论热议。那个时候的浙江，作为民营企业大省，其逾75%的出口和逾95%的就业都是民营企业带动的。但在实际地位上，民营企业的地位始终只是"杂牌军"，与作为"中央军"的国企和央企不可同日而语。

在民企中，绝大部分都是中小企业。显然，中小企业无论其规模还是地位，都无法与"中央军"抗衡，甚至都无法与同是"杂牌军"的其他较大的民企平起平坐。

然而，如果我们把视野稍稍扩展到国际就可发现，凡是所有成熟的市场经济国家，中小企业都是"主力军"，而绝非"杂牌军"。我在其他著作中，就曾记载前些年导致美国"能源革命"成功的重要因素之一——页岩气和页岩油的发现，就是首先由美国的一些中小企业开启并主导的。这显然至少在现阶段的中国，还是一件难以想象的事情。

邱震海：关于中小企业转型的问题，中小企业整体生存氛围有没有改善？某种程度上可以说，中小企业是国民经济主要的支柱之一。

张燕生：应该说有一定改善，这个改善对中小企业来讲，首先第一个问题是要有转型的共识，转还是不转？我们以前跟中小企业打交道，它们寄希望于经济繁荣，认为中国政府有4万亿元，不愿意转型。我个人觉得，从上年到今年中小企业有一个新的共识，叫非转不可。我之前讲了就是中小企业转型有利有弊，缺技术、人才、资金和品牌，缺渠道，缺转型的经验和能力。这些民营企业、草根经济，市场沉淀下来的中小企业现在面临的转型非常难。

满足变化的需求，从"游击队"走向"正规军"

邱震海：谈中国实体经济转型，我们详细解剖了佛山，简单解剖了东北，这些个案对中国全国实体经济转型有什么启示？

张燕生：实体经济转型，第一要义就是满足需求，而需求转变，就要有满足需求变化的能力。现在的需求起了什么变化呢？老百姓不再是只买便宜东西了，要买好的商品和好的服务。

邱震海：这是一个非常重要的变化。根据日韩和欧洲等国的经验，中国经济转型期有三大经济结构调整刻不容缓：一、由简单的生产要素拉动转为创新拉动；二、由基建投资拉动转为内需拉动；三、经济结构中，由第二产业占主导转为第三产业，尤其是生产类的服务业占主导。这三大转型，每一个转型都是一块"硬骨头"。

就以第二个转型，亦即内需拉动来说，我们在前面提到，这将是未来中国经济的主要拉动力。但是，现在的中国老百姓可谓"大钱没几个，但小钱都有几个"。唯其如此，大家都很关心房价、股市，说明手里有几个小钱了。但问题是，若以年龄层来划分，年纪大的人不敢花钱，这里面有穷苦时代养成的节俭美德，也有社会保障系统还不完善的因素；而35岁以下的新生代，也就是我们前面提到的敢于消费的一代人，用你的话来说，他们不是价格的敏感者，而是价值的追求者。

张燕生：正如我们在前面提到的，经济结构调整的全部目的，就是满足"新生代"的消费需求。

邱震海：但问题是，这些新生代却往往"有钱不在国内花"，而宁可千里迢迢跑到日韩或欧洲去消费。每一个"黄金周"，都可在日韩和欧洲主要国家的商城，看到无数的中国年轻游客。我仔细观察了一下，他们大都在40岁以下，很多都是夫妇同行，手牵不到10岁的孩子，还拖着两个空的大箱子。他们只做一件事——买买买。若问他们为什么不在国内消费？回答很简单：国内买不到这么好，而且又这么便宜的东西。这其实是对中国制造业提出了一个非常严峻的挑战。

张燕生：2015年中国老百姓在境外购物花了1万亿元。2020年，学者普遍预测，中国的中产阶级将倍增，就是说买得起好东西，而且愿意付高价买好东西的老百姓将倍增。一个13亿人的国家，买好东西的人在倍增，这种倍增是海量的。对企业来讲，实体经济的挑战就是，现在老百姓要买好东西，企业怎么提升自身的能力生产出好东西？产品好、售后好、服务好，否则老百姓不买。老百姓现在全世界买，有跨境电商、有海淘，马云到处海淘，企业生产不出来好东西就意味着只有死。

邱震海：但很多企业家对我说，目前产能过剩，怎么谈转型升级。这种想法有问题，却十分现实，是任何经营企业的人都无法回避的。

张燕生：中小企业需要从"游击队"向"正规军"转变。这种转变是非常困难的，怎么办？现在的企业35年来发展得很不错，但它们有没有实力和能力，在美国、欧洲、日本和跨国公司竞争？目前还没有，怎么办？走农村包围城市的战略，响应"一带一路"倡议。为什么呢？就是到全球跨国公司竞争最薄弱的地方去，完成脱胎换骨的转型，完成从"游击队"到"正规军"的转型。原因非常简单，现在的产品中国老百姓不要了，美国、日本、欧洲的老百姓也不要，而且韩国、印度、孟加拉、东南亚生产的产品也不要了，那么低成本和价廉物美的产品卖给谁？"一带一路"周边的老百姓需要。中国转型之前的东西，他们就已经喜欢得不得了了。

邱震海：这就是所谓的产能输出？

张燕生：原因非常简单，中国产品最大优势不是世界最新的，也不是世界最好的，却是世界最实用的。买一个中国的产品，国外的消费者愿意付两块美金，中国定价是 80 美分，消费者每买一个中国制造的产品，可以得到消费者剩余的一块两毛钱，可以买更多的东西。因此消费者买中国的东西意味着消费者剩余增加，意味着经济富余，可以过更好的日子。

可是过去 35 年，价廉物美的中国商品都卖到了美国、欧洲、日本，因为全球采购体系是跨国公司的。跨国公司把中国价廉物美的商品，卖给美国、日本、欧洲，却没卖给亚非拉，亚非拉老百姓就享受不到福利。现在中国企业面临一个挑战，怎么能够把自己价廉物美的商品，通过"一带一路"卖到亚非拉，让亚非拉的老百姓也能享受价格福利。"一带一路"的市场对中国企业是个增量，哪怕多卖一件摊薄固定成本，企业就合算。从这个角度来讲，"走出去"很重要。

企业转型机会一：利用"一带一路"机遇

邱震海：问题是，如果说走出去只是解决产能过剩，那么这样做能帮助中国企业完成从"游击队"到"正规军"的转型吗？

张燕生：不要说到美日欧转型了，连存活都不容易。中国的"游击队"，到亚非拉就变成"正规军""武工队"了，再跟美国、日本、韩国企业合作走"一带一路"，共同开辟第三方市场，并完成自己的转型。

邱震海：这样，国内市场空出来了。

张燕生：国内市场继续和跨国公司打仗，国内市场才是本。

邱震海：但如果在国内市场还继续供应便宜而质量不好的东西，中国的老百姓买的将越来越少。

张燕生：用"一带一路"的市场增量完成存量升级。总不能坐着活活等死吧？

邱震海：两边同时进行，一边交学费一边挣钱，一边学习一边转型。其实，中国企业是可以做出质量好的产品的，只是生产好产品的容量不够，只能先供应出口；而大部分的企业则只能提供国内市场的低劣产品。我在本书第一章谈消费转型的时候，曾举过汽车儿童座椅的例子。同样的汽车儿童座椅，内销和外销产品，无论质量还是价格都相差很大。这里的问题是，内销商品质量差而便宜。须知1400—1500元的汽车儿童座椅，只要质量好，在现在的国内市场完全有很多人，尤其是新生代消费者愿意掏钱购买。这就是新生代对价值的追求，而不是首先对价格的敏感。至于原来那些内销产品，也许可以相同或略贵一些的价格外销，当然提高质量依然是一个重要的要求。

张燕生：用这种方式形成互动，企业无论去产能、去杠杆、去库存，核心问题其实是财务状态的敏感性。

邱震海：这是很实际的，对大多数企业是可操作的。现在很多企业说库存去不了，转型怎么转，没办法完成自我升级，只能开辟新战场。

张燕生：在遇到危机时广东企业就是这么做的，当时广东什么东西都贵，但相比而言中西部还便宜，有些在广东的农民工是要回家的，就把材料和工序带到他们的家乡办分厂。广东的总厂负责生产复杂工艺环节的配件，农民工回乡生产便宜环节的配件，把这两个环节成本降低，市场占有率能提高不少。

邱震海：自己就完成了腾笼换鸟。

张燕生：同时政府也要转型。因为实体经济的转型，光靠企业是不行的。

邱震海：让政府转型就不那么容易了。讲了那么多年了，效果一直有限。

张燕生：它需要全社会齐心协力。党的十八大报告讲的两句话，第一句话叫"牢牢把握发展实体经济这一坚实基础"，下一步的发展要牢牢把握发展实体经济命脉不能丢，我们这代人当时提倡的是科技救国、实业救国，这是本。而现在全球经济遭遇困境，以金融为主导的现代资本主义在全球搞经济区域化，下一步这个本中国还是不能丢。要想留住这个本就是供给侧结构性改革。

第二句是"牢牢把握扩大内需这个战略支点"，实体经济要发展没有需求怎么行，怎么生存呢？用自己的需求、消费带动中国的实体经济转型，促进世界实体经济和中国市场的相互依存，这样才能真正做一个负责任的大国，因为扩大内需能够带动进口，能够带动"走出去"，从这个角度来讲，它能够使中国从本土视野讨论实体经济，变成全球视野讨论实体经济。当然也可以增加第三句，牢牢把握"一带一路"带来的重大机遇。

邱震海："一带一路"说得很多了，但中小企业究竟怎么才能抓住这一机遇？

张燕生：中小企业必须意识到"一带一路"是转型的必经之路。因为企业对外投资，把它们的视野从中国市场放到全球市场，一般有两种办法。"一带一路"为什么对中小企业来说是转型的必经之路？就是因为它的国别风险最高、制度风险最高、经济风险最高、政治风险最高、经营风险最高、市场风险最高，所以全球跨国公司不去，是全球跨国公司最薄弱的地方。

邱震海：在这些高风险地区，机会多，但风险也大，一如高回报的投资必然与高风险相捆绑。在这方面，中小企业需要做的功课很多，绝不能掉以轻心。

张燕生：中小企业走出去，核心就是怎么在高风险的地方活下去，因为"一带一路"沿线国家很穷，中小企业即便不转型的产品对它们来说都是好的。如果转型了，比如笔变成更高档的，他们反而买不起了。现在，中国企业要把中国的笔卖到"一带一路"沿线国家，要有自己的品牌、渠道、技术等。中小企业把中国的笔卖到"一带一路"

沿线国家，必须和本地企业合作，本地投资，实现本地化。我们讲中小企业"一带一路"，用习主席的话讲，管总分化。下一步未来30年中国经济开放是管总分化，怎么走？跟着政府"一带一路"自由贸易区战略走，跟着政府的境外经贸产业合作园区走。

邱震海：有些民企"走出去"的步子迈得很大，很结实。前面我提到2014年，中国对外投资的总额首次超过引进外资的总额。在中国国内以投资拉动经济的浪潮中，看到的主要是国企甚至央企的身影。当然，2017年9月，杭绍台铁路PPP项目签约，民营企业占股达51%，中国终于出现了第一条民资控股的高铁。这是令人振奋的现象。

同时，在中国对外投资的队伍中，我们看到的主要是民企的身影。这是一个值得注意的重要现象。中国民企"走出去"，大量的是收购外国的企业。我20多年前在德国学习、工作时，几乎没有中国企业，但今天中国企业在德国已到处可见。

2016年，中国在德国投资项目数量达到281个，这已是中国连续第三年成为在德投资项目数量最多的国家。这都是纯绿地投资或扩建项目。至于中国企业对德国企业的收购就更多了，2016年达到1707项，是2015年的4倍。中资收购德资企业的特点是金额巨大，就连德国最大的机器人公司库卡，都被中国的民营企业买下来了。

张燕生：我个人觉得，中小企业现在的发展，我们讲对标德国，对标欧洲，核心问题是怎么用德国人的工业服务自身，用他的设计、他的资讯、他的人才、他的商业、他的资金流、他的人才流等，使中小企业升级。现在看到中小企业开始在"一带一路"，与德国等为代表的欧洲合作的方面迈出了很坚实的步伐。

就像佛山的民营企业购买库卡，库卡是全球四大机器人之一，欧洲人卖得心痛，欧洲人讲中国需要鸡蛋买鸡蛋就可以了，怎么把下鸡蛋的母鸡也买走了？后面我跟德国人讲，我说请你们到佛山看看，看看民营企业，它们不但需要你的库卡生产德国式的鸡蛋，而且还需要生产中国式的鸡蛋，不需要最先进的，不需要最新的，它们需要能生产中国本地化的。因此，库卡能够更好地服务中国中小企业，也就要本地化。

从这个角度来讲，中小企业转型的环境是有所改善的。而且，这些中小企业也在努力寻求政府企业社会间的伙伴关系，来改善中小企业投资环境、发展环境。从这个角度来讲，我个人觉得最近几年中小企业的环境还是有比较明显的改善的。

企业转型机会二：抓住科技革命机遇

邱震海：我在前面两次提到 2007 年弗里德曼的畅销书《世界是平的》，其中举的例子就是从 2002 年到 2007 年全球化和服务业外包的趋势。现在看来，书中的观点之所以都旧了，是因为全球化的时代似乎结束了，或至少遇到挑战，而人工智能、移动互联网、大数据大行其道。对中小企业来说，最主要的未来生态是什么样的？

张燕生：我个人觉得，要谈这次新工业革命，首先要回答一个叫"戈登之谜"的问题。戈登是美国西北大学的宏观经济学家，他提出一个什么谜呢？他就讲这么眼花缭乱的科技革命，为什么没有改变全球劳动生产率减速的趋势呢？也就是说科技革命会带来科技进步、创新和生产力的增长，但是戈登说从数据来讲没有发生，科技革命是真的还是假的，眼花缭乱的科技革命是替代线上还是替代线下呢？

然后，国际清算银行发表一篇报告讲，2015 年全球劳动生产力的增长只有 10 年前的 70%，这就提出一个问题，蒸汽机替代手工，电动机、点燃机替代低效力，用电气化带动蒸汽化，带来跨时代的革命性的影响。今天讲的互联网+、云计算、大数据、无人驾驶，讲得眼花缭乱，但是究竟改善了什么？

邱震海：我曾与一个在美国学习经济学的大学生争论了很长时间。当我说科技革命的时候，他说当今的技术进步都还不能被成为"革命"，而只是技术的改善、进步，不是革命性的东西，与 18 世纪下半叶到 19 世纪下半叶机械化、电气化给人类带来的革命性进步相比，都还不能相提并论。他的观点不无道理。现在看来，过去 30 多年里，从互联网到移动互动网，直到智能化浪潮，从科技原理上确实都不能称为革命性的科技成果。直到人工智能的诞生，新的一轮科技革命可能才开始展现，而这个时代已经来临了。

张燕生：这是一个可以长期讨论的问题。像中国人看汽车是怎么看，中国人认为最好的汽车是德国生产的，第二是美国汽车，第三是日本汽车，第四是韩国的。日本的汽车有眼花缭乱的新装置、新设计，但是两个日本车一撞就散架，这样人家认为好的就是德国的车。这里产生最大的问题就是互联网和技术怎么改变供给、生产。要创新，而不是消费。

邱震海：改变还是有的，商业模式的创新还会带来财富的增长，但这不是革命。

张燕生：对，仅仅是有限的改善。

邱震海：创造财富，本身不是一场革命，更不是科技革命。我们将创新分为原创和商业模式创新。今天的许多原创性成果，也还没有达到革命性的地步；至于商业模式创新，那就更只是利用别人的原创成果来拓展商业而已，虽然这会带来财富和人民生活的改变。但在中国的现阶段，也不能否定商业模式创新的作用。对中小企业来说，这又意味着什么？

张燕生：过去叫后发优势，跟着别人走，现在叫先发优势。先发优势就是你跟大家一块走，怎么能够把握先机。在这种情况下，中小企业如果能够创新，如果能够国际合作，如果能够从全球角度调配你需要的各种要素，就有可能产生颠覆性的变化。因此可以看到中国现在有一只手，包括中小企业，在全世界找创新最前沿的，创新的概念和创新的设想。

邱震海：这是中国人很厉害的地方，也是一个特殊的阶段。

张燕生：找到以后就会有人把它抓到中国，中国有市场，中国有资本，中国有产业，因此那些民营中小企业就在第一时间参与了世界前沿的技术和领域。需求和供给爆发式增长，企业地位上来了，获得资本、订单和关注更容易。我们给中小企业讲课，过去问做什么，做钢铁、煤炭、水泥。现在一问做什么，物联网、人工智能。再一问他哪年生的？1986出生。去年赚了多少钱？3个亿，等等。这些东西就代表了中小企业。他们可能是富二代，可能是创二代，可能是新生代，"80后""90后""00后"的教育和观念完全和我们不一样，他们是与世界同步的。

邱震海：现在这些年轻人利用先发优势可能走在前列，现在中国是为中国而创新。把世界的东西拿来，改善，最简单的就是微信。

张燕生：微信引起的微信支付，现在在中国不需要带钱，不需要带信用卡。

邱震海：这是为中国而创新，但是在中国改善后用得特别好，在中国产生非常大的需求爆发，集成创新。在某一方面一定是好事。

张燕生：但是不跟踪的话，世界会远远把你甩在后面。

邱震海：所以这一轮的科技也好、革命也好、大潮也好，对中小企业来说，既是一个机会，也是一个挑战。

第六章
下一个倒下的会不会是你？

读到这里，你可能已经发现，有两个概念在本书就像两条红线，始终贯穿其中，那就是：转型和创新。就中国未来发展的内在逻辑而言，这两者是密不可分的，中国经济的转型方向就是创新，而创新又会极大地推动中国经济转型。

请注意，在这里谈的是创新，而不是模仿、拷贝。模仿和拷贝（或者说山寨），我们在过去 30 多年里已经很熟悉了，而且几乎"驾轻就熟"；创新，对我们来说，却始终是一个陌生而具有挑战的东西。

读到这里，也许一个沉重的问题在你的脑中浮现：我们能创新吗？

如果此时此刻你的脑中浮现出这个问题，我觉得十分正常，因为我们的几千年的传统教育里，从来就没有任何鼓励创新的元素。当孔子告诉我们，教师要"传道、授业、解惑"时，并没有把鼓励学生具有独立思维和挑战现有权威作为教育的终极目标。在这样的传统教育下，学生似乎天生就养成了一种本能，那就是服从权威，并把自己的创意隐藏起来；久而久之，聪明的中国人就变得不会创新了。

这听起来似乎很尖锐。让我还是从一个故事讲起吧。

记得很多年前在德国读书的时候，曾经发生过这么一件事：在大学一个人文学科的小组讨论上，一位刚从中国到德国留学的政治系的中国学生，轮到自己发言前，急得问旁边的同学："我该说些什么？"

旁边的德国同学说："你有什么观点就说什么。"

没想到，这位中国留学生说："我不知道说什么，我没有观点"。

1997 年我离开德国前，撰写了一本 40 万字的书《德国：一个冬天之后的神话》，里面就讲到了这个故事，借以警示中国的教育，再也不能以知识灌输为主要任务，而要培养学生挑战一切的创新能力。

从那个时候到现在，将近 20 年过去了。我不知道，现在西方校园里中国留学生的思想活跃程度是否与那个年代有了很大的不同。我希望，同时我也相信，今天的情况与当年应该有了很大的不同。

原因很简单：这 20 多年里，中国发生了翻天覆地的变化，尤其在经济实力上，与当年完全不可同日而语。

然而，一些更深层的困惑也许正是从这里开始。

一、中国：缺乏创新，何以发展迅猛？

20 多年前，中国刚刚开始进入市场经济，一切都比西方落后很多。

那个年代的西方大商场，几乎看不到中国顾客，更看不到大把大把刷卡的中国消费者。那个年代的欧洲，完全看不到中国企业投资的身影，更旷论收购、兼并欧洲最好的企业了。

但今天，兼并收购欧洲企业的最大买主来自中国。本书前面曾提到，处于中国经济下行期的 2014 年是一个重要的拐点：那一年，中国的对外直接投资总额超过了中国吸引外资的总额。张燕生在本书前面的对话中也曾提到，当中国企业要购买德国最大的机器人公司时，德国人发出疑问：你们若要吃鸡蛋，光买鸡蛋就可以了，为什么还要把生蛋的母鸡也一块买下来？

这就是今天的中国发展的现实，也是中国的勃勃雄心所在。这是 20 多年前，我在德国留学、工作时完全难以想象的事情。

究竟如何看这个现象？如果没有创新，中国怎么可能发展得这么快？

让我们把焦点收窄一点，聚焦在我们每个人都离不开的移动互联网领域吧。

本书前面曾提到，2014年当我第一次听到以后出门可以不带钱包时，我认为这完全就是一派胡言。但几个月后，这一幕就发生在我自己身上。"不怕钱包没钱，就怕手机没电"不再是一句玩笑，而是今天中国实实在在的现实。当农贸市场的大妈都能接受二维码，甚至当乞丐都在用二维码乞讨的时候，任何人都无法罔顾中国正在发生的这一迅速而深刻的变化了。

所有的这一切方便，在今天的美国没有、欧洲没有、日本没有、东南亚没有、中国的港澳台地区也没有。中国大陆在这方面是全世界最发达的地区，没有之一。

如果我们全面、客观而不带任何偏见地看，必须看到下面两个事实：一、走遍全球各地，必须承认，包括移动支付、网络约车在内的移动互联网生活方式，在中国发展最为广泛，其广度和深度都远远超过了所有的西方国家；二、就移动生活方式的技术端而言，几乎所有的技术都不是中国自身的，而是来自西方世界的原创。

如前所述，风靡中国的BAT（百度、阿里巴巴、腾讯）几乎所有的核心技术都来自西方原创，BAT所做的最"伟大"的事情，就是把西方的技术原创拿过来，根据中国人的消费和审美习惯加以改善，并整合出一个具有潜力的商业模式。

两个事实，一对矛盾。问题又回到了原点，只不过更为启发思考而已：中国人究竟是否具有创新精神？如果有，那么如何解释迄今所有的科技原创均来自西方？如果没有，那又如何解释中国这些年的成功，尤其是在整合西方原创成果之后的商业模式创新？

模式创新发达，原创依然落后？

有个在中国生活的美国人前几年写了两本书，书名分别叫《廉价中国的终结》和《山寨中国的终结》。看书名，大概就知道书的中心思想了。前者出版于2012年，后者出版于2016年。

请大家注意这两本书分别出版的年份：2012年和2016年。2012年是中国人口红利发生质变的一年，而2016年则是中国经济全方位进入"新常态"，创新再也不能被回避的伊始之年。

前面一本书的中心思想，就是前面讨论的内容，中国新生代的消费需求和结构已发生质的变化，中国年轻消费者已不再是价格的敏感者，而是价值的追求者；后面这本书的中心思想，是下面将要讨论的内容，即今天的中国是否依然只是山寨，还是已经开始创新？今天中国的创新，是一种什么样的创新？它与未来中国将要承接的创新之间，又是一种什么样的关系？

《山寨中国的终结》一书，将中国最近20多年的创新进程分为三个阶段：一、山寨阶段；二、新兴创造力+为中国而创新；三、为世界而创新。这三个阶段中，第一个和第三个阶段比较好理解，前者就是完全没有创新的山寨阶段，而后者则是为世界各国所使用的独立创新品牌。

就现阶段的中国而言，也许正处于他所说的第二阶段，亦即新兴创造力勃发，但大都采用国外原创技术来形成自身的商业模式；作为愿景和目标，中国创新的未来一定要走向第三阶段，即以自身的原创改变世界。

2015年后，中国进入了"大众创业，万众创新"的新阶段。但大家不妨在自己的周围观察一下，在这个"双创"氛围里，周围的创业者以及他们所推出的品牌，有多少是来自中国的原创？

不可否认，在这个特殊的阶段里，一个标准的创业模式是这样的：从欧洲、美国、日本等发达国家拿到一个原创的技术，在中国大地上根据中国的具体国情和消费者的要求，做些许的完善和加工，然后迅速借着资本的力量予以推出。

就以今天全中国的人们都已离不开的微信而言，必须承认，在全世界的社交软件中，微信的功能最为齐全和完善，尤其适合华人的使用习惯。但同时又必须承认，作为一款社交软件，微信并非原创和首创：早在微信推出之前，就已有不同的社交软件风靡全球。

一如过去 30 多年里，中国的成功主要是由于融入全球化进程，并在全球生产链中占据一个有利的加工者的位置，然后以"外向型经济"和"以出口为导向"迅速出口换汇，今天中国的创新模式及其全部的奥妙，就在于我上面描绘的那两段文字里。

在这种模式的主导下，我们看到，"双创"的氛围在中国兴起了，同时逐渐成为中国经济增长的新引擎；中国经济和人民生活的某些方面，在全球成为最先进和最发达的一个方面。

但这一切，从狭义上不能被称为中国的创新，而只能说中国在使用别人创新成果方面做到了最好。也就是说，中国的原创依然缺失，但在商业模式的创新上取得了成功。

在这方面，下面三个因素不可忽略：一、在今天的中国大地上，人民对美好生活的向往是一个主流，中国民间对一切能够改变、提升生活和生产方式的新技术，抱着极其开放和宽容的态度；二、中国大地上存在着巨大的消费需求，就像马云曾讲的，电商之所以在中国如此发达，是因为广袤的农村地区对此有巨大的需求；三、不可否认，中国的法治相对不完善作为"双刃剑"的另一面，在中国的创新进程中起到了正面推动作用；在个人隐私得到法律极大保护和规范的欧美国家，移动支付不可想象在起步阶段能有中国这样的速度和规模。

我大胆地预估，这个阶段在中国可持续到 2022—2025 年。在这段时间里，依然可以利用别人的原创，并结合自己的需求和"小聪明"赚到财富。但最晚跨越 2025 年，我们必须具备原创的能力，亦即达到《山寨中国的终结》那本书里所讲的第三阶段：为世界而创新。

关键是：从商业模式创新走向原创，并非一夜之间可以完成，而需要我们从现在开始就播撒原创的种子，并等待它发芽结果。

这些种子，我们现在播撒了吗？

写到这里，我想起最近在谈到中国互联网创新时，一个新的字母缩写正在渐渐替代原来的 BAT，这个缩写就是 BATH，后面的 H 就是华为。如果说，过去人们谈到中国的互联网企业时，只是以 BAT（百度、阿里巴巴、腾讯）为标杆，那么在创新领域里，真正的标杆则应该是华为。有关这个问题，我将在本书后面的章节里陆续提到。

问题是：目前的中国距离这一步有多远？中国是否具备达到这一步的基础和条件？

专利数量全球第一：奥秘在哪里？

让我再给你讲一个故事吧。

2010 年，我主持一个有关中国产业布局和创新的研讨会，席间有一位主管中国科技创新的高级官员。这位官员非常自信地对我说起，中国专利申请数量已经全球第一，中国的创新能力已位居全球前列。

2010 年，我听到这个说法的时候，确实吃了一惊。7 年后，当我再回头看时，我发现，那几年确实是中国专利申请数量突飞猛进的几年，这个势头一直延续到现在，甚至还会延续到未来。

看了这个事实，我想任何人脑中的第一反应都是："谁说中国人不会创新？不然怎么会有全球数量第一的专利申请？"但 7 年后再回头看，又可以发现另外一个事实，那就是：中国的问题不在于专利申请的数量，而是已获批的专利的质量，具体说来就是专利的被授权率和转换率。

读到这里，你也许觉得有些枯燥乏味了。请允许我简单地解释一下。

所谓的被授权和转换，在专利领域是两个不同的概念，前者是指申请的专利通过了国家知识产权局的审查后，认为其技术等符合专利的授权要求，给予的具有法律效力的授权证书；而无授权的发明专利，不具备法律效力，只能证明该技术曾申请过专利，但最终国家知识产权局认为不符合授权标准，也就是无效的专利。而转换率则是指专利被实际转换为市场运作的过程。专利授权代表该专利的原创性，而转换则代表该专利被市场化的程度。

我对于专利申请及其与创新之间的内在关系完全是外行。在论坛上，我只是根据常识追问了一下，在中国获得专利的项目中，被授权率或转换率是多少。

但没有想到的是，这位官员的回答居然是语焉不详。

那位高级高官的语焉不详，让我印象很深刻。出于礼貌，我在论坛上不再继续追问，但有了这次的经历后，我开始关注中国专利的申请数量的增长、被授权和转换的情况。

但这样一关注后，才发现问题的复杂和严重。

国家知识产权局发布的 2013 年中国发明专利有关情况显示，中国发明专利申请量连续 3 年位居世界首位。但与此同时，据媒体报道，2012 年，中国有效专利中"高质量"的发明专利只占 15.7%，基于专利数据的"2012 全球创新企业百强榜"更无一中国企业。

这两个数据放在一起，其反差之大和警示之深是不言而喻的。

如果我们再把中国的专利授权率与日本做一个比较，那么结果就更触目惊心了。有数据显示，2012 年，中国的申请量是日本的近 3 倍，但 3 倍的申请量，被授权的件数还没日本的多，日本的专利授权率竟然高达 80%，是中国的 2 倍以上；2012 日本的申请量比 2008 年下降了约 5 万件，而授权量反而增加了约 5 万件，授权率就已达到 64.6%，而中国的申请量和授权量都是快速上升的，授权率基本没啥变化。

由此可以看出，日本正在降低专利的申请数量，开始提高专利的质量，能体现专利质量的发明授权率的差距越来越大；而中国则正好相反。

但无论如何，重视创新的风气在中国出现，并成型了，中国进入了"为中国而创新"的过渡阶段。这个阶段的特点有两方面。

一、虽然中国自身原创不多，但却特别善于将别人的原创拿来并不断完善，从而整合出富有前景的商业模式；今天的 BAT 模式，以及正在改变我们生活方式的移动支付和移动出行模式，还有在"大众创业，万众创新"浪潮中出现的许多技术与资本的结合模式，大体上都是如此。

二、虽然数量依然很少，但原创的潜力和势头正在出现，而且正在越来越多地转换为生产力，华为就是一个例子。从 BAT 走向 BATH，不但是一个标志，而且是一个里程碑式的阶段。

2012 年后：谁不创新谁死？

问题在于：中国不能只有一个华为，而是需要一大批华为；中国不能较长时间地停留在把别人的原创拿来修补、完善的阶段，而是要迅速走向"为世界而创新"的原创主导阶段。

更重要的问题在于：中国在创新过程中出现的问题，究竟是阶段性的问题，随着创新进程的推进将不断化解，还是作为痼疾而将不断毒化？这些问题显然涉及面更广，不可能一下子回答清楚。但总应该尝试去探讨这些根本问题。

不过，我与张燕生关于创新的对话，还是从经济和企业领域开始，然后才逐渐深入的。

邱震海：你有个观点说，2012 年之前谁创新谁死，2012 年之后谁不创新谁死。为什么 2012 年是一个节点？

张燕生：2012 年之前说谁创新谁死，很大程度是由于过去中国老百姓普遍的收入比较低，处于温饱状态，因此中国的消费者都是价格的敏感者，是杀价高手，甚至有钱人，也是要买便宜的。在这种情况下，企业就生产便宜的东西，这样一来劳动力用最便宜的、材料用最便宜的、设备用最便宜的，各种资源要素都用最便宜的，产品是低成本的，经济剩余就很少，很难有足够的经济剩余支撑企业的创新活动。这种情况下，涉及创新，就没人买单，因此这是死路一条。

邱震海：那是一个中国什么都缺的年代，因此从西方拷贝来的东西，都能在中国找到市场和生路，而创新是有风险的。在山寨和拷贝可以活得很好的年代，谁都不会有创新的动力和积极性。

张燕生：在过去的 30 多年，我们观察到，企业年销售额过千亿，年销售额过 2000 亿，在中国表现最好的企业，创新更多表现在管理、组织创新和商业模式创新上，很少有技术创新。有什么样的顾客就会有什么样的企业，有什么样的市场就会有什么样的企业创新模式。更多的创新是间接创新，也不是直接创新，不是技术创新。

邱震海：那为什么把转折点定在 2012 年？在人口学上，2012 年对中国具有重要的指标意义：那一年，全中国 16—59 岁的劳动力总数达到峰值，从 2013 年开始递减，这就是我们说的人口红利的结束之年。在政治上，这一年举行了中共十八大，新一代领导人登上历史舞台。但在经济上，2012 年到底发生了什么？

张燕生：我们观察到这个现象：2012 年发生一个变化，2009 年危机爆发，经济不好，刺激经济计划实施。实际上，中国经济与全球的新兴市场和发展中国家经济开始由盛而衰，拐点是 2012 年。2012 年中国 GDP 开始"破 8"，2013 年是 7.7%，全球的发展中国家经济开始下降，而且大宗商品价格开始下跌。从 2003 年开始到 2012 年金融泡沫和房地产泡沫支撑的全球非理性繁荣结束，由中国的消费升级引导下的重化工业、重装工业和房地产建材工业的繁荣结束，从企业来讲，开始真正承受经济从超常繁荣进入到经济低迷的危机。很多企业在这个时候，开始承受由于全球的需求下降和中国的需求下降带来的越来越严峻的经营形势。

邱震海：2012 年的时候，很多企业开始承受压力，但应该说还没有做好转型的准备，或者根本就不知道需要从创新入手开始转型。

张燕生：在这种情况下，企业开始分化。一部分企业寄希望于经济复苏，认为现在的困难是短时期的，它们等待着经济从悲观转向乐观，最后像温水煮青蛙般死掉了。还有一部分企业开始调整，对企业来讲，调整的重点就是制造业的服务化，制造业的服务化从微笑曲线来讲，在它左端的企业努力想活下来，开始在研发、设计、人才、资讯等方面增加投入，产品转型和技术转型；另一方面，从微笑曲线的右端，开始在

222

企业的商流、物流、资金流、信息流、人才流等方面提高效率，增加投入然后降低成本。

邱震海：这几年，中国企业从事研发和创新的动力是否有所增强？

张燕生：从整个国家观察到一个现象，"十一五"时期发改委使出牛劲，有五个指标还是完不成任务，其中有一个指标是关于研发强度的，叫"全社会研究与试验经费支出占 GDP 比例"，在"十一五"时这个比例目标值要完成 2%，实际上到"十一五"末这个指标只完成了1.7%。这个指标完不成，有一个很重要的原因是，这个指标的构成当时有 76.6% 是企业的贡献，企业不做研发创新的投入，整个全社会的宏观研发强度想提高是不可能的。其中有 2/3 甚至是 4/5 都是不做研发创新的。

我发现，在"十一五"这个指标没有完成任务，但从 2012 年开始，这个指标从 1.75% 上升到 2012 年的 1.98%，到 2013 年上升到 2.08%，然后在"十二五"末这个指标上升到 2.1%。很明显，宏观的研发投入强度从 2012 年开始上升。比如，广东的这个指标也明显上升，深圳指标超过了 4%，上海达到了 3.7%，广东也接近于 3%。

邱震海：全社会研发强度有所提高，其中民企、国企和外企的比例分别是多少？

张燕生：我曾经带领研究人员，研究过统计局经济普查的存量数据。中国最好的数据之一就是经济普查数据。统计局的其他数据是流量数据，而经济普查数据是存量数据，隔几年集中对存量进行一次全面的统计，这个指标是比较好的。经研究测算，发现一个比较好的数据库和数据群，并设计了两个门槛值：关于研发创新投入的强度和质量。这个指标并不很高，但是测出全国达到这两个指标值的企业，只有 3536 家，其中包括 2930 家国内的企业，606 家外国企业，无论外资企业还是国资企业，研发创新的投入都是严重不足。

邱震海：其中能看出国企、民企、外企三者在研发投入上，各有什么特点和趋势？

张燕生：结果呈现出国企的研发投入高于民企，本地企业的研发投入高于外企的现象。在当时研究的时点上，外企有技术，但不在中国做研发，在美国、日本、欧洲。它们在中国做的研发，更多是市场推广的研发。这在 2012 年开始改变，无论是国企还是民企、外企，研发创新强度都发生了非常明显的变化。

邱震海：这个结果有点让人吃惊。外企不在中国做研发，显然有它们的商业战略考虑，它们只是把中国视为倾销产品的市场，而不会把核心技术留给中国。不过，民企的研发强度明显低于国企，虽然可以理解，但还是令人忧虑。这集中反映出民企的处境依然不佳。

张燕生：2012 年的变化除了这些，还有一个重要的因素，就是经过 30 多年的改革开放，中国老百姓富了。尤其是进入"中等收入国家"以后，国际上称为"中产阶级"的人数达到了一定规模，构成了一个新的顾客群，愿意买高品质的商品和服务。像网络专车服务，司机的价格要贵一些，但它提供了非常优秀的服务，车的环境好，经过培训的司机会为你开门。对企业来讲，它们应该敏感地意识到市场变了、顾客变了，企业经营模式也应该发生变化，无论现代农业、工业、服务业都应该变，要做出高品质的东西。这就形成了"谁不创新谁死"的局面。

中国哪个地方的人最具创新性？

邱震海：中国各城市的实际创新状况是怎么样的？

张燕生：从创新的强度说起，就是全社会创新与实验经费支出占 GDP 的比例，2015 年中国是 2.08%，2016 年是 2.1%，计划 2020 年是 2.5%，2025 年，即 10 年后，是 2.7%。2.7% 是什么概念呢？就是中国创新的强度在 2025 年达到美国今天的水平。

我们说创新链，无论基础研发、应用研发，还是开放研发，中间是投入和产出的关系，有投入才有发明专利申请增长率。虽然我们的存量不如美国，但是我们流量开始慢慢地增长了。从现在的走在前面的三大地区来看，比如粤港澳大湾区，我自己定义其有三个核心功能：第一个功能是创新，第二个核心功能是现代服务、高端服务，第三个核心功能就是全球人才资源的集聚。粤港澳大湾区这三个核心功能从目前的强度来看，广东研发强度是2.5%，高于全国去年强度2.1%；香港研发强度是0.73%，比较低；深圳研发强度是4.1%。

邱震海：可以看到，广东和深圳的研发强度在省和市中分别都是比较高的。这说明什么呢？

张燕生：从这个角度来讲，我们可以看到粤港澳大湾区今后的创新，是有可能成为全球创新的中国硅谷这么一个概念。需要解决的问题就是刚才讲到的，它需要世界一流的大学、一流的人才、一流的投资创新的软环境。

邱震海：长三角的情况如何？

张燕生：第二个板块就是长三角，上海的研发强度是3.8，虽然比深圳低一点，但是差距很小。我在上海调研时发现，上海金桥有20万外国人，全是高端人才。蛇口有20万外国人，全是中低端人才。蛇口都是贸易、货代、航运，上海都是汽车，像大众、生物医药和芯片。

邱震海：从人才整体结构上看，上海还是超过深圳吗？

张燕生：上海的研发强度是3.8，浙江是2.4，比广东低一点，江苏是2.61，高于广东。因此，粤港澳大湾区成为世界最有活力和创新的地方，上海长三角整体创新实力其实是比粤港澳强的。这样一来，有人发现上海的创新非常厉害。

邱震海：北京的情况又如何？

张燕生：北京研发强度是5.94，是全国最高的。天津3.1，也是高于广东，河北是1.26。这样一来的话，就会涉及一个大的问题，粤港澳大湾区现在也开始启程了，长三角建立起一个创新的最有活力的地方，也发展到一定程度了。京津冀，尤其北京这样的地方，它有全国最好的创新资源，最好的大学，最好的研究院所，最好的企业、央企总部和最好的人才，但是它的创新活力不行。

邱震海：北京的创新强度不是最高吗？怎么反而创新活力不行？

张燕生：北京的投入强度最高，但是投入的结果都碎片化到了全国各地，因此在本地转化不是很强。京津冀的优势如何在本地转化，为此成立了雄安新区，最早是100平方公里，中期是200平方公里，远期是2000平方公里。我个人关注的是，京津冀创新的学校基础研究、科研院所应用研究、企业的研究和产业化最后一公里如何在雄安新区转化，这个不是像长三角和粤港澳大湾区那样是科技，它可以是治的中心，因为北京是政治之都，它在全球治理、在亚洲治理方面，肩负着更重要的责任。

邱震海：过去谈中国经济整体格局无非是珠三角、长三角和京津冀，但最近几年，雄安新区和粤港澳大湾区又横空出世。未来若干年，这一经济的格局整体上如何协调，发挥各自的长项？

张燕生：越来越多的供给市场可以到雄安，它也可以成为文化中心。中华文化如何现代化？中华文化有特别丰富的内容和价值，它的现代化、法制化、国际化、高端化能够使全球的精英和知识分子，了解中国文化，熟悉中国文化，接受中国文化，然后完善和丰富中国文化。

这样一来的话，从创新的角度，长三角有自己的使命，像上海将成为中国的国际金融中心、国际贸易中心、国际行业中心等；粤港澳大湾区的使命，最可能成为世界级的城市群；雄安新区呢？京津冀有它的使命，不但科技创新方面展现其使命，在制度创新和文化创新方面也会有所发展。也就是说中国要成为一个全球负责任的大国，不能光想着经济、光想着市场，要想很多。

邱震海：无论金融还是经济、发展、增长潜能等很多回归到制度层面，也就是改革的因素，如果雄安新区在制度层面有一些期待的话，会是什么？

张燕生：三个层面。首先，西方人跟我们谈的最多是基于规则。基于谁的规则？基于西方的规则，也就是怎么与国际的规则对接。

其次，2016年杭州G20峰会，谈得最多的是机遇发展，杭州峰会全球治理的三个重要贡献：第一，发展进入全球治理的主要议题；第二，联合国 2030 可持续发展议程进入实施阶段；第三，撒哈拉沙漠以南和世界最不发达国家的工业化。三个议题合在一起就是基于发展。西方国家最奇怪的是，中国这么强大，为什么不和欧洲、美国站一起，一起统治这个世界，所以有 G2、G3、中美共治、中美欧共治的说法。但中国基于发展，不希望两三个国家统治世界，中国文化不是这样的，中国文化是和而不同的，是包容的。

最后，就是基于中国特色。制度创新基于规则，西方的法治、规范要接受，西方的公正、透明要接受，西方的责任也要接受。但是，光基于这些东西是不行的，西方人希望世界变成美国。中国从来不是这样的，制度创新其实就是给世界另外一种选择。现在，国际组织和部门都在朝阳门、亮马桥一带，从这个角度来讲，我觉得雄安新区应该有更高的定位。

二、未来 5 年：你需要哪些颠覆性思维？

西方有一句谚语：魔鬼在细节里。谈创新，既要谈宏观，也要谈微观。

曾记得我在各地对企业家演讲时，谈到创新时间，经常有企业家对我说："邱老师，我现在产品还卖不出去，您和我讲创新，不是太遥远了吗？"我在大学对研究生和大学生讲创新时，有学生对我说："邱老师，我现在最发愁的是明年找不到工作，您在这个时候对我讲创新，我听不进去。"

每当这个时候，我就会拿出口袋里的智能手机。不管我手里拿的是华为，还是苹果，或是三星，我都会问大家："智能手机的鼻祖是乔布斯。但大家请告诉我，智能手机是不是乔布斯的原创？"

听了这个问题，无论企业家还是研究生、大学生的反应是各不相同的，但很多人都会摇头，表示其并非原创，不过又说不清楚其间的逻辑和根本原因究竟是什么。

直到我把下面一段话说出，很多人才一下子恍然大悟。

我的话是这样说的：

智能手机之所以不是绝对意义上的原创，是因为它其实只是把原来手机通话、发短信的功能，与电脑上网的功能整合在一起而已。就两个各自功能而言，电话和电脑的功能早在移动互联网时代来临之前就已存在，乔布斯只不过把两者整合在一个小小的平台上而已，那就是智能手机，而直接推动这一整合的技术革命趋势，就是移动互联网的诞生。

再想想，无论是电话还是电脑上网，确实是早已存在的事物。从这个意义上说，智能手机确实不是纯技术意义上的原创。或者用科学的语言来说，这其实并非是由科学革命所带来的创新，而只是一场技术上的突破。但谁又能否认，智能手机就其整合了手机和电脑两个功能而言，不是一种原创呢？谁又能否认，智能手机没有带来巨大的商业价值呢？

努力使自己成为"边缘人"

关于我们这个时代，虽没有发生有影响的科学革命，但却发生了众多有巨大影响力的技术突破，我在后面的章节里还将继续阐述。这里仅以智能手机的整合功能而言，整合在相当程度上也是一种原创。

我在大学讲课时，送给研究生和大学生一个英文缩写IBI，亦即Innovation by Integration，也就是通过整合来实现创新。事实上，如果我们把目光从这些相对理论的层面上移开，就可发现，其实在我们的日常生活中，通过整合来实现创新的事例不胜枚举。

比如，我们经常批评中国的教育缺乏创意，这在一定意义上是正确的。但若就"中国教育培养不出大家"这一点而言，这其实已经不是中国教育的现象或问题了，而是全世界普遍存在的问题了。古希腊时代从苏格拉底、柏拉图到亚里士多德式的通才，在今天的世界各国都早已不存在了，西方最后一代通才般的大家，大概到了笛卡尔时代就彻底结束了。时至今日，在哲学家的国度——德国，似乎也已没有了像17—19世纪那样的哲学大家。

其中的原因显然不在个体，而在于我们身处的这个时代，知识不但日益细化和专门化，以至于人们皓首穷经都未必能通晓某一领域里的所有知识，同时更由于知识之间的关联性越发加深、加强，所以决定成功的往往不是在某一个领域的核心钻研得多深，而恰恰是在各个领域的边际处，能否使相交点扩展得更大。

如果我们把某个领域比喻成一个圆，那么许多领域的竞争力已不再处于圆心，而恰恰是处于圆周，或是几个圆的相交处。

过去人们常说"各种知识在其最高点，其实都是相通的"，现在人们发现，这个"知识的最高点"的高度在日渐下沉，以致在我们的周围，如果不能跨界，不会整合，而只是在原来的专业领域里皓首穷经，不但无法达到数百年前的人们的高度，而且更有可能面临一种最悲惨的结局，那就是三个字：被淘汰。

既然话都已经说到这份儿上了，那么就请允许我用更直接、明了的话来表达：如果不能跨界，不会整合，那么很可能出现一种情况，那就是你越努力，被淘汰的速度就越快！

相反，过去人们常说的"边缘人"，亦即并不处于某一领域的核心，而是对什么东西都懂一点，但其跨界的面却特别广的人，未来却可能大受欢迎。

读到这里，也许你已瞪大了眼睛：我莫不是在传授一种带毒的"心灵鸡汤"？人类数百年、数千年的价值观之一就是"只有努力，才有成就"，怎么到了我这里反而成了被淘汰的节奏？

其实，只要再回顾一下本书前面曾提到的诺基亚手机的历史，就可以明白了。2007年当智能手机横空出世的时候，诺基亚的工程师对趋势的研判失误，直接导致了诺基亚手机王国的覆灭。

后来发生的事情，大家都知道了。在将近10年的时间里，世界智能手机市场，基本上只是苹果的天下，后来才出现了三星；直到华为的横空出世，苹果的龙头老大地位才真正被撼动。至于诺基亚，却早在华为横空出世之前，就已退出了全球手机市场。2016—2017年，诺基亚曾计划重返智能手机市场，无奈"过了这个村，已没了这个店"，留给诺基亚的将继续是惆怅和神伤……

诺基亚的教训告诉人们，即便像诺基亚这样的世界品牌，若不能准确前瞻和研判趋势，而只是固守原来的传统，那么其试图在固有的领域继续做得最好，最后面临的结局将是极其悲惨的，那就是三个字：被淘汰。

诺基亚的悲剧还在于，它没有在跨界和整合方面迈出坚实的步伐，而只是在原有的领域里试图做得最好。在这方面，苹果手机显然是跨界和整合。

读到这里，大家也请不要误解了我的意思。在这个技术革命日新月异，新旧事物大浪淘沙的年代，什么时候需要前瞻，用于创新；什么时候需要坚守本位，不为所动，其背后需要有对创新和趋势的准确把握。

从这个意义上说，学习、学习、再学习，已成为这个时代每个人的无可回避的趋势和需求。终身学习，应当成为每一个人的必然选择。

读到这里，大概可以总结出迄今为止的几种创新的模式：

一、原创式创新；

二、商业模式创新；

三、整合式创新。

我与张燕生的对话，也没有离开这个领域。

邱震海：中国企业迈向创新阶段的现状如何？

张燕生：有些创新是通过不断地增加产品的种类，不断地开发新产品，这是一个横向的创新；还有一些企业越来越多地重视创新的质量，不断地增加产品的功能、品质。无论是横向扩展的创新，还是纵向深化的创新，越来越多的企业开始在这方面下功夫。

邱震海：具体来说，怎么才能做到呢？

张燕生：一般来讲，一方面要跟科研院所合作；另一方面，要跟跨国公司合作。跨国公司原来在中国只做最低成本的加工组装，那时我们正在调研新的《劳动合同法》出台，大幅提升农民工工资，会对企业产生多大影响。有一家跨国企业的农民工足足有20万人，而这家跨国公司的高层跟我讲，农民工的成本值几个钱？1.5%，增加50%也是毛毛雨。很多跨国公司都是这样的。2012年之前外资到中国，就是拿最低成本的农民工，做大规模，压低整个产品链的成本。

农民工、土地、环境标准变贵了，外资到中国就开始看市场了。2003—2012年，按照购买力平价计算，中国GDP增加了8万多亿美元，按照汇率计算，GDP增加了6万多亿美元，而美国市场在同期只增加了4万多亿美元，这部分市场诱导外资企业到中国投资。2012年以后，外资到中国，越来越多地在中国设研发中心，不只做产品推广，为了让产品本地化，开始把关键的零部件、技术、工艺，还有研发团队带到中国。中国市场的竞争越来越激烈，对跨国公司全球市场的重要性凸显，在这种情况下，竞争迫使各家跨国公司把优秀的人才和研发创新的团队更多地配置到中国。

邱震海：跨国公司在中国有哪些趋势和动向？

张燕生：研究中我发现，跨国公司在中国设立公司，不仅为中国市场的竞争服务，而且为周边市场、新兴市场，甚至为跨国公司的全球市场服务。在这种情况下，外资企业在中国设研发中心及开展研发创新的活动，越来越有广度和深度，因为创新有很大的外部性，具有一部分公共产品的性质。它推介自己的时候要宣传，会有人到这家企业参观，它的员工会流动，促进交流。这种外部性帮助了中国本地的企业，无论国企还是民企，在跟它配套时，以及跟它同处一个行业时，会获得新的概念，会促进新的实践。甚至这些新的概念和新的实践，有可能在全球市场都是同步的。

邱震海：这在未来将对中国的大学产生什么影响？

张燕生：从这个角度来讲，这种外部性还会对大学教育产生影响。

经济领域的创新对大学知识和知识的管理以及传播的要求，会越来越高。国家就会支持各种科研创新计划和专项的、大规模的投资，跨国公司和民营企业、国有企业的委托研究的资金，也会大规模进入大学。

邱震海：在西方，我们知道，大学与产业的结合很紧密。但中国的大学教育显然在这方面还有很大距离。中国的大学能承接这些创新的需求吗？

张燕生：中国的大学从工业经济时代，从简单地模仿、引进、抄袭、传播，转变为知识时代的大学。大学越来越认真地做研究了，并引进人才和项目，现在有国外的千人计划，还有"百千万人才"的引进工程。

北大、清华、浙大、复旦已经跻身世界最好的大学的前几十位行列，它们的研究人员在世界顶尖杂志发表的文章，竟然可以进入世界的前二三位，甚至在一些领域，拥有可以发表的技术的人是最多的，也包括专利。

邱震海：从现在开始到2025年，以2020年为分界线，中国的创新应呈什么样的梯度发展呢？

张燕生：这个起步我自己的看法是这样的：2020年前仍然是投资驱动向创新驱动转化；2020年以后，中国发达地区开始形成创新驱动新的增长动力，但是大部分地区，包括华北、东北、西北还是投资驱动。刚才我讲重庆研发强度是1.57，四川研发强度是1.67，都是低于全国2.1的研发强度。也就是说四川肯定是投资驱动，虽然它开放天空，开放国际物流大通道，但是要承认它离创新驱动距离还是比较遥远的。

我们可以看到，全国的研发强度是2.17，北京按照科技部的数据是6.01，天津是3.08，河北只有1.18，山西1.04。我个人觉得，高于全国平均水平的地区已经开始进入到投资驱动向创新驱动的过渡阶段，低于全国平均水平的地区仍然是投资驱动，而西部地区仍然是要素驱动。中国这个大国就形成了从要素驱动向投资驱动再向创新驱动的局面，实际上是分布在不同的阶段。

邱震海：慢慢在 2020 年前后会出现一个阶梯式的局面。也就是说，届时东部地区将呈现创新拉动的局面，而其他地区则可以允许其他要素并存？

张燕生：对，在全球要素集聚的平台，中部是投资驱动，西部还是要素驱动。

华为和海尔：你该学哪个？

讲到创新，有原创和模式创新的区别；原创当然是精华，但模式创新也是一个阶段性的捷径。未来几年中，要大部分的中国企业都做到原创，恐怕不太现实。既然这样，模式创新恐怕是大部分中国企业走向创新的桥梁。

在这方面，有两个企业可以重点剖析一下，一个是华为，另一个是海尔，这两个企业，正好代表着中国创新的两条道路。

邱震海：现在讲创新，要分两部分。一个是阶段性，一个是不同范畴，有原创、有山寨、有商业模式、有科技创新。前面提到的现阶段中国创新的特点是"为中国而创新"，即把别人的原创拿来，在中国的大地上寻找这个人的广泛需求，然后完善、提升，从而整合出一套有效的商业模式。中国的 BAT 走的都是这样一条道路。这条道路从严格的意义上说，依然只是一个阶段，但从中国创新的路线图的安排上来说，这一阶段又是具有重要意义的，没有这一阶段，中国人的创新之路可能走得更为艰难，或根本就无从创新。林毅夫教授也曾提出中国创新应继续发挥"后发优势"的观点。从长远看，中国的创新最终目标肯定是"为世界而创新"，亦即真正做出属于自己的创新。从这个意义上说，有人把 BAT 扩展为 BATH，加上了华为，是非常有意义的。但从长远看，从目前的阶段走向真正原创的阶段，中国能跨越这一步吗？

张燕生：我觉得中国能跨越。原因非常简单，可以举两家企业的例子。先说华为，我从创新角度来讲，为什么在过去35年它能成为屈指可数的技术创新型企业？华为现在销售额达到4000亿元人民币，很重要的一点就是它有好的顾客，有好的顾客就能培养好的企业。愿意买好东西的顾客，是买好的性能、品质的人，企业就不能生产便宜的东西，必须要满足消费者对性能、品质的挑剔要求，就要创新。华为的顾客在过去的几十年，买电信和通信设备。通信设备是垄断部门，垄断部门在采购通信设备的时候，不买便宜的，要可靠性、性能、质量。从这个角度来讲，华为的顾客决定了它能走向技术创新之路。

邱震海：但华为的这个例子，对中国的企业来说似乎不具备典型意义。除了手机，我们知道，华为的客户都是国家级的。国家的升级到一定程度，自然需要购买高端的产品，这自然会促进华为的创新和转型。但反过来说，在普通的消费市场，不可能都能遇到这样国家级的顾客。

张燕生：华为开始也不是国家级的。还有一家企业就是海尔，海尔生产家电，而家电是一个充分竞争的市场，一代又一代的替换和成长，中国的家电都是以低成本和便宜著称。因此像海尔这样的企业，它的顾客是杀价高手，它只能生产便宜的东西，因此它不可能走技术创新，因为老百姓不买账。海尔只有创新商业模式、管理方式和组织模式才能活下去，并通过收购兼并可以提供创新技术的企业才能活下去。

华为怎么拿到好的顾客？华为走了一条农村包围城市的路，到跨国公司不去的、竞争最薄弱的地方完成从小到大、从弱到强，和从简单模仿到创造性模仿再到创新的转型。华为有30%在国内市场，都是从最偏远的市场做起来的；70%在国外，在非洲一定见得到华为手机，在拉美、印尼、印度，除了像美国会担心安全问题不许华为进入，绝大部分都用华为的，都在亚非拉、第三世界国家，生活艰苦的地方。农村包围城市，是正确的策略，使华为能够拿到好的顾客，能够走向创新。

邱震海：再来看海尔。海尔的特点似乎是用商业模式创新，没有原创的技术，没有技术创新，但还是成长了。海尔的诀窍是什么？

张燕生：海尔跟华为一样，从 1 千亿元到 3 千亿元，成为中国最大规模的家电企业，它的策略和华为不一样，第一步是美国。

我跟海尔的首席执行官张瑞敏先生谈，我说华为走农村包围城市，毛泽东证明它是成功的，你怎么走王明路线，事实证明是失败的，怎么能活呢？当时张瑞敏讲：我进入美国想得到三个东西。第一，我想得到美国人的主流产品。你经常去美国，你知道在中国卖的冰箱和在美国卖的冰箱不是一回事。中国卖的冰箱一般都是家庭式的，有点像日本的，美国都是巨大的，要求的冰冻温度很低。因此，它对技术、性能、市场有很高的要求。第二，我想得到美国的主流品牌，要在世界上最难站住的市场，打造名牌，一定能带来最多的无形资产。第三，我希望能够得到主流的渠道。美国的主流渠道都是大连锁，多是沃尔玛这样的。中国品牌想进去谈何容易？那都是巨无霸级的标准。

海尔的商业模式创新从低到中再到高，首先进攻的是美国最难进入的市场，一进去就买美国第二大家电企业，美国第一大家电企业是惠尔浦，第二是美泰克。张瑞敏想把美泰克买下来。

当时惠尔浦跟美泰克，老大跟老二，往死里打。但是，有哪个企业买美泰克，惠尔浦要反收购，也绝对不会让中国企业得到。在美国，张瑞敏跟我讲，很多同行用各种方式起诉他，因此最后海尔没能买到美泰克，失败了，最后被惠尔浦买走了。当时张瑞敏讲，老大买老二，美国《反垄断法》能通过？它就通过了。而海尔这次是成功地用 54 亿美金，把美国的 GE 家电公司买到了。

邱震海：华为和海尔的成功之路的区别，说明了什么？

张燕生：两个故事，主要想告诉大家，为什么海尔只有商业模式创新是唯一的活路，而华为能走向技术创新。我问 GE，为什么把家电企业卖给海尔？他的高管跟我讲，海尔不是出价最高的人，但海尔是我们最想卖的。通用电气是美国最优秀的制造公司，它愿意把资产卖给中国的家电企业，而且最想卖的就是海尔。

邱震海：背后的考虑是什么？

张燕生：通用电气讲，我在中国干了几十年，却根本不了解中国公司是怎么回事，因为过去压根没有把中国公司看在眼里，认为自己是世界顶尖的第一名。但是，做梦也没有想到，了解海尔以后，发现海尔是世界商业模式最具创新能力、最进取的公司，没想到中国公司是这样的，海尔的销售额2000亿元，仍然敢对自己的商业模式、管理模式进行毁灭性的、破坏性的创新改造。怎么可能呢？做到2000亿元一定有成功窍门，但它们没有犹豫，把"互联网+"的技术放进去，把智能的技术放进去，把商业模式彻底地改头换面为扁平化组织模式。海尔的研发创新薄弱，就通过网络在全球寻找两千多个团队，解决各种它所面临的技术问题。

通用电气说，这种商业模式在美国打遍天下无敌手，我们都没见过，因此它最想把54亿美金的家电委托给最优秀的企业，就是海尔。它说不但要把家电卖给海尔，而且要跟海尔构建全球商业模式战略合作伙伴关系，全方位合作，打造一个世界最优秀的顶尖企业。

邱震海：华为和海尔分别成功的例子，对中国企业转型有些什么启示？

张燕生：我们看到过去35年，在中国技术创新条件不成熟的时候，中国的企业家从中国走向世界、从低端走向高端，靠的是管理和组织以及商业模式的创新。而其中有少数的幸运儿像华为，走向了技术创新。因此海尔的创新模式是典型的过去35年优秀中国企业家的创新模式，华为是非典型的。

邱震海：这是过去的事情了。但是，未来从商业模式创新走向科技创新是必由之路。我们有没有潜力走过去？走过去的时间段，大概需要多少年？

张燕生：新35年。

邱震海：新35年太宽了，需要一个具体的时间点，或者说需要一个转折点。

张燕生：华为从前35年旧常态非典型的中国企业开始转变，将成为中国企业创新典型模式。未来10年，从2017年到2027年，中国在技术创新之路上会有什么样的收获？您常往来于香港和深圳，深圳有技术创新型的企业大江、华大、大众激光，等等，这一批企业跟过去35年中国商业模式创新、管理体制创新的企业是不一样的，它们开始有自己的核心专利、核心技术、核心团队。看到的是飘上来的，还有很多小企业没看到，还都在成长中。

邱震海：从这个意义上说，深圳的创新环境在全国确实是名列前茅的。

张燕生：我有一次被一位校长请到深圳，给这所大学的校友做了一次演讲，是武汉华中科技大学在深圳开的校友会。后来我跟校长简单谈了几句，吃惊地发现，光是中国中部地区的武汉，一所理工大学，在深圳落户的理工类科技人员，当时有三四万人。他们很多都是就职于小型的、科技创新型的企业。通过这一次华中科技大学在深圳的校友会，我相信这些在小企业里的三四万名理工大学生中间，一定会涌现出一批像华为、比亚迪、大众激光、大江科技、华大基因这样优秀的企业家。一个华中科技就有三四万名年轻的小型科技企业从业者，清华呢？交大呢？同济呢？中山大学呢？

邱震海：深圳为什么能吸引那么多的创新人才？深圳并没有中国和世界最好的大学，没有中国和世界最好的科研院所，也没有中国和世界最好的科技的条件。

张燕生：但是深圳有适合年轻企业家创新创业的环境，那就意味着有北大、清华、交大、同济大学的优秀人才，只要营造好的科技创新环境，深圳的今天就是它们的明天。

像德国弗兰格协会，有60个研究所，1.8万名研发工程师，60%经费是靠财政和公共经费支撑的公共型技术和公共开发研究。中国也需要这样宽松的环境和大力的支持，那么这些小企业中间将会涌现更多优秀的企业家。

关于海尔与华为的两种截然不同的创新模式，想必大家读到这里已基本明白了，前者主要是商业模式创新，而后者则是技术原创。在过去的年代里，两种模式都很成功，但我的观点很明确：在未来以创新为导向的年代里，只有华为模式，亦即技术原创的模式才能真正获得成功。

当然，这样说并不排斥商业的力量。就其本质而言，只有技术原创才是一切创新的源泉；但在商业的世界里也必须承认，商业运作的力量往往是企业成功的重要伴随条件，不然人们就可以完全不需要金融而获得商业成功了。恰恰有时候人们会发现，肤浅却能带来暴利的金融运作往往成了商业的主角；而技术原创若不能与商业运作有机结合，其原创的贡献很容易在商业的海洋里被淹没。更何况，当原创不能显示出其对用户的有用价值并继而产生消费需求的时候，它往往又很难在商业上获得成功。

这听上去似乎有些抽象。让我再从一个故事讲起吧。

警惕"中年危机"，永远保持"狼性"

你一定有所体会，这些年随着互联网，尤其是移动互联网的发展，大家已经很少阅读纸质的报纸和杂志了。

忽然有一天，我发现，以前经常在网上购买纸质书的我，已经慢慢改为在 Kindle 阅读器上看书，并通过网上购买电子书了。但问题只是：Kindle 阅读器虽然保护眼睛，但在使用的舒适度方面还存在着不少欠缺，使用起来总是不那么顺畅。

有一天，我的一位朋友指着我手中的 Kindle 阅读器，忽然对我说了这么一句话："这些东西如果让中国来做，一定可以做得更好！"

刹那间，这句话似乎让我有所感悟：这句话背后展现的，无疑是对中国产品的高度信任和信心，但这一切究竟是从什么时候开始的呢？

曾几何时，"中国制造"曾经是粗制滥造和质量低下的代名词。"国货，爱你不容易"，曾经是多少人心中的纠结和撕裂。但这几年，人们对国货的抱怨似乎在慢慢减少，信任在悄悄增长……

再说每个人手里的智能手机吧。

似乎就在最远 5 年前的时候，手里拥有一个苹果手机，还是很多人心中的追求；即便那时的苹果手机很贵，也很难买到。后来，三星手机兴起了。2013 年我到韩国，发现所有的韩国人手里都只拿着三星手机，而所有中国人的手里却不是拿着三星，就是拿着苹果手机。

三星手机的短信提醒铃声标准设定，是一声清脆的鸟鸣。那几年，微信已经崛起，朋友、同事聚在一起，只听得清脆的"鸟鸣"此起彼伏。但渐渐地我发现，朋友、同事间的"鸟鸣"声开始减少了，"嗒嗒"声（注：华为手机的短信提醒铃声标准设定）开始增多——使用华为手机的人数在渐渐增加。

本书前面提到，世界手机市场三分天下（苹果、三星、华为）的格局这几年正在发生迅速而深刻的变化。这几年，华为手机越来越多地出现在全球各地人们的手中，其中的主要原因就是，华为手机的用户舒适度恐怕是全球第一的。不仅如此，了解华为手机的人们可能都知道，其原创程度相当之高。

华为，从某种程度上成了中国企业技术原创的象征。但是，华为的这一模式，对中国企业来说具有可复制性吗？

我与张燕生就此展开了对话：

邱震海：我刚才提到，华为的经验对其他中国企业来说似乎不具备典型意义，这其实是很多人心中的问题。华为是一个电信企业，有国家背景，它的许多客户包括中国的客户都是政府级的投入，某种程度上是政府鼓励、保护。对中小企业来说怎么办？

张燕生：这是一个误区、误读、误解，华为本身从小到大的发展过程，是和政府保持距离的。比如你在深圳，问问深圳政府的相关部门，华为很少找他们的。

邱震海：但它不找深圳市政府，却可以找国家。

张燕生：国家找的也是不多的，华为是一个很有个性的企业。它跟政府是保持距离的，美国不让华为进入，但又说不出华为在哪些地方拿了政府的支持，任正非是军人出身，我也是军人出身。美国的那些科技企业的管理者，像福特，整个管理层是美国军人，而且美国白宫也曾经做过调查，中国的华为是不会损害美国创新环境的。现在大家拿华为没办法的是，它是真正在市场打拼出来的企业。我们知道，华为是一个有狼性的企业，它的狼性是怎么培养的呢？华为和中兴通讯这两家企业是难兄难弟，永远打得不可开交。中兴有领导跟我讲，不要跟我提华为，华为跟中兴通讯走哪儿打哪儿。兄弟之间自相残杀，有时伤害自身的利益。后来我跟这个领导讲，打的结果是什么？打出了两个世界级的企业。是打好还是不打好？从这个角度来讲，华为从小到大、从低端到走向世界、从模仿到创新，都是在竞争中拼杀出来的。

邱震海：当然，在世界市场上，两个中国的企业最好还是要有一些彼此的协调。如果同是德国的企业，西门子和博世公司在中国市场上打得不可开交，至少形象总不是很好。但我明白你的意思：一个企业要具有竞争力，首先必须要有一定的狼性。从这个意义上来说，华为的经验对中小企业是有启示意义的。

张燕生：华为对中国的中小企业来说，它是一个榜样，华为能做到的，其他的中国企业都能做到。另外一个方面也是很重要的一点，华为的创新激励，它每年有10%的钱都是投入到创新领域的。

邱震海：华为全球员工36万人，研发人员就有7万多人，比例相当高的1/5的员工不创造暂时的产值，而是搞研发，这是一种胆识，也是一种胸怀。

张燕生：去年是3972亿元销售额，研发投入是390多亿元。390亿元的钱砸到研发，这样的企业还得了！激励是很重要的，任正非作为原创企业的创始人，股份只有1.4%，剩下98.6%都是为华为做出历史贡献的创业者、创造者、创新者，因此它是一个共享模式的企业。

邱震海：而且华为实行的CEO是轮值制，也就是轮流当CEO。这在别的企业很少见。

张燕生：华为不可战胜，因为利益是共享的，怎么战胜？不是一个人。一个人会老、会错、会有突发事件，华为不怕。从这个角度来讲，中小企业怎么办？第一，要想成为好企业就要满足顾客的需求。第二，从华为的经验看，要想得到好顾客怎么办？农村包围城市，从跨国公司经营最薄弱的地方做起。第三，要成为最强大的企业，培养狼性是成长的关键，怎么培养呢？也就是说竞争，最残酷的竞争会培养出最有狼性的企业。第四，就是重视创新，华为在最困难的时候仍然拿出10%的销售额投入到研发创新上。

邱震海：这是一种眼光、视野、高度，恐怕很少有中小企业能够做到。

张燕生：要叫大家肯跟你同甘共苦，只有让大家成为利益的共同体、命运的共同体、责任的共同体，从架构到管理的团队，到整个公司氛围，因为大家的利益是捆绑到一起的、命运是捆绑到一起的、责任是捆绑到一起的，这样的企业怎么可能被战胜呢？刚才说华为的这几点，每一点别的企业都是可以模仿的。

华为的成功及其背后的胸怀、视野是无可否认的。这一点值得所有中国的中小企业学习。恕我直言，今天的中国中小企业，最缺少的就是视野、胆识、胸怀、狼性，总有一千个客观理由可以为中小企业的艰难处境来开脱，但这四点要素才是今天和未来的中国中小企业，甚至包括个人都可以有所借鉴的。

当然，华为有其特殊性，一如每个企业和个人都有其特殊性。但华为的特殊性不能掩盖两点：一、中国人是有创新精神和创新能力的；二、如何将这种创新精神和创新能力发挥出来，是需要一些机制的。

看过太多的著名企业，草创期具有足够的狼性和创新精神，再加上天时、地利、人和，一时如日中天，进入成熟期后却进入"中年危机"，原有的狼性和创新激情逐渐被各种外部客观因素和内部主观惰性所取代。

这里的客观因素林林总总、千奇百怪，如外部环境恶化，原来的成功因素不复存在等，总有一款适合那些正在走下坡路的企业。但企业走下坡路，最大的问题不在外部环境，而在于企业内部。

这里的企业问题也是林林总总，不一而足。其中，有表面上的管理制度因素。任何一家企业在草创期都是充满激情和创意的，但也缺乏规章制度。随着企业的逐渐扩展和成熟，适度的规章制度是企业及其管理走向成熟的重要标志。但对一个企业来说，需要永远记住的是：所有的管理制度只能有益于创意和激情，而不能相反。

换言之，如果管理制度完善了，但企业原有的创意和激情被扼杀或至少是削弱了，那么这样的管理制度对企业的长期发展而言就是坏制度。因而，我们看到太多的著名企业在进入"中年危机"后，就再也没有了早年的激情和创意。而一个企业一旦迈上了恐惧创意、拒斥激情的"老迈之路"，那么距离其衰亡也就不远了。

如果说，上面这些话太抽象，那么我下面讲的这个故事，也许更直观、更震撼。

2016 年 3 月，我到华为考察，虽然走马观花，但已能感受到华为的活力。36 万名全球员工，其中有 7 万全职人员从事研发，我就是在这次考察中获知的。其间，我还了解到，2018 年 5G 将开始试运行，2020 年左右将全面推出 5G。几个月后，我们就收到消息：华为参与了5G 国际标准的制定。

考察时，我收到一本华为的传记作品《下一个倒下的会不会是华为》。这是一本经过华为高层审定、认可的传记作品，但这个书名既让人震撼，也让人感到华为的危机意识及其背后的狼性。

在图书市场，见过太多的企业传记，其书名几乎千篇一律，如"××传"等。试想，能有几个企业甚至个人，在请人撰写传记的时候，能有胆量或胸怀使用"下一个倒下的会不会是××"这样的书名？

通过华为高层的牵线，我希望和该书的作者田涛能有机会见面，探讨中国企业发展和转型的深层逻辑。但由于时间关系，直到我撰写本书的时候，还是没能见上面。

但我突发奇想：那些如日中天的企业，甚至一些如日中天的名人，是不是都可以学一学华为，写一篇文章，标题就用自己企业或自己的名字填词，"下一个倒下的会不会是××"。比如，虽然我不是名人，但我就很有兴趣写一篇全面剖析自己弱点的文章，标题就叫"下一个倒下的会不会是邱震海"。

只是我知道，要写这么一篇文章，需要的不是时间，而是全面剖析自己的勇气和时刻充满危机意识的胸怀。这一点，知易行难，要一个常人做到还真是不容易。

当然，除了我们主观的"懦弱"和"鸵鸟心态"之外，外部环境也确实总有太多的因素在制约着我们的创新精神。这就有了下一个小节的内容。

三、哪些因素在阻碍中国创新？

在开始这一小节的论述前，我想先讲一个故事：

2013 年初夏，我在北京主持了一个中国社会阶层流动的研讨会。就是在这次会议上，我第一次听到了一个名词"阶层固化"，具体是指在今天的中国，各个阶层的人们由于各种复杂原因都已相对固化，流动通道不再像以前那样通畅。

这其中最为明显的，就是今天农村的孩子似乎已很难像 30 多年前那样，只要努力发愤就能考上北大、清华。自古以来，中国相较于西方国家的一个好现象，就是没有世袭的贵族，人才的上升通道是开放、畅通的；虽然科举考试的内容充满因循守旧和扼杀创新的成分，但就人才公开选择的通道而言，科举考试却是公正的。改革开放后，中国名牌大学有许多来自农村勤奋、聪明的孩子，但今天这样的现象却越来越少。

原因很简单：当教育资源越来越集中于大城市，尤其是一线大城市，作为农村留守儿童，要与大城市的孩子在一个水平线上竞争几乎是梦想，而且即便考上名牌大学，其要在名牌大学出人头地的机会也是微乎其微。将近40年的改革，最后在人才上升通道方面居然出现这样的结局，其结果是触目惊心的。

今天的中国，不在一线城市，似乎就难以给寒门子弟提供上升的通道，这无论对高考的学生还是对大学毕业生似乎都是如此。如果说，这还只是在教育资源的分配方面出现的偏差，那么在几个一线城市里，几乎所有的资源又都往北京流动时，BBC的最后一句旁白似乎又像一个警钟在耳边时时敲响。

当然，在工业化、城市化的关键上升时期，超大城市的集中似乎是一个常见的现象。一如中文的"城市"把英文的"city"翻译得惟妙惟肖，有市才有城，城与市之间相辅相成，难以分开，往往只有一定规模的城市才能承载工业化的果实。

但今天中国一线城市的负荷，尤其是所有资源都往北京流动的现象，则在相当程度上折射了今天中国转型出现的问题，那就是：一、包括教育在内的社会资源的分配出现不公；二、除政治资源外的其他资源（经济、教育、文化等）都往首都流动，那就意味着中国至少在某些方面确实出现了问题。而这两者，其实对中国进一步提升创新都是有负面影响的。

最好的人才为何都往北京走？

在今天的中国年轻人中间，"逃离北上广深，还是逃回北上广深"，这几年已经成为挥之不去的话题。背后的原因很简单：就生活成本而言，当所有人都集中在北上广深的时候，那里的生活成本一定是不堪重负的；与此同时，逃离了北上广深，也就意味着阻断了未来发展的许多通道。

但这几年又可发现另一个现象，那就是：在北上广深四个城市中，北京无疑是最受追捧的一个，几乎所有的资源都集中在北京；与北京相比，上海、广州、深圳在各种资源方面，无疑又都逊色了一截。

我主持电视谈话节目十多年了。在开播早年的那些日子里，嘉宾来源十分广泛，大陆的嘉宾既有来自北京的，也有来自上海、广州、深圳的，甚至还有来自一些偏远地区的人士。但我渐渐地发现，我们的嘉宾资源越来越往北京倾斜和集中。起初当我发现这一点的时候，我也说不清背后的原因，总觉得北京的嘉宾似乎内幕多一些。……直到下面这个故事发生，我才如梦初醒，恍然大悟。

2011年，一位"70后"的学者从欧洲回国后，进入上海一所著名大学担任讲座教授。正当外界看他做得风生水起的时候，他却忽然主动辞职到了北京的另一家大学。几个月后，我在北京见到他，自然问起这事。他的回答坦率而巧妙："在北京能发挥的地方更多一些。"

这位学者到了北京后，这几年果然干得更为风生水起。虽然我心中的疑问始终未解，或者说其实我心中早已有了答案，但看着他在北京的成功，我也就放心了。

我与张燕生的对话，也开始向这个方面延伸：

邱震海：讲到创新，最主要强调民间各方面，社会资源各方面都要非常开放。现在中国的人才主要都集中在四大城市，北上广深，造成房价高涨。中国所有资源跟着权力走，所有资源都在四大城市，四大城市最主要的在北京。这个现象需要警示。从最简单的角度说，北京负担太重，所以需要往外输出，建立副都，所有高级人才全集中在首都，首都是政治中心。

从全球的范围看政治、经济、文化中心，最好是应该分开的。美国的华盛顿就是政治中心，但纽约是经济和文化中心，还有其他城市。中国除了北京，还有上海和深圳，但是想到一流的人才都往北京走。就创新而言，这种现象究竟是利大于弊，还是弊大于利？

张燕生：第一个，福山有本讲政治经济起源的书就讲了，中国现代国家形式与西欧相差1800年，就是中央的民族国家的现代国家形式，他认为中国比西欧先进1800年。现代国家形式就是从秦汉开始，中央集权的现代国家，民族国家，我们沿着这个路一直走到今天，因此中央集权的东西会强化，所有好的东西都集中在首都。

第二个，2009年世界银行发展报告讲全球趋势，它讲全球趋势第一个特点是，全球的要素和空间的分布是集聚再集聚，全球是集聚的形式，不是分散的。他讲了东京、名古屋、大阪和京都仍然是集聚的趋势，这是全球的趋势。第二个全球趋势的特点，就是人才的特点。有人才的地方才吸引人才，没有人才的地方人才是不去的。

第三个，就是讲通信的科技革命和运输科技革命带来的变化就是1小时生活圈。从这个角度来讲，为什么中国会形成刚才讲的三个圈，一个是粤港澳大湾区、一个是长三角、一个是京津冀，它们的优质要素集聚，比其他地方如武汉、长沙、南昌、成都、重庆，还有东北地区，差距是非常大的。我个人认为这其中首要的就是规律和趋势，全球的趋势和中国几千年的文明史是这样的。其次，我觉得，同时出现的趋势就是分散化。

邱震海：资源的集中化，人才趋势的分散化，这是当今世界出现的一个很有意思的趋势。

张燕生：比如海尔，海尔的创新是怎么搞的？海尔创新是用"互联网+"的技术把它需要研发创新攻关的问题放在网上，然后全球有2000多个研发团队帮助它解决问题。新工业革命技术带来的结果是在集中趋势的同时出现了分散化，这种分散化就使海尔的研发团队绝不像华为那样，固定在深圳、武汉、纽约，它是全球碎片化分布的。

另外，马云和特朗普见面。马云称，如果特朗普对中小企业开放，贸易投资和通关开放，我将给你创造一百万的就业岗位。也就是说，特朗普可以在全球搞保护主义，但是遇到过去创造80%就业的中小企业就持开放的态度，让大家得到好处。因此，新工业革命带来的结果是全球集中化转为一个分散化的相反的趋势，也就是说像刚才你讲的，既然网络可以解决所有的问题，我为什么非得到北京去，为什么非得到上海、深圳去？我可以在全世界任何地方做创新。

我们通过可视电话开会，在网上交流，新工业革命有可能改变我们的生活，研发创新的生活。对全球最优秀的人才的吸引，不一定非由物理形态决定。

邱震海：这是全球的趋势，但中国的情况有所不同。中国目前这么多优秀人才都集中在大城市，尤其北京，这背后有全球趋势的因素，也有中国特有的国情。现在要讨论的是：这种特殊国情对创新究竟是制约多，还是推动多？

张燕生：所有重要的机构都在北京，国家科技大装置都在这儿，央企、部委、大学都在这儿。如果把科学装置搞几个到香港、到宁夏，亚马逊中国总部就在宁夏的中卫，最贫困的地区，央企、科学装置都可以去这样的地方。亚马逊云计算有绝对的趋势。脱离政治权力，当反腐、规范、法治、透明、公正的观念深入人心以后，那么权力中心，权力和政治的关系都会发生变化。

聪明的中国人能真正创新吗？

乍一听这个问题，似乎感觉是在吹毛求疵。其实不然。这个问题的提出，是为了更好、更深地切入问题的核心。

华人智商在全球位居前列，举世公认。但若说中国人创新世界第一，恐怕就连我们自己也会觉得心里发虚。其间的差距恰恰折射了一个深刻的问题，那就是：虽然创新必然以高智商为前提，但是高智商却并非必然导致创新，其间需要一些必要充分条件。

这些条件究竟是什么？我就此与张燕生展开了讨论：

邱震海：中国申请专利的人在上升，是获得专利数一数二的国家，但专利的转化率很低。

张燕生：因为存量很少，是刚刚开始的过程，中国转向创新是在生命周期的初始阶段，没有太多的积累，更多是流量、增量。在这种情况下，首先表现的是规模和成长性。但是这是个生命周期，2012 年到

2016 年才不到 5 年，怎么也要 10 年、15 年，那时不但在数量上增加，而且在质量上也提高了，接下来就是商业的应用和产业化过程。

从中国的军事工业的进步能够看到，原来基本上止步不前，现在经过几年研究取得长足进步，在民营技术，各个领域的技术也都是这样。

邱震海：这是很有意思的问题，即究竟怎么看中国的创新和创新能力。比如我们的教育和社会体制，素来几千年没有鼓励创新的传统；另一方面，中国创新得又很快，有一部分是山寨，有一部分是模仿，有一部分是增量，就像前面提到的那样，今天的中国正进入"为中国而创新"的阶段。今天中国的学者、企业家本身的创新能力怎么样？在原创性方面，到底是现在已经具备了这样的能力，还是现在正在往这方面走？

张燕生：有没有创造性是基因决定的，先天决定了中华民族的创新能力。中国五千年的文明是连续的，和两百年的文明相比，连续积累的文明是不可战胜的，但我们的文明缺少了现代商业和科技部分。

我认为要有耐心，真正离开温饱才不久，刚开始想跟温饱稍微远一点的事。美国人现在感觉到中国的威胁，实际上他们真正担心的是中国人的创新。原因非常简单，他们知道，现在的中国虽然进入创新的时间很短，但以现在研发创新投入的规模来看，在一个不长的时间里会超过美国。一旦投入规模超过美国，增量超过美国，必将缩小差距。那时中国的创新团队也会出现新的变化，参与科研项目的有美国人、欧洲人、法国人、以色列人、印度人、巴基斯坦人。中国的创新就不单单由中国人的基因决定，而是将全世界最优秀的人的基因融合，来决定中国人的创新。

创新需要什么样的社会氛围？

读到这里，你也许已经发现，在中国创新潜力的问题上，张燕生的出发点，是中华民族的创新内生性及其在经济迅速推动下的潜力大爆发，而我则比较关注导致创新基因健康成长的社会氛围。

我们的对话还在继续：

邱震海：创新可能先由一部分顶尖人员开始，但基础是全社会的创新氛围。

张燕生：2020年"十三五"末和2025年"十四五"末，这5年我个人觉得仅仅是变化的初始阶段，时间再长点，到2049年，未来的30多年，我们的孩子都到我们现在这个年龄了。他们的孩子的教育已经是相当的国际化、专业化，具有相当的多样性。现在年轻的一代在衣食无忧的条件下，更多地专注兴趣，到了那时，我相信不会再有人说中国人没有创新能力，没有创新的基因。过去中国有四大发明，这个民族本身是世界上最有创新的民族，它的文明能延续到今天，就说明中国人的优秀是正常的。

邱震海：这里存在一个悖论，我们一直说中国的大学，虽然素质不错，但创新有限，从小学到大学，素来强调老师传道、授业、解惑，不鼓励学生创新和挑战，这是几千年的传统。中国大学还有不少教育行政化的问题，而在这种条件下，我们提出了创新机制、创新人才的要求。按照这个逻辑，我当然希望中国随着商业文明的成熟，随着越来越多的人想购买好的产品，让企业创新。但我们的大学若不改，能够走向创新吗？

张燕生：这是个非常好的问题，悖论其实是个挑战。我觉得可以从三个角度来思考这个问题。

第一个角度，中国能否创新首先是个阶段问题。刚才讲的工业经济时代和知识经济时代，大学的作用、定位，教授的职能，学生的任务是不一样的。最大的阶段的变化，中国正在从工业时代的大学转向知识经济时代的大学。当所有大学站在同一起跑线，哪所大学是好大学？不一定是北大、清华。谁能为社会和人类创造出创新性的成果，谁就是好大学。一个很有意思的现象，河北科技大学一名副教授，没有海外背景，10年没有发表论文，发表一篇论文一跃成为"诺贝尔奖级的科学家"。

包括获得诺贝尔奖的屠呦呦，没有留过学，也不是院士，也不是北大、清华的。

邱震海：屠呦呦研究的是中医，中医让西方人感觉很神秘，容易获得青睐。某种程度上，屠呦呦的例子似乎并不具备典型意义。

张燕生：但她是一个标志。"三无"人员可以获得诺贝尔奖，而且是自然科学的诺贝尔奖。新常态对大学的挑战是要重新排队，未来35年河北科技大学有可能成为世界上最好的大学，核心问题是要为社会和人类提供原创的成果。

邱震海：说到这里，就产生了一个新的悖论。

张燕生：我们先把这个悖论说完。第二个角度，实际上就是关于中国人能不能做原创，有没有创造性？跟教育有关系。我们所谈的内容有一道分界线，即是旧常态还是新常态的问题。现在谈的是旧常态的问题，是旧常态的教育。现在你的孩子在加州读书，我的孩子在纽约读书，他们的孩子在欧洲读书。现在的孩子任何一个阶段的教育都是全球的，是全球最好的教育。

邱震海：我们的孩子回来以后呢？当他们四五十岁以后会怎么样呢？

张燕生：说他没有创造性，说他完全是五分制考出来的，这样不对，在封闭式的情况下是传统的，开放的情况下是包容的、和而不同的，他们会把世界现代教育最好的创造性的方法，带回来融合到中国的教育中去。因此，新35年的新常态，再用旧眼光看中国的教育已经不成立了。同样中国的孩子，在美国、欧洲，他们得了很多的诺贝尔奖，包括香港的崔琦。谁说香港没有科技？人家崔琦拿了诺贝尔奖。

邱震海：这显然不是人种的问题，而是环境的因素。

张燕生：开放、包容和多元性的选择，会改变国内的教育和环境。因此从教育角度，说中国没有创造力是不成立的。

第三个角度，我们讲美国是有创新的，但美国创新有什么悖论呢？看一组数据，从1990年到2009年，美国产业结构出现什么变化？制造业的比重在下降，中高技术制造业在下降，这段时间美国人不搞制造，不搞高技术，为什么？什么东西上升了？金融、房地产上升了；第二组数据，同样是美国这个最具创新精神的国家，从2000年到2006年，在所有技术领域，发明专利申请的增长率都呈现出20%以上的下降，美国人不搞创新了。我们认为最具创新精神的地方，在这个历史阶段，不搞高技术、不搞创新了，美国最好的加州理工博士、麻省理工博士去华尔街搞金融数据工程，为什么会这样？包括美国GE，2009年差点活不下去，美国道琼斯唯一的企业差点没法活下去，巴菲特救了它。一旦危机过去，痛定思痛，把GE卖了。

在人类社会发展中，即使你的创新条件好，也会受到金融主导的利益诱惑，最终可能偏离创新之路。从中国来讲怎么迈向创新？发挥民族的创造力，发挥企业的原创精神，但我们要避免利益的诱惑也会在发展过程中，使我们偏离创新，而导向金融、房地产。

邱震海：我经常用人的生理发展来比喻或比较中国与西方的发展进程。中国过去20年成长起来很快，美国过去20年显然没有中国快。这其实是人从1岁到20岁以及从20岁到40岁的生理发展的差异。

一个从20岁到40岁的生理成长规模和速度，当然不能和他从1岁到20岁时相比。1岁是小宝贝，20岁上大学，成长速度多快。20岁到40岁，骨骼不会长了，相反，知识会积累、人格会成熟、智慧会丰富。衡量1—20岁和衡量20—40岁标准，显然不同，前者是生理的标准，后者是智慧、人格的标准。西方国家是20—40岁，或40—60岁、60—80岁。我们是1—20岁或20—30岁，成长最快。但我们要清醒地看到，不同阶段的现象，不能放到同一个概念范围来比较。

张燕生：根据林毅夫教授的研究，现代化的路上，中国是1—20岁，是"90后"。美国人是在哪个阶段呢？显然不在20—40岁，美国是在40—60岁。美国在现代化路上的什么阶段呢？是"60后"，是生命周期不同的阶段。

我非常同意你说的，1—20岁是"90后"，成长是快变量，"60后"

是慢变量。快变量和慢变量，搞经济的人有一个边际的概念，打个比方，把球按下去刚弹起来时一段时间内是加速度，达到一定高度时再往上就减速了。从这个角度讲，是先发优势、后发优势的问题，领跑者是哪个？

领跑者要持续是很难的，追随者是容易的。追随者不需要辨别风力，不需要辨别方向，不需要辨别不同路径的选择。领跑者跑得很快，但是领跑者可能跑错，跑错了要再回来跑，等跑错了回来的时候，跟追随者的距离，就会从原来很远的距离变得很近。你要再跑几个错的方向，完全有可能被追随者赶超。但是，追随者也会遇到同样的问题，也会跑错，追随者又很快追上你，甚至超过你。

1岁到20岁初始阶段进步成长是很快的，这个阶段以后，增长会放慢。你要到了40岁到60岁的成熟阶段，成长会更慢，甚至还有可能倒退。

邱震海：中国现在已经到了15岁、18岁的年龄段。25岁之前，骨骼的生长将放慢，但我们的知识、人格、智慧需要丰富，这就是转型。与此同时，如果像你说的那样，西方到了50—60岁的年龄，那么在两个不同世代的人之间，如果彼此的人格都成熟的话，应该有许多可以交流、学习的地方。

张燕生：1岁到20岁是商业模式的创新；20岁到40岁这段可能是引进、消化、吸收、再创新和集成创新；40岁到60岁这一阶段，成熟阶段，可能要进行原始创新。

邱震海：这就回到了我刚才想要提出的那个新的悖论。创新需要一些前提条件，也需要在教育和社会体制上有很多调整，一如从20岁后的转型必然伴随着知识的丰富和人格的成长，没有这个前提或伴随条件，20—40岁的跨越就不是必然的。

张燕生：大量投入没有产出，没有对经济产生明显带动作用的宏观长期的经济效益，增长可能是2%、1%的速度。可能1岁到20岁的商业模式创新增速保持10%以上，引进、消化、吸收，增速可能是5%—

8%，到原始创新阶段可能是 2%—3%。确实，中国现在这个阶段是"90 后"，处于刚刚 18 岁的阶段。

邱震海：还是使用刚才的生理成长的比喻吧。人的骨骼成长到 25 岁基本停止。但从 18 岁开始，体格成长放缓，但人格成长会快速、丰富，人格成长是看不见的，是内相，体格成长是外相。中国现在"体格"成长放慢，恰恰需要"人格"成长的过程迅速展开。这在内外各个方面都已经凸显，只不过很多时候我们还没有意识到，或至少没有自觉地意识到。但若继续没有自觉的意识，那么到了"三十而立"的年龄，"人格"成长若仍滞后于骨骼生长，各种矛盾和冲突就必然难以避免了。

但现在我们还是先限定在经济领域里吧。现在谈得比较多的是品质，外在市场对企业的倒逼，相信聪明的企业家一定已感受到，包括大学和研究机构的科研人员。人格成长是看不见的，社会机制的转型是看不见的，而且从量变到质变有一个很慢的过程。

今天中国，大概有 1 亿人口是接受过大学教育的吧？1 亿人里面，假如有 1000 万人是比较有创新精神的，有 100 万人特别有创新精神，10 万人有顶级的创新精神，其中有 1000 名超级顶级的创新人才。这个金字塔结构是健康和可持续的。我们不能像计划经济年代的体育运动，全民体育落后，但封闭式集中培养一批体育尖子，最后拿到奥运会大奖，这不可能持续发展。这需要一个整体氛围，不是经济和科技本身能解决的，涉及整体的方方面面。

张燕生：你提出的问题很重要。

邱震海：今天中国上上下下的状态不错，其本质我认为就是习总书记说的"人民对美好生活的向往"。在这种不错的状态下，中国的创新、发展等都做得相当不错。但另一方面我们需要研究的是这样的状态未来能不能可持续？能不能升级？因此，对培育社会创新氛围的机制，要做一些反思。

张燕生：这种氛围涉及大学的体制、企业和科研院所的改变。因此核心问题还是一个管理体制的创新，又叫作制度创新、理论创新和文化创新。比如是不是应该让教育部管大学、中学、小学？教育部是个行政部门，它管一定是按照行政方式。有没有可能不要它管，而转变为一种教育制度，这样更加符合教育规律。

邱震海：有些职能需要与时俱进。

张燕生：把教育的治理交给做教育的这批人，让他们决定大学怎么适应知识经济，怎么适应社会的变化，怎么适应年轻人。有可能大学有美国人、欧洲人、日本人、非洲人、拉美人，语言有英语、法语、德语、西班牙语，今天学生物、后天学经济、大后天学计算机，孩子兴趣的变化、生源的变化和他们对学校诉求的变化，大学怎么才能够满足？包括我们的家庭，像当父母的都很困惑，过去是大家庭，孩子要为家庭负责任，但现在的家庭是独生子女模式，孩子什么责任都不想负，所有的责任都是父母的。

家庭今后怎么培养孩子，既照顾到孩子的创造性、身心发展，同时也要让他承担家庭的责任、社会的责任，成为一个全面发展的孩子？对企业来讲，扁平化以后，社区的资质、社会的资质、网络的教育、职业的教育等各个方面，都应该营造有利的社会创新环境的因素。

邱震海：这些属于宏观层面的问题，必须提出来，引起全社会的高度重视。但对于搞经济的人来说，这些都是慢回报的，而且都不是企业本身能解决的。企业现在需要技术、需要人才、需要创新，这是就在眼前迫切要解决的。怎么解决？

张燕生：第一个就是企业怎么创新？比如华为一年有几千个发明专利，它首先自身得是一个创新的主体，才能对中国、对世界做出贡献。还有相当一部分像刚才讲的海尔、联想，销售额能达到2000亿元，但它自身的创新能力是不够的。联想也好、海尔也好，它们的策略是收购兼并，比如联想把IBM的部分收购过来。

邱震海：华为和海尔、联想的创新模式显然不同。对中国企业来说，究竟哪一种模式更好？

张燕生：第一种方式，像华为自己去搞创新；第二种方式，就是像海尔和联想，通过收购兼并获得别人的创新成果。联想收购了 IBM 的一些部门，收购了摩托罗拉，其实就是收购它们的专利，有几千项专利就构成了自己的技术基础、专利基础。还有一些企业没有像联想、海尔这么大规模，想收购兼并也很难做。怎么办呢？现在来讲就是研发创新。还有一个方式是专利池共享，你的专利、我的专利、他的专利、国内的专利、国际的专利……汇到一个池子里共享。共享的话，就是我有的你没有，你有的我没有，我们之间共享互补，就可以赢得创新的专利技术、专利授权。没有专利，侵犯别人专利权，别人要跟你打官司，要跟你收很贵的专利费。

因此，创新是发展的需要。另一方面，在国际市场发展也需要保护自己，避免陷到专利的、商标的、版权的陷阱。这里既要有保护知识产权的制度，也要防止知识产权陷阱，这样保证企业能有因素激励走下去。加上你讲到的社会氛围、大学、中小学教育的改变，家庭的改变，以及民间对知识产权保护、知识产权创造、知识产权交换等方面结合起来，中国创新的环境会一步一步地改善。

中国创新：是否继续需要"后发优势"？

谈到创新，不能不谈林毅夫的"创新后发优势"观点。

我曾在其他著作中提到，林毅夫给我留下深刻印象的，是他的两个核心观点：一、中国经济未来还有 20 年的高速增长期；二、面对可能出现的经济放缓，中国依然需要采用投资和政府刺激的方式来拉动经济。坦率地讲，这两个观点在一段时间内都是极其有争议的，因为它们要么是只谈前景，不谈通往前景的障碍，要么是仅强调拉动经济的技术型措施，而回避了中国经济结构调整中的一些深层次问题。

也许上面的争议都是社会对林毅夫的误解。不过，必须承认，无论你是否认同林毅夫的观点，中国经济最后的走向基本上都是按照林毅夫提供的逻辑向前发展的。问题是：中国未来的发展既需要探明准确的路径和方向，同时也必须要在现阶段具备可操作性；而现阶段的可操作性，又不能迷茫了未来的准确发展路径和方向。只要在中国做过具体实务工作（不管是哪个行业）的人，想必对此都会有自己的心得和体会。

2016 年 10 月底，我在广州见到林毅夫，也直截了当地向他提出了这一问题。林毅夫听了微微一笑，表示赞同之余，说道："中国的情况在世界上没有先例可循，而我们现在具有的经济学理论框架和模型，都是基于在西方已经成功的例子。这其中肯定存在水土不服的情况，因此需要中国拓展自己的模式，既借鉴别人的经验，又符合自己本身的情况。我提出的'创新后发优势'理论，很多人反对，但只要去想一想就会发现，这是迄今最符合中国实际情况的操作方法。"

林毅夫提出的"创新后发优势"理论，其核心观点认为，在创新的途径上，中国依然可以借鉴过去 30 多年的经验，利用后发优势取胜。

林毅夫认为，从技术层面说，一国的经济增长潜力决定于三方面条件：第一是生产要素，如果各种生产要素都增加，总产量和经济水平当然提高；第二是产业结构，给定生产要素，如果将这些生产要素从附加值比较低的产业，重新配置到附加值比较高的产业，尽管要素总量并没有增加，经济总体水平也会提高；第三是技术创新，给定生产要素、产业结构，如果技术创新了，经济水平同样可以提高。

他认为，在上述三种主要条件中，最重要的是技术创新。如果不进行技术创新，资本不断积累就会碰到投资报酬递减，资本的回报和积累的意愿就越来越低。除非保持很快的技术创新速度，否则就不会有较高的资本积累率。从结构变迁的角度看，如果没有新技术，就不会有新的、附加价值比较高的产品和产业。工业革命后，新产业不断出现就是技术创新的结果。例如，纺织业是原有产业，因为技术变迁，机械化生产比手工生产效率更高。如果把资本和劳动力转移到机械化生产上来，附加值就比较高。又如，机械制造业、化工产业、汽车制造业、航天产业和信息产业等，都是新技术的结果。所以，判断一个国家经济发展或生产力发展的潜力，只要看这个国家技术创新的可能性有多大即可。

在如何创新的问题上，林毅夫认为，在不同的发展阶段，"技术创新"的来源可以不同。最发达国家的企业采用的技术已在最高水平，其技术创新就只能来自新的技术发明，投入资金和人力去从事研究和开发（R&D）以发明新技术，才可能有技术创新。发展中国家除了技术发明外，还可以通过从比较发达的国家引进已有的，但比本国新的技术来达到技术"创新"。发明或引进到底那种方式好，要看哪种方式成本比较低，收益比较大。

显然，林毅夫的"创新后发优势"理论恰恰是在这个方面遇到了争议和挑战，因为这涉及发展中国家创新究竟是继续"拾人牙慧"，还是一步到位掌握创新主导权的问题。从理论上，很多人都会认同，创新绝非是一步到位的过程，而是在逐渐发展的过程中不断完善的，但问题是：创新的终极主导权是否能在逐渐完善的过程中被获得？抑或由于从一开始就是利用"后发优势"而导致最终难以脱离技术依赖的途径？

对此，林毅夫认为，这个问题无法从理论上解决，只能从经验看。新技术发明一般投入大、风险高，如果发展中国家用自己发明的方式来取得技术创新，也必须和发达国家一样花同样高的成本、面对同样的风险。但发展中国家还可以利用与发达国家存在的技术差距，通过技术模仿和引进来获得技术创新。很多技术模仿和引进不需要花费成本，因为超过专利保护期的技术引进根本不需要购买。在引进技术中，成本最高的是购买专利。

林毅夫认为，发展中国家收入水平、技术发展水平、产业结构水平与发达国家有差距，可以利用这些差距，通过引进技术的方式加速技术变迁，从而使经济发展得更快，这就是所谓"后发优势"的主要内容。

他认为，二战后东亚出现了经济快速增长的经验，被称为"东亚奇迹"。先是日本，接着是亚洲"四小龙"，维持了30—40年或更长时间的经济快速增长。在缩小与发达国家经济发展水平差距的过程中，没有多少新技术是这些国家或地区发明的，它们的技术创新主要靠引进国外技术，然后在生产过程中加以改良，凭此维持了相当快速的经济发展。

中国在改革开放前后的情形也是如此。1978 年前，中国的技术创新基本上靠自力更生，试图"十年超英、十五年赶美"，在尖端技术和产业方面与欧美竞争，但经济发展的绩效很差，人民生活水平提高缓慢，和发达国家的经济差距没有缩小。相反，改革开放后 20 多年来经济发展的速度和质量都有很大的提高，相当大的原因并非在高精尖产业的国际竞争中取得突破，主要是通过引进国外技术和管理获得了较快的发展。

林毅夫认为，"后发优势"之所以对我国很重要，是因为即使经过 20 多年的改革和发展，我国与发达国家的差距仍然很大。1999 年我国人均 GNP 为 780 美元，世界排名第 140 位，仅为同年美国人均 GNP30600 美元的 1/40。即使按购买力平价计算我国同年达 3291 美元，也只是美国人均 GNP 的 10.7%。人均 GNP 的差距是衡量技术差距很好的指标，除了少数几个石油大国之外，高收入国家不可能使用落后技术。我国与发达国家收入差距大，代表技术差距大，利用技术差距促进经济发展的潜力也就非常大。

林毅夫认为，一般认为中国后发优势已经很少，必须要自主创新，但其实中国和发达国家在传统成熟产业上的差距还非常大。中国在许多产业上可以通过合资、并购或到发达国家设立研发中心的方式，将发达国家的技术引进、消化、吸收、再创新，也可以通过招商引资让它们来中国设厂生产。这些创新方式成本低、风险小、见效快，是在新常态下我国经济保持中高速增长的重要保证，仍然应该继续倡导。

他认为，虽然经过 30 多年快速发展，中国在家电和一些制造业上确实已处于世界前沿，不过这些产业的附加值相对低，发达国家已经退出这些产业。从全球的产业链而言，中国大多数的产业还处于中低端，产业升级空间还很大，还可向中高端、高端发展，因此后发优势依然存在。

林毅夫将中国现在的产业分为五种类型。

第一类是还处于追赶阶段的传统成熟产业。中国与发达国家的差距依然很大，可以用合资、并购方式，到发达国家设立研发中心，或用招商引资的方式，将先进的产品、技术引进、消化、吸收、再创新。

第二类是处于世界前沿水平的产业，如家电业，这类产业需要自主研发取得产品技术创新，以继续保持世界领先。

第三类是劳动密集型的加工业。我国在这些领域的比较优势已逐渐丧失，需要考虑的是帮助少数有条件的企业走向品牌、研发、市场渠道管理，绝大多数的加工企业则是如何帮助它们到海外工资水平低的地方去设厂，利用当地的廉价劳动力，将 GDP 变为 GNP。另外，钢材、水泥、电解铝、平板玻璃等建材行业有过剩产能，它们的技术还很新，在世界其他地方还有很大需求。对这些产业需要帮它们走出去，到海外创造"第二春"。

第四类是手机、互联网之类的新产业。它们的研发以人力资本为主，并且研发周期特别短，所需资金不多，对此我们可以采取"弯道超车"的办法，利用我国人力资本多、国内市场庞大和产业配套齐全的优势，与发达国家直接竞争。现在所讲的"大众创业、万众创新"的机遇主要就在这类产业。

第五类是资本投入特别大、研发周期非常长、关系国防安全的战略产业。按照市场规律，它们可能很难发展起来，这就需要政府提供财政直接支持。

上面的这一大段介绍，可能看得你已经有点累了。但相信我，阅读上面这些枯燥的问题，不但对于你了解林毅夫关于创新的想法，而且对于你思考中国创新未来的方向和路径，也是有帮助的。

我与张燕生的对话，也涉及了这方面的问题。

邱震海：之前谈到林毅夫教授，他也在研究中国的创新，他有"中国创新要继续利用后发优势"的这个观点，林毅夫的观点，包括经济学上的很多观点，不无争议，说中国未来还有 20 年的高速增长期。另外有个很有争议的，"中国经济不可能消费拉动，最后还是投资拉动"。不得不承认，中国走的路线基本上都是在向他预言的方向走。现在他又预言，中国创新依然需要利用后发优势。怎么看这个观点？

张燕生：关于林毅夫教授，我们认识很久了，在20世纪80年代中后期就认识了。他说的问题和理论，就像白开水一样，从理论来讲没有那么复杂、深刻，也没有那么新潮，但最后事实证明他是对的。这就说明他是一个很优秀的经济学家，他最优秀的地方就是不"唯书"，不是按照经济学的教科书和经济学的原理。他有自己的观察、思考和判断，不但是受过良好经济学的训练，而且有着良好经济学的素质，他的判断往往是经受得住现实、理论检验的。

因此，我个人认为毅夫教授是非常值得尊敬的一位学者。毅夫他长期研究的是发展经济学，他的理论中有一个很重要的"新结构经济学"，还有一个很重要的贡献，用发展经济学研究发展中国家的经济发展从穷到富的过程。在他的理论中，这个过程经历了三个阶段。

第一个阶段就是从20世纪50年代二战结束后，到70年代初期。在这个阶段发展经济学的主流观点认为，穷资本积累少，因此你要完全靠市场很难。要使这些农业能够实现工业化，怎么办？就要由政府集中有限的资源，模仿发达国家的结构，建立起独立自主不依靠外援的工业体系。用自己生产的工业品替代进口品，然后一步一步转型升级，完成工业化和现代化。

当年中国台湾地区在60年代出口是开放还是封闭呢？也是有一场论战的。反对开放的那批学者说，台湾有什么呢？只有橡胶、菠萝、大米，这些在国际市场出口能获得的价格长期是下降的，越来越不值钱，出口购买力越来越弱。台湾怎么可能靠橡胶、菠萝、大米发展起来呢？那不出口橡胶、菠萝、大米，通过积累建立自己的工业体系、生产机器、工业产品，有了能力再出口。在国际市场出口越来越贵的产品，而不是出口越来越便宜的产品。这样才能够从穷到富，从弱到强。以上说的这是一种观点。还有一种观点是开放。为什么开放？开放容易学习、引进、消化、吸收国外先进技术、先进人才。

这是第一个阶段，后来事实证明这是错的。他们不要市场没办法解决效率，而国家用计划经济，用国家的干预，最后发现也没有得到发展。

第二个阶段走向另外一个极端，从 20 世纪 70 年代后期尤其是 80 年代，包括世界银行出版的《发展经济学的先驱》，对第一阶段的理论和政策进行了全面的反思。事实证明这些理论错了。什么是对的呢？后来又有"华人的共识"主张市场是万能的。70 年代后期、80 年代走开放、市场化，又走了几十年，最后发现，还是没有解决经济发展问题。

邱震海：一直到"北京共识"出现。

张燕生：这时林毅夫教授就提出新结构的经济学，他强调一个有效的市场是重要的，一个有为的政府是重要的。把第一阶段理论和第二阶段理论结合到一起，有效的市场和有为政府的作用结合到一起，才是新兴市场发展中国家的成功之路。他的这套理论对经济发展，对广大的亚非拉国家是有道理的。

他有另外一个一直坚持的理论叫"比较优势战略"。"比较优势战略"也就是讲，在任何一个阶段都应当做最强的，做最适合做的事，构成动态的比较优势的升级和经济的进步。也就是说，要始终合规律，按照不同阶段的规律来做，这样就形成关于创新、后发优势，或者五种创新的路径，都是根据他的理论、研究、观察和他的判断总结出来的。当中有些观点可能会有引起巨大争议的问题，比如说中国经济还有 20 年的黄金期。

邱震海：他还有一个说法，认为消费永远拉动不了，最后还得投资拉动。

张燕生：也包括他认为中国现在主要问题是外部因素，而不是内部因素等，这些理论引起广泛的争论。我个人认为，他在世行更多的是从全球角度看问题，而对中国这段时间发生的变化了解得少一点。总的来讲，我个人觉得他对政策的预见有他的道理。尤其是经济发展要始终符合规律，要采取比较优势战略、新结构有效的战略和有为政府的结合这几点。

"十三五"规划对这个问题，提出先发优势和后发优势都要发挥都要把握。这是个什么概念呢？中国是1—20岁这个阶段，美国、日本、欧洲是40—60岁阶段，一个青年相对于一个成熟的中老年人，在经验、判断力等很多领域，差距还是巨大的。在这个阶段所谓的后发优势，其实仍然是一个学习的阶段，过去可能是资本的问题，现在需要引入智力、技术，也就是说学习阶段从比较优势开始升级了。

对后发优势，我自己的看法，关于引资、引智、引技，现在这个阶段最重要的是"引智"，引进创新的制度和方法是最重要的。这个阶段和过去不一样的，是可以借助全方位国际合作的。有需求你怕没有人才吗？有需求你怕没有技术吗？有需求你怕没有资本吗？弱项在于没有把全世界最好的资本、人才、技术组合到一起，变成新的制度、方法和新的模式然后走向创新，这个是明确的。因此才会提出，后发优势在这个阶段，全方位合作很重要，而且对标很重要。什么叫对标呢？毅夫有一个观点，18岁想学50岁是很难的，它中间跨了20—40岁的阶段。你能不能18岁学25岁、35岁的，然后再学50岁的，通过学习，会发现未来的20年尽最大努力学习，能够掌握的这个部分是最适宜的。它不是最好的、不是最新的、不是最高的，但最适合一个18岁的年轻人学习和实践，中间还需要经过几座桥、几个平台，才能够达到一个想要的原创的结果。中国深度融入世界，获得了这种后发优势，这是加速度的进步。

还有一个从后发优势来讲值得注意的地方，因为现在是新一轮科技革命，把它称为"第二次机器革命"也好，或称为"第四次工业革命"也好，还是称为"第二次数字技术革命"也好，不管用什么样的方式描述，世界开始进入新一轮科技革命的新阶段。这个阶段想追都没有追随的对象，因为领跑者是往四面八方跑。有些国家往东跑，有些国家往西跑，追随谁呢？目前我们可能并不是最先进的，却是在一个先发优势的阶段。

附录
中国经济：哪些可以做得更好？

本书写到这里，已经到了该收尾的时候了，但似乎还有些该讲的话没有讲完。

从现在开始到 2020 年，是中国经济转型的关键时期。过去 30 多年中国的经济增长模式已难以为继，这几年已经看得越来越清楚了。无论从内部环境看，中国自身人口红利的下降，还是从外部环境看，全球化面临贸易保护主义的挑战，中国过去 30 多年的成功因素在这几年里均已逐渐消逝，因而逼迫中国必须另辟蹊径，从原来的"世界加工厂"向创新大国转型。

但是，天佑中华。正如过去 30 年中国的改革开放遇上全球化的机遇，这一次中国的经济转型也恰好赶上方兴未艾的第四次科技革命的潮流。如果说，这是中国经济"弯道超车"的极好机会，如果说过去若干年中国在移动使用领域走在了世界前列，那么在即将到来的人工智能时代，中国上上下下又该做好哪些准备呢？另外，谈创新，谁都知道知易行难，中国又真正做好准备了吗？

在个人成长的道路上，人们常说"性格决定命运"。其实视野、格局更决定命运。没有足够的视野和格局，再坚毅的性格也只是鲁莽而已。做人如此，治理经济同样也是如此。

在这个时候，回顾一下过去若干年我们在经济领域曾经走过的弯路，恐怕不是没有意义的。

一、关于中国经济一些弯路的思考（一）

我和张燕生的对话，先从 2002 年开始。

现在回头看，那是一个令人怀念的年代。

在这之前的 2001 年，中国正式加入了世界贸易组织，由此全面融入了全球化的进程。在这之前，曾有多少人忧心，"入世"后中国的许多产业将受到严重冲击。但现在回头看，中国发展最快的一段时间，就是中国"入世"之后的这些年。

其实，这些年，中国的许多发展都是"一不小心"发生的：

2001 年"入世"时，中国在全球经济总量的排位还十分靠后。

但 2007 那年，亦即"入世"后仅仅过了 6 年，中国的经济总量就"一不小心"超过了德国，成为世界第三大经济体。

又仅仅过了 3 年，2010 年，中国又"一不小心"在经济总量上超越日本，成为世界第二大经济体。

又过了 4 年，2014 年，美国中央情报局的一份内部报告称，以购买力平价计算，中国的经济总量在那一年已经超越美国，成为世界最大经济体。作为美国情报机关，中情局的报告自然有其背后的战略考虑。不过，2014 年，虽然中国经济已经进入下行通道，但这一年确实创造了中国经济的几个值得关注的里程碑：

• 2014 年，中国成为全球最大的贸易伙伴国；

• 2014 年，中国企业对外投资的金额，首次超过中国吸引外资的金额。

2002 年，这个渐行渐远的年代的背后，还藏着我们许多人的玫瑰色的梦。随着时光的推移，这些梦幻的色彩越发丰满、鲜亮：

21 世纪初，中国刚刚进入小康社会，人均 GDP 刚刚跨越 1000 美元大关；

2008 年，亦即北京奥运会举办的那一年，中国的人均 GDP 超过 3000 美元。正如本书第一章所述，从世界经济史的角度看，人均 GDP3000 美元是一个"坎"，意味着居民消费已从"生存型消费"向"炫耀性消费"转型。不知你有没有发现，我们身边的大规模出国游，就是从 2008 年以后才开始的，"买买买"的潮流也是从那个时候逐渐向高潮迸发的……

2011 年，中国人均 GDP 达到 5000 美元，开始进入世界银行所谓的"中等收入陷阱"，但居民消费趋势一发而不可收。这也就是本书第一章描绘的"看不懂的中国之一：经济下行，为何仍要'买买买'"的情况。

2014 年中国人均 GDP 达到 7594 美元；2016 年达到 7900 美元。到 2020 年，预计人均 GDP 将达到 12000 美元。

当人均 GDP 跨越 8000 美元大关，一个"消费大爆炸"的年代正在飞奔而来：2010 年，中国的消费总额为 13 万亿元人民币；到 2020 年，这一总额预计将达到 46 万亿元人民币，扩容量为 33 万亿元人民币。

2017 年 8 月，英国《金融时报》一篇文章敏锐地抓到一个趋势，题为《中国旅游者的消费习惯：从"买买买"转向体验型消费》。

如果说，人均收入达到 3000 美元的 2008 年，是中国居民从"生存型消费"向"炫耀性消费"的转折点，那么当人均收入冲刺 12000 美元的 2017—2020 年，则是中国居民由"炫耀性消费"向"精神气质型消费"或"体验型消费"转变的关键时期。

做大"蛋糕"：经济转型晚了 15 年

从 2002 年到 2008 年，再从 2008 年到 2018 年，中国经济和居民消费都经历了几轮"井喷式"的发展历程。这些"井喷式"的历程用通俗的比喻来说就是："蛋糕"越做越大。

然而，问题可能也恰恰出在这里。请看我和张燕生的对话。

张燕生：从反思的角度我自己有几个看法。

第一个应当反思的问题就是，刚才讲过去 35 年三个阶段。这三个阶段"十三五"新 35 年开始的五大理念，创新、协调、绿色、开放、共享。这五大理念我觉得是晚了 15 年。

实际上，中国经济真正应该开始转型，应该是在 2002 年。什么概念呢？从 1992 年到 2001 年我们的体制与国际通行规则接轨，接了轨以后下一步怎么改革和开放？下一步就应该按照这五大理念走。但是当时没有做。

邱震海：这样讲可能有点苛刻。当时日子还蛮好过，旧经济的规律，旧经济常态性的优势还没有退尽。现在是被迫无奈，经济内在规律显示出这条路走不下去了，所以迫切需要转型，于是在危急关头我们算是抓住趋势，提出了新发展理念。

张燕生：我们可以享受红利，但享受红利的时候没有去做当时应该做的事。比如从改革的角度来讲，我个人觉得 2002 年应该推动要素价格的市场化改革，比如煤炭、能源、资源和土地、金融、劳动力市场这些方面的市场化。

为什么呢？因为我们发现在 2002 年之前，当时的改革重点是在商品市场上，我们要解决老百姓吃饱穿暖的问题，要解决经济有效率的问题。实际上到了 20 世纪 90 年代后期，我们的外汇短缺的问题解决了，资本短缺的问题解决了，商品短缺的问题解决了。市场经济改革是分层次的，最低级的市场是农贸市场，第二级的市场是商品市场，第三级的市场是要素市场，再往上的市场是金融市场跟衍生品的市场。

实际上在那个时候，我认为已经到了要推动这些要素价格的时候，如果土地、劳动力、煤炭、金融这些市场都不是市场化的，这些改革如果当时没有推进，我们可以保持高增长，但是代价就很高。

邱震海：当时没有推动的原因是什么？恐怕不光是客观原因吧？主观上你觉得有什么原因？是当时认知不到位，前瞻性不够，学者研究不够，还是看到问题我们决心不够？

张燕生：这个问题很好，我再补充一点，比如当时做了一项改革，煤炭的资源税从存量税改成从价税，我经常在想如果当时在 2002 年做这一项改革，我们可以改 100 项、1000 项，后来 10 年会有什么不同？煤炭在 2002 年是 50 元/吨，税如果假设是 20 元，税率是 40%；如果煤炭价格长期稳定，这个改革不推动，代价还不明显。

如果煤炭的价格非常不稳定，弊端就赤裸裸地摆在我们面前了，后来煤炭从 50 元/吨上涨到 800 元/吨，税还是 20 元。那么 50 元/吨，假定税率是 40%，800 元/吨还是 20 元的存量税，煤炭作为全民的财富，它的价格上涨的部分，由于我们的改革不到位，它所产生巨大的财富就没有分配。如果全部归煤老板，煤老板会被炸晕，会挥霍。

没有规范的制度，混乱就产生了。权力、关系、资本、寻租，寻求一笔非生产性的收益，寻租的结果就产生了后来的腐败问题，和社会心态的失衡。除了煤炭以外，土地、金融发展到这个阶段后该改革却没有做，就会发现它产生的经济问题、社会问题，以及它对整个社会心态的影响，带来严重的后果。从这个角度来说，我们应该反思。

邱震海：还是回到原点的问题：当时是我们主观上不愿意改呢，还是当时认知不够没有改？现在看过去将近 40 年的改革，开始确实是没有经验，即所谓"摸着石头过河"。由于没有经验，所以很多地方出了偏差，这是客观原因。但在出了偏差之后，利益逐渐固化了，于是就不愿意改了，这是主观因素。

张燕生：我个人的看法是当时我们加入 WTO 后，从中央到地方，从企业到个人，为了应对"狼来了"产生的冲击，进行了全面的改革、调整、清理、整顿，光是中央就对不符合 WTO 国际通行规则的 3000 多项法律法规、行政规章和政策进行了全面的清理，当时银行被称为"全行业基础规范"，为了应对防范冲击，成立了四家管理公司进行了不良资产的剥离。国有企业通过三年脱困，它们的国际竞争力有了大幅提升。在很多领域，我们为了应对 WTO 采取结构调整取得了优异的成绩，同时带来了改革的红利。

邱震海：现在回头看，这段时间应该可以成为中国改革的黄金期。

张燕生：应当说，当时的中国经济进入了一个发展比较好的通道，这个时候中国面临两个选择，一个选择就是借入市的东风，进一步全面深化改革，就像今天提出来的"四个全面"一样，也就是把我们刚才讲的要素价格的市场化改革，中央和地方财政的改革，共享发展共同富裕的改革，包括生态环境五大理念改革全面推进。这时我经常会想，GDP 增长是 16%、17%，如果每年拿出 2 个百分点，用于结构调整，GDP 增长是 8.7%，如果我这么做 10 年的话，今天中国经济增长的长期潜力势不可当。而且现在的产能过剩问题也不会有这么严重，这是一种假定。

邱震海：当时的情况一个是没有经验，另一个则是想趁着中国发展最好的时候，把"蛋糕"做大。先把"蛋糕"做大还是先把"蛋糕"做好，这始终是一个发展中国家的两难选择。两个选择各有利弊。

若先把"蛋糕"做好，再把它做大，也许结构从一开始可以规划得相对合理，但规模效应的大好时期可能就错过了，后面的中国经济体可能就是一个中等规模的形态，不可能达到今天这样的体量。中国显然在那个时候选择了前者，希望先把"蛋糕"做大，然后再用更雄厚的财力来解决现在面临的结构调整的转型，这是另一种选择。

张燕生：从 2003 年到 2012 年这 10 年，我们 GDP 增长是 10.7%，按照购买力平价计算，我们的 GDP 增加了 8 万多亿美金，按照市场汇率计算，GDP 增加了 6 万多亿美金。但这一模式的后果也是明显的，那就是依靠中国融入全球化的贸易进程，通过出口为导向，虽然是把"蛋糕"做大了，但通过贸易的量，我们内部还是缺乏创新。

邱震海：现在回头看，直接的后果是什么？

张燕生：它使我们长期的，比如创新、协调、绿色、开放、共享，这些往后移了，但是"蛋糕"做大了。美国在同一个时期，它的基数比我们大得多，他们只增加了 4 万亿泡沫，而我们增加了 8 万亿。

邱震海：现在再回头看，两种选择，究竟如何评估其利弊？

张燕生：仍然是仁者见仁，智者见智。事实上，当时是有两种不同的选择。一个是打攻坚战，也就是借加入 WTO 的东风继续深化改革，把"蛋糕"做大；另一个是把品质做好。当时客观上我们选的是做大，把"蛋糕"做大以后，从 2012 年以来，我们现在遇到了怎么化解高增长的问题。

邱震海：另外还有体制上的问题。坦率讲，当年选择"先做大'蛋糕'"这一模式时，体制的力量起到了很强大的正面作用。但随着"蛋糕"逐渐被做大，随"蛋糕"本身的问题一起浮现出来，都是其背后的体制问题。

问题在于，当体制问题凸显的时候，"蛋糕"已经做大，利益格局已经形成，此时要对体制做任何一点小的改动，都是痛苦的"动奶酪"的过程了。于是，改革的艰难就成为一个突出的矛盾了。

如何看 4 万亿元及其正负效应？

谈过去 30 年，尤其是过去 15 年的中国经济，不能不谈 2008 年。

现在回头看，那是中国大悲大喜的一年：大悲，是由于发生在那年 5 月 12 日的汶川大地震；大喜，则是由于 3 个月后的北京奥运会，成为中华民族共筑百年之梦的象征。

那年的 5 月 12 日下午 2 点 25 分，我从厦门参加完一个学术会议飞抵香港。从厦门起飞前，厦门的迎奥运火炬接力活动刚刚举行；但飞机抵达香港后 3 分钟后，汶川大地震忽然爆发，一时地动山摇，万众哀痛……

那年的 8 月 8 日，北京奥运会正式开幕，万众期待的盛况折射了中华民族百年奥运和百年复兴之梦的实现。就在同一天，俄罗斯与格鲁吉亚爆发战争。也就在同一天，我在《参考消息》发表整版文章，题为《北京奥运：中华民族成熟的里程碑》。

但那个时候，已经酝酿近一年的美国金融危机，也已到了最后接近沸点的那一刻。在这之前，2007 年是美国金融危机全面酝酿的一年。

那年，美国的各种资产价格飞涨，各种衍生产品层出不穷，表面繁荣的背后已经危机重重。

2007年11月底，我和张燕生应邀出席在日本大阪举行的"中日中小企业和企业家论坛"。会后，张燕生邀我一起赴日本关西大学讲学，度过了很愉快的一段时间。但10年后回头看，那段时间在太平洋彼岸的美国，则是金融最疯狂的时期，危机一触即发，就在等待一个突破口……

2008年9月15日，美国雷曼兄弟宣布倒闭。由"两房"危机引发的美国金融危机正式爆发。

作为全球最大经济体和最重要的金融大国，美国金融危机以极快的速度迅速向全球蔓延，全球性的金融恐慌随之产生并迅速扩散……

11月15日，19个国家以及欧盟的元首在美国首都华盛顿开会，第一次商讨各国政府的救市方案。这次会议被冠以G20，亦即20国集团领导人峰会的雏形。四个半月后，2009年4月初，第二次G20峰会在伦敦召开。如果说，第一次G20峰会主要是讨论各国救市的方案，那么第二次G20则主要是讨论退市的可能性。G20伦敦会议最后的结论是，鉴于世界性的经济危机尚未过去，所以暂时推迟退市方案，但G20则作为世界经济的一个重要平台，就此确立其机制性和常规性的作用，并通过尔后的匹茨堡、多伦多和首尔等峰会，正式成为讨论世界经济的重要舞台。

就在2009年4月G20伦敦峰会前一天，我邀请张燕生独家出席我的节目。我临时改变常规的多方对话的方式，而将节目形式改为我与张燕生的一对一连线对话。当时，全世界的眼睛都盯着中国政府将出台哪些经济刺激措施。张燕生那时的身份还是发改委对外经济研究所所长。那一次节目，张燕生作为"中国政府智囊人士在伦敦G20峰会前独家出席电视节目"（节目当时的预告语），在全球引起了密切关注。

那段时间，正是中国政府4万亿刺激措施出台之后几个月，因而全球主要经济体的眼光都密切注视着中国的一举一动及其带来的影响。其实，把当时的刺激措施称为 4 万亿计划并不准确和全面。

当时的情况是这样的：

2008 年 9 月，雷曼兄弟倒闭，美国金融危机爆发后，其后果也波及了实行外向型经济的中国。从 2008 年第三季度起，中国经济增长率出现了加速下滑的局面。截至 2008 年 10 月，中国的出口和进口增速虽然有所放缓，但仍然是增长的，到了 11 月和 12 月，全国进出口总值开始表现为负增长。11 月全国进出口总值同比下降 9%，其中出口下降 2.2%；进口下降 17.9%。12 月全国进出口总值同比下降 11.1%，其中出口下降 2.8%；进口下降 21.3%。

可以看出，2008 年 9 月发生的金融风暴，仅仅两个月就对中国的对外贸易产生了非常具有实质性的影响。

十万火急！用这四个字来形容当时的中国经济形势，一点也不为过。

在这种情况下，任何一个国家的政府都会推出刺激经济的措施。美国的 7800 亿美元的刺激措施量化宽松政策，就是在这样十万火急的背景下出台的。

2008 年 11 月 5 日，国务院常务会议推出进一步扩大内需、促进经济平稳较快增长的十项措施。初步匡算，实施这十大措施，到 2010 年年底约需投资 4 万亿元。随着时间的推移，中国政府不断完善和充实应对国际金融危机的政策措施，逐步形成应对国际金融危机的一揽子计划。

2009 年 9 月 10 日，时任国务院总理温家宝在夏季达沃斯论坛上发表讲话时指出：有人把一揽子计划简单说成是 4 万亿投资，这是一种误解。只是，4 万亿投资的形象在当时已经深入人心了……

将近 10 年之后回首这段往事，依然有惊魂未定之感。

温家宝后来在政府工作报告中说："这场危机来势之猛、扩散之快、影响之深，百年罕见。"前面提到，2008 年 11 月的外贸数据开始严重下降。你可能不知道，到了 2009 年第一季度，GDP 增长率只有 6.2%，真可谓十万火急……但 4 万亿措施出台后，仅仅半年时间，中国经济就恢复到第三季度 8.9% 的增长水平。

多年后回首，究竟如何评价 4 万亿？各种意见依然见仁见智。

一种观点认为，政府不必干预经济，因为反危机措施本身会扰乱市场经济的内在稳定和修复机制，饮鸩止渴的结果不过是使得经济复苏形态从原本的 U 形变异为 W 形，甚至 L 形，徒增复苏的时间成本和社会财富损失而已。此外，即便是较为中性的观点一般也认为，过于强势的政府主导型投资，若运用不慎，将对私人投资产生"挤出效应"。

而另一种观点则强调，4 万亿的刺激力度还远远不够。理由是，4 万亿一揽子计划中，很多都是早已纳入规划之列的建设项目，如汶川地震后重建、京沪高铁等，有新瓶装旧酒之嫌，其效果令人怀疑。

两种意见中，显然前一种占了上风，以至于时至今日，每当经济风雨飘摇，经济当局只能提出"微刺激，强改革"的方针，而再也不敢重蹈当年 4 万亿的覆辙。

究竟如何客观地看 4 万亿？其实，逻辑非常简单。

如果没有 4 万亿，今天我们可能就连批评 4 万亿的闲情逸致都没有了，因为经济已经大乱；问题是，4 万亿带来的严重后果也不容忽视，那就是资产价格的大幅上涨、"国进民退"、民营经济大幅萎缩；但问题不是出在 4 万亿，而在于 4 万亿背后的中国经济体制改革没有完成。

试想，同样是经济刺激措施，美国无论是前期的 7800 亿美元，还是长达多年的量化宽松，为什么没有出现如中国的 4 万亿那样的后果？显然，问题不在钱，而在于用钱的环境。在一个成熟、稳健的市场经济体制下，是否出台经济刺激措施、规模到多大、时间延续多长，一切都是纯经济领域思考的话题；但在一个从计划经济向市场经济转换的体制下，这些纯经济学思考的问题，一不小心就会成为计划经济死灰复燃的契机。

试想，无论是"国进民退"还是资产价格大幅上涨背后的"资金拐弯"和"脱实向虚",哪一样不是由于改革不到位而引起的。从这个意义上说,4万亿本身也是一个牺牲品;将所有的责任都推诿给4万亿,而有意无意忽略其背后的改革因素,至少是一种思维惰性和精神逃遁。

因此,反思当年4万亿导致的后果,把焦点仅放在是否应该出台4万亿上面,是毫无意义、纯粹浪费精力的争论。难道中国经济今后万一发生风吹草动,就不用再有任何的刺激措施或量化宽松政策了?4万亿的教训,应该导出对经济体制改革的更强有力的推进,这样的讨论才有意义。

我和张燕生的对话,也涉及了这个问题:

邱震海:客观地看,2008年的4万亿措施,其实很冤枉。如果没有4万亿,经济已经大乱;但是4万亿"救"了中国经济,反倒成了其背后体制因素的"替罪羊"。最根本应该反思的,不是是否出4万亿,而是为什么其背后的体制改革没有完成。

张燕生:值得反省的地方是过去那些年,我们究竟如何应对外部冲击?这涉及两个冲击:一个是1997年7月2日亚洲经济危机;一个是2008年9月爆发的金融危机。

我有这么一个看法,1997年7月的亚洲金融危机,我把它称为"我们的危机",因为它是亚洲生产网络的危机;把2008年9月爆发的国际金融危机,称为"他们的危机",基本上这两次危机的性质是不一样的。

1997年爆发的金融危机,对中国、日本、韩国、泰国,乃至对整个亚洲生产网络的国家,大家都在一条船上,都受到了严重的影响。因此在危机下,当时在1998年年初制订应对亚洲危机的积极财政政策的措施时,发行了特种国债,后来1998—2002年是用8000亿元人民币的投资带动了3.2万亿元的内需,应对了这场危机。在1998—2002年,中国的GDP连续四年都保持比较低的增长率。

邱震海：现在回头看，当时的结构性改革力度还是很大的。这与2008年那场危机之后，改革完全停滞的情况形成截然反差。

张燕生：在这个时候，1998年进行了一场结构性改革，包括刚才讲的纺织业的限产砸锭，银行全行业的技术破产，三年国企的脱困，包括后来扩大基础设施应对危机都发生在这个时期。当时的领导人有一条底线，应对金融危机的3.2万亿元的投资，可以用于解决基础设施、市政建设、民生、粮库等，包括退耕还林、还草、还木，但不能够产生过剩的产能。后来在地方部门和强大压力的情况下，退了一步，就是可以做技改，如果投资能进入制造业也只能进行技改。

邱震海：你的意思是说，由于1997年的危机就发生在我们周围（亚洲地区），因此被看成是"我们的危机"，我们因此也就有了改革的动力？

张燕生：实际情况是，"我们的危机"带动了一轮结构性的调整，这次危机是"危中有机"，在应对危机过程中完成了结构性改革，提升了产业竞争力，使中国基础设施建设得到极大改变，使中国经济通过这场危机，质量效益都有明显的提升。

邱震海：但2008年的危机之后，却出现了另一种完全不同的情况。虽然我们也拿出了4万亿刺激经济的措施，挽救了中国经济，甚至一定程度上挽救了世界经济，但最后的结果是：我们没有对现有的弊端做任何改革，相反还延续、强化了这些弊端。

张燕生：2008年9月的危机，为什么叫"他们的危机"？这一次国际金融危机打击的主要是虚拟经济发展得比较蓬勃的地方和产业，而实体经济为主的国家和产业受到的影响不大。西方国家像加拿大、澳大利亚，东亚体系像中国、日本受到的影响都不大。这场危机是简单地应对，还是危中有机，借危机的机会来完成一场结构性的调整？反思会发现，这次危机是一场以危机为名，从地方到部门再到企业的政绩和业绩大战。

邱震海：这个后遗症现在还有，其中既有直接的、看得见的后果，如你刚才说的业绩大战；也有看不见的后果，那就是对体制结构性问题的改革放慢了，甚至滞后了。不仅如此，原有体制中的结构性问题，反而被作为优点保留了下来。

张燕生：因此今天当我们谈产能过剩、金融风险、地产风险的时候，都是这个时候结构性改革滞后，之后所积累的长期贸易矛盾的沉淀。

邱震海：中央当局说"三期叠加效应"。所谓"三期"，是指经济增速的换挡期、改革的阵痛期、前期刺激措施的消化期，这说明前几年出了很大的问题。但当时的挑战是，经济一定要"托"住，不管以什么代价，否则就会出现当时至少 7000 万人的失业大军。社会稳定都保不住，还谈什么改革？但问题是，拳击手一拳过去打过了头，初衷不错，只不过用力过猛了。

张燕生：看数据我们可以发现，中国的 GDP 减速，中国的出口增长减速，不是发生在 2008 年的 9 月，而是发生在 2007 年的 9 月。

邱震海：2007 年中国 GDP 的增长率还是 14% 啊。

张燕生：但 2007 年三季度无论 GDP 还是外贸增长都出现了明显减速。看出口减速主要看进口国和地区——美国、欧洲、日本进口需求没有下降。这告诉我们一个什么问题呢？2007 年三季度出口下降主要不是外部的因素，而是内部的因素。内部因素是什么呢？搞结构调整、搞改革，因此当时 2007 年推行了一系列的政策：减顺差、"两高一资"产品——高污染、高耗能、资源性产品的调整，2007 年 5 月对 80 多种"两高一资"产品的出口实施最严厉的出口许可管理，钢筋水泥出口要拿许可证、拿批文，对 260 多种"两高一资"产品开征出口关税，后来取消出口退税。当时要减少顺差，要减少"两高一资"产品的出口保护环境、保护生态，于是对十大行业产能过剩进行结构性的调整。

邱震海：所有的这些改革，都是十分正面的，但是否也力度太大了一些？

张燕生：2007 年的时候，改革力度还是比较大的，因此经济就出现了减速。

　　邱震海：外因只是推动了一下，本身已经开始出现了虚弱的迹象。正因为本身虚弱，所以 2007 年的改革稍一强烈，经济增速就下来了。不过，客观地看，在当时这种情况下，又恰遇来自美国的金融和经济危机，不出台刺激措施可能就更稳不住了。

　　张燕生：当时让我们吓得不得了的这个外因究竟有多大呢？我自己的看法是，当时应对国际金融危机的冲击出台政策是在 2008 年 11 月。中国经济内在规律触底反弹是什么时候？2009 年 2 月。一场几十年一遇的危机，2008 年 9 月发生，2009 年 2 月过去，大家讲不要浪费这场危机，这场危机我们是浪费了还是没浪费？像刚才你讲大量的离职潮、下岗潮，确实在珠三角发生了，2000 万农民工返乡，出现了比较大的影响。当时广东人喊的口号叫"腾笼换鸟"。广州人没有浪费这场危机，搞了"腾笼换鸟"，今天中国经济结构调整状态最好的是广东，广东的 GDP 不如山东和江苏，广东工业增加值增长不如江苏和山东，但广东的用电量、货运量、信贷余额增长率明显好于其他的省份，它的结构调整明显比别的省份好。

　　邱震海：我明白你的意思，当时的这场危机某种程度上确实被浪费了。但这背后是否也有难言之隐？当时各国都在跑步救市，这是不是也是一种来自外部的客观压力？

　　张燕生：一个是国际社会的压力，第二是美国出现了全球再平衡理论。2009 年美国有一个直接为美国国会服务的 UICC（美中经济安全与评估委员会）提交美国国会的报告就讲，这场危机的根源是全球失衡，中国人和美国人各自承担一半的责任。因此产生一个理论——全球再平衡理论。怎么平衡？人民币升值美元贬值，中国扩大进口，美国扩大出口，中国扩大消费，美国扩大储蓄，当人们讲人民币出现贬值时我们不要忘记，从 2009 年一直到 2014 年的 10 月，人民币一直是升值的，美元一直是贬值的。甚至当美国在 2014 年的 10 月停止量化宽松时，美元开始升值，那时人民币仍然是微升的。这场危机发生以后，从人民币汇率角度承担了很大程度的外部压力。一直到前一段时间，美国财政部长见中国财政部长，问的第一句话还是"人民币为什么不升值"，谁升值谁为全球调整买单。

从这个角度来讲，可以看到过去35年我们有成功的经验，在很多地方都是可以深入讨论的。这些问题都会对我们新35年产生一些深刻的影响，也会对刚才你讲到的现在的问题，一方面是去产能的问题，大家都讲两个去产能重要的部门，一个是钢铁、一个是煤炭；另一方面涉及金融风险、房市风险。包括大家讲现在股市、汇市都产生一系列的问题，这些问题归根结底是如何从过去35年旧的模式走向新的模式。

读到这里，相信作为读者的你，一定也会有你自己的观点和反思。我们的对话就不再继续深挖了。

下面谈谈中国股市吧，这也是个让人欢喜让人愁的问题。

中国股市的根本问题在哪里？

谈中国经济不能不谈股市。原因很简单：如果说，对经历过2015年年中股灾的人们来说，这都是一个痛心疾首的问题，因为那段经历实在太让人刻骨铭心了。

2015年6月中旬的一天，我在深圳陪母亲去看牙医。牙医专心、专业地在治疗时，一旁的牙医助理却和我聊起了股市。于是，就有了下面的一段对话：

牙医助理：你们见多识广，你说说，这股市后面还有多少幅度可涨？

我：已经很危险了，快出来吧。

牙医助理：不会吧，很多人都正在进去呢，听说后面有大庄家。

我：很多人都进去的时候，你就该出来了。这不是常识吗？

牙医助理：说是这么说，但还是不甘心就这么出来。我们这点工资，平时就盼着能有机会发点小财。这个机会太难得了，总想着晚一点退出来。

我：这个时刻是最危险的，你真的要小心。

牙医助理：搏一把吧。

也就在那几天，我的几个微信朋友群几乎"刷"爆了天。一些已常年定居国外的老朋友正想法让在国内的朋友帮助开户，以不错过这最后的机会。

"儿子读大学的钱，我在这轮牛市中已经攒下了。"一位朋友兴高采烈地向大家宣布。

微信群里自然一阵欢呼，也夹杂着几丝羡慕。那种"羡慕嫉妒恨"，恐怕很难用语言形容，只能用时间来检验。

时间的检验来得很快。

不到两周，我陪母亲再到牙医那里复查。牙医依然专心、专业，但一旁的助理却早已没了两周前的神采飞扬。

牙医助理：你说，这股市还能再弹回来吗？

我：我也说不好。你被套进去了？

牙医助理：是啊！现在就盼着"国家队"早点入场解救大家。

……

几乎同时，微信朋友群里也没了往日的欢乐。不过，所有的"羡慕嫉妒恨"也都消失了。那个"儿子上大学的钱已经攒下"的朋友，据说已把攒下的钱都"还"了回去，还倒贴了不少本钱……

2015年年中的那场大规模股灾，给人带来的记忆实在太惨痛，教训也实在太深刻了。

当时，在中国的一线城市，中年人群中，恐怕没有多少人不卷入其中。虽然投资的常识告诉人们，当菜场大妈也开始谈论股票的时候，当股市上已经没有人研究企业的业绩和市盈率时，就是抽身而走的时候，但彼时彼刻，股市上的理性已经完全退居二位。明知股市已经疯狂，但很多人就是不能停手。

虽然股市投资纯属个人行为，但面对股灾发生，很多人又寄希望于政府，希望"国家队"跑步救市。"国家队"没有让全国股民失望，果断入市，虽然成效有限，但毕竟还是给了全国股民一丝心理上的安慰。

但随后几个月里，股市管理上发生的一系列事情，又让人产生深深的失望。那就是发生在 2016 年 1 月第一周的两次熔断机制触发导致股市暂停事故。

所谓熔断机制（Circuit Breaker），也叫自动停盘机制，是指当股指波幅达到规定的熔断点时，交易所为控制风险采取的暂停交易措施。具体来说是对某一合约在达到涨跌停板之前，设置一个熔断价格，使合约买卖报价在一段时间内只能在这一价格范围内交易的机制。2015 年 12 月 4 日，上交所、深交所、中金所正式发布指数熔断相关规定，熔断基准指数为沪深 300 指数，采用 5% 和 7% 两档阈值，于 2016 年 1 月 4 日新年第一个交易日起正式实施。

但没有想到的是，实施一周内，居然四次触发熔断。于是，为维护市场稳定，证监会宣布自 2016 年 1 月 8 日起暂停实施。

从 1 月 4 日到 8 日，仅仅 5 个工作日，新出台的熔断机制就创造了中国（也许是世界）股市最短命的熔断机制。须知，美国设定的阈值是 13%。

请看我与张燕生的对话：

邱震海：中国股市似乎积重难返。所有的一切，都折射了中国股市从设计、监管到改革进程中的许多问题。其中，有些属于政府干预太多，机制没有理顺，而有些则纯粹属于相关管理者的专业水平不够。你怎么看？

张燕生：股市是什么概念？1986 年的"8·30 会议"，当时国际经济学家给中国提出建议，其中一条是"中国20年都不要搞股市"。为什么他说中国搞改革20年不要搞股市呢？他认为股票市场是市场经济的高端市场，中国在计划经济条件下刚刚转型，搞不了高端市场。但是我们还是尝试做了。1986年建议提出，1987年就开始研究、设计、讨论怎么建中国的股市。建立了中国的股票市场以后，有一个很有争议的理论叫"砝码的有效性减弱"，股市是有效的，还是低效的，还是无效的？砝码在股市检验时，它就是信息。这个市场有没有人可以用内部信息赚钱？如果有人可以用内部信息赚钱，那么它是不公平的。

邱震海：事实证明内部信息、内部交易太多了。当时的中国股市从入口到出口，再到其中的监管，都需要完善和改进。

张燕生：如果内部信息、内部交易太多了，市场就可能变成投机市，不是投资市。人们不是发现它的长期投资价值，而是去炒信息、炒题材，这样一来，实际上对中国的改革就涉及股市、期市、债市、汇市，怎么从快速转型发展中的市场转变。

邱震海：中国股市从1987年开始研究论证到1990年正式进入市场，是不是没有准备完成就贸然推出了？

张燕生：我们是边干边学的，这是优点。我们是一个不信邪的民族，我们就是可以通过一边干一边学，掌握比较复杂的技术和比较复杂的市场。

邱震海：但是，这中间也需要很多理论研究。

张燕生：在这个过程中，中国的股票市场为中国的改革开放是做出了历史性贡献的。但是，它本身就带有改革所带来的深层次的问题，这就是规范。当时很多股票都是配额上市的，并不是说资产是好的，就是不规范。我自己有一个基本的看法，比如香港，香港的经管局，香港的证监会，香港很多的机构，包括廉政公署、贸发局、生产力促进局，都是法定机构。它们公开透明，依法设立，然后依法执行，专业人员操盘，每年要向主管政府部门述职，要向全社会公开它们的责任。这个责任是法定的，是整个国家治理体系和治理能力现代化中间的一个程序。

邱震海：这很有意思。香港的股市相关机构不是政府组织，而是社会机构，对人就很有启发。

张燕生：它是个法治机构，对社会保持透明。政府任命，但由社会专业人士组成。它本身不是政府机构，而是一个社会机构，但强调专业标准和素质。

邱震海：香港近在咫尺，它不是美国也不是欧洲，其实值得内地好好研究。我们内地现在的情况是，所有这一切都在政府机构内部，股市出了问题找政府理论。但其背后的根本原因，就是政府与社会和市场的管理没有得到改革。这是一个老大难问题，但本身应该随着市场经济的推进而不断得到改革才对，但正如刚才所说，2008 年经济危机后这一切不但没有改革，反而某种程度上被保留了下来。因此，虽然中国这几年在经济总量和国际话语权上有了长足的进步，但必须清醒地看到，中国发展模式中还有一些深层次的逻辑没有说通和理顺，这将阻碍中国未来的可持续发展。而股市及其背后的架构只是冰山一角而已。

张燕生：怎么做到专业化？怎么做到职业化？怎么做到透明公开？怎么履行公共责任、公共义务？"法无授权不可为"怎么落地？"法无禁止皆可为"怎么落地？如果这几条不能落地，怎么保证市场起决定性作用呢？尤其到了高端的金融衍生品市场。同样一个犯罪行为，在香港可以严格执法。在内地呢？我们有时候知道犯罪分子在酒店，但拿他却没有一点办法。为什么会出现这种差异呢？从这个角度来讲，下一步要治理金融风险就要讲有效监管。我们讲有效监管时，会涉及治理体系和治理现代化问题，过去的做法是旧常态，那套做法已经不适合我们的股市、债市、期市、汇市发展的新需要。

邱震海：在很多地方我们都可看到，虽然我们在经济领域早已进入了市场经济，但在监管领域则依然是计划经济的思维。

张燕生：当我们再用旧常态解决新问题的时候，国际社会就会有一个疑问：你们还要搞市场经济吗？还要融入世界吗？这还是法治吗？这里反映出监管部门怎么实现新常态的问题。

邱震海：根本问题没有解决，反映在所有行业里的问题都是技术性问题，从技术层面无法切入，更无法解决。

张燕生：中国是世界上外汇储备最多的国家，中国是国际收支顺差最多的国家，中国的 GDP 6.9%也是世界最高的国家之一。有最多的外汇储备，有最多的国际收支的顺差，还有非常好的经济基本面，怎么会出现信心危机呢？因此当"8·11 汇改"发生，以改革为名产生了一系列效应，伯南克给中国同行提的建议是，让中国同行学会跟市场对话。如果你学会跟市场对话，市场就会配合你；要是学不会和市场对话，一会儿出台一个政策，一会儿又出台一个文件，市场会被搞得很恐慌，市场就会跟你作对，不配合你。一旦市场跟你作对，你就要拿大量的真金白银外汇储备去保持市场的稳定。为什么要这么做呢？

邱震海：一切的问题都在于政府职能没有转型。同样是政府，有没有理顺与市场的关系是关键；同样是政府官员，有没有真正的市场经济的意识和行为模式也是关键。

张燕生：刚才讲证券、股票，这就涉及外汇主管部门和央行，怎么能用适合新常态的方式搞改革？首先第一个是中国汇率，它的一举一动牵动的不仅仅是中国，还牵动着整个世界，而且还在影响着全球的投资。我到纽约调研时，纽约一些大基金的投资人就对我说，如果你们不能跟市场有良好的对话，披露你们的信息，就会不断地产生一些不可预见、不确定性的风险，市场投资人是不敢把钱放到你的板块上的。这样一来，政府需要适应新常态，更要关注全球视野，而且要更专业化，学会一点一点跟企业对话、跟市场对话、跟投资人对话，使他们了解你、配合你，才能事半功倍。

取消计划生育，为何也晚了 15 年？

如果说，上面这些事虽然重要，但毕竟属于国家层面的大事，那下面就来谈谈和老百姓日常生活息息相关的"小事"——计划生育，或准确地说是取消计划生育。

说起来，计划生育国策的全面取消，是随着 2016 年全面放开"二孩"政策开始的。但用我的话来说，这一步来得太晚了，晚了至少 15 年，甚至 20 年。

为什么？那就听我下面细细道来。

30 多年前，中国民间流传着一句话："中国什么都缺，就是两条腿的人不缺。"那当然是指当时在经济十分落后的情况下，中国人口结构的庞大，实际上成了中国经济发展的阻力，而非助力。在这种情况下，实行长达 30 多年的计划生育国策，就十分可以理解了。

但 30 多年后的今天，我用另一句话来概括今天中国的现实："今天的中国什么都缺，就是不缺钱。"听说过"今天的中国，穷得只剩下了钱"这句话吗？

从严格的意义上看，这两句话在逻辑上都不甚严密，并非无懈可击。但谁又能否认其背后所蕴藏的深刻含义呢？

你是否有过寻找保姆的经历？请告诉我，你当时找保姆的经历是否容易？你现在是否正在竭尽全力留住你们家的保姆？

2015 年，我 90 多岁的父母应朋友之邀赴宴，同席的还有某个一线城市的前市长夫人以及其他几个高级知识分子。没想到的是，老人家们聚到一起，抱怨最多的居然是家里保姆难找。

回到家，我母亲对我说："没想到，市长夫人找保姆也这么难，那我们就没什么可抱怨的了。"我对母亲说："保姆难找，从学理上说，折射了中国劳动力人口发生的深刻变化，只不过从保姆这一最基本的劳动力市场上集中反映出来而已。"

2013 年，作为中国一线城市的深圳，全职保姆的月薪市场价是 2500 元；2014 年，涨到了 3500 元。那年 4 月，我与当地一个大国企的党委书记吃饭，她告诉我："我为了留住我们家保姆，已经把她的工资涨到了 4500 元。"我笑着对她说："您这个属于典型的'扰乱市场'行为。"她回答："没办法。不这样做，这个好不容易让我满意的保姆，很快就要飞走了。"

又过了一年，我与深圳某个小区里的几个清洁工，商讨全职雇用她们为保姆的价格。她们的一致开价是：不低于 6000 元。

再看看司机的价格吧。2011 年，深圳某高档小区聘请私家司机的价格是：包吃包住每月 3000 元，不包吃住每月 5000 元。但仅仅 4 年后，当我与同一个小区的司机商讨相关价格，得到的回复是：8000 元以下不予考虑。

写到这里，有消息传来说，中国可能开始考虑引进菲律宾家政人员（在中国香港称"菲佣"），月收入可达 13000 元人民币。虽对这一消息的真伪，我始终存疑，但有确实消息显示，目前在内地，已有为数不少的"菲佣"以各种身份在提供家政服务，月薪基本都达到 7000 元人民币以上。一旦内地放开引进"菲佣"，那必将对香港地区的"菲佣"市场产生冲击。须知，中国香港的"菲佣"的月收入，过去 20 年基本没有涨过，始终维持在 4000 港币左右。

老北京人曾经有一句话："不是我老汉不明白，而是这世界变得快。"这句话，用在我这个中年人身上恐怕一样合适。

那些与我讨价还价的保姆和司机，是他们具备特殊知识和技能吗？显然不是。答案只有一个：人少了，自然人就贵了。在基础劳动力市场，目前占主导的是"卖方市场"。

根据人口学家的研究，中国 16—59 岁的劳动力的总数，在 2012 年达到峰值；换言之，从 2013 年开始，这部分的劳动力总数开始直线下降。有人说，中国的男士 59 岁依然精力旺盛，那么就让我们把退休年龄推迟 5 年。即便如此，中国 16—64 岁的劳动力的总数，在 2015 年达到峰值；换言之，从 2016 年开始，这部分劳动力总数开始直线下降。

须知，16 岁的劳动力，那几乎是童工的年龄，可能就连初中都没毕业；而 64 岁，恐怕已是退休的最后年限了。

这就是今天中国的现实。

这些现实，其实在中国社会早已存在、发酵。我上面引用的这些数据，都是来自中国社会科学院人口研究所的研究成果。

2015 年，我在上海某个大学演讲，也讲到人口红利消失的问题。席间坐在第一排的一位女老师对我说："邱老师，我已经怀了二胎，现阶段取消计划生育是否有助于缓解劳动力不足问题？"

我的回答是："太晚了！您现在刚怀上，孩子出生要 2016 年，他（她）18 岁已是 2034 年了，孩子上个本科，已经 2038 年，上个硕士已是 2041 年，再上个博士，就到了 2045 年，共和国都快百年了。"

台下一片笑声。但笑声的背后显然也有苦涩的思考。

1979 年以后，中国什么都缺，只有人不缺，所以可以没有技术含量和创新，仅以"三来一补"（来料加工、来样加工、来件装配和补偿贸易）来充当"世界工厂"。而当时恰好是全球化的时代，中国全面融入全球化，并以出口为导向的经济政策，在全球化生产链中占据重要一环，并迅速出口创汇。1979 年后，尤其是 1990 年后中国的巨大财富，就是这样迅速积累起来的。

在这种模式下，中国可以没有技术和创新，但只要"大环境"（全球化浪潮）还在，同时只要中国劳动力数量庞大和廉价这个"小环境"还在，中国就有可以"混"得不错，甚至"混"得很好。

从这个意义上说，中国 1979 年以后，走的是一条与人类其他工业化国家截然不同的成功道路。研究欧洲经济史可以发现，1500—1800 年这 300 年，欧洲主要工业国家都是从早期手工业开始，历经大机器生产和工业革命、金融业兴起，直至最后通过对外贸易（出口）完成财富的巨大积累。其间的每一个环节，其提升的背后，都隐含着科技革命的影子。

但中国过去 30 多年的发展则逆反了这一规律。中国的发展历程中，没有科技革命的影子，靠的是在全球化生产链中做"世界工厂"，同时把对外贸易这一本来最后的环节迅速提前，由此在短期内迅速积累了大量的财富。

"成功自有过人处。"中国过去 30 多年的成功，如上所述有其自身规律，即便这是一条与人类工业化进程截然不同的逻辑。但问题是：30多年过去，所有的内部和外部环境都发生了深刻变化。就内部环境而言，30多年的计划生育国策，在早期确实控制住了人口规模；但当中国经济不断发展之际，有限的人口规模就日益显示出其弊端了。

大家可能听说过"刘易斯拐点"。那说的是1954年美国经济学家刘易斯论证的从农业部门人口向工业部门人口转移发生的变化。

大凡经济欠发达地区，都存在"水往低处流，人往高处走"的现象，亦即农村人口大量进入城市，承接城市的早期产业工人和服务型的工作，这也就是我们所说的农民工。

而我则用"水和面粉"的比喻来对"刘易斯拐点"做更为形象的描绘。所谓的"水"乃指城市（刘易斯所说的工业部门）里的工作岗位，而"面粉"则指从农村（农业部门）大量流向城市的人员。在经济不发达的时候，"水"少而"面粉"多，所以人们对"面粉"竭尽厌烦之能事。在大城市生活的人们，大都会有这样的切身体会，尤其是当农民工要来和我们争夺城市本来就不多的资源（如医疗、教育、住房等）时，我们的厌烦之情就更显露无异。

然而，随着时间的推移，一个神奇的现象出现了："水"开始越来越多（这本来是好事，意味着城市里的工作岗位越来越多），而"面粉"则开始供不应求。于是，原来被厌烦的"面粉"此时成了"紧俏货"。撇除农村的留守老人和留守儿童，在至少长达25年的时间里，农村的青壮年男女劳动力基本上都已外出务工，来自农村的劳动力无限供应开始结束；而此时，却正是工业化进入高潮、城市化展开之际，城市里需要大量劳动力的时候。

这就是"刘易斯拐点"的出现，或者是我说的"水和面粉"的比例失调的开始。"刘易斯拐点"仅仅描绘的一个经济体在工业化、城市化过程中的人口转移情况，并非必然意味着"人口红利"的下降。但在中国，不幸的是，"刘易斯拐点"与"人口红利"下降这两个进程，竟在同一个时间段里发生了。这个时间段就是过去的15—18年。

如前所述，2012 年，全中国 16—59 岁的劳动力数量达到峰值；即便再将退休年龄推迟 5 年，那么 2015 年，全中国 16—64 岁的劳动力数量，也已达到峰值。

在上述两个数字达到峰值之前，均有一个逐渐上升的过程，其后将逐渐下降。这个上升的过程，发生在过去的 15—18 年的时间里，亦即"刘易斯拐点"逐渐显现并让人感受到的 15 年时间里。

2008 年中国春运遭遇冰雪灾害之后，广东最早出现"民工荒"。但其实，按照人口学家的研究，"刘易斯拐点"早在 2004 年就已经在中国出现，只不过当时只是学者的数据研究显示，而在现实生活中，人们并没有切实感受到。

然而，你千万不要小看了这些数据。

过去 15—18 年里，如果我们能够比较准确地预计到"人口红利"下降的时间，从而在 2000 年前后就果断放开"全面二孩"政策，那么也许今天我们的基础劳动力就不会出现那么捉襟见肘的状况。如果我们在 2004 年之前就能比较准确地预见到"刘易斯拐点"的出现，那么我们在城乡资源的分配上也许就能有另一些更好的部署。

这里面最根本的问题是，2012 年对中国而言是一个分水岭；以这一年为分水岭，中国过去 30 多年以简单的生产要素拉动的经济模式，已经走到了尽头。

这也可以用来解释，2012 年以后，为什么刺激措施就像"强心针"，打一针经济的"脸色"稍显红润；而"强心针"稍一不打，"脸色"立马苍白。

我与张燕生也就此展开了对话，不过显然我们的观察切入点和结论都不尽相同。但这并不影响我们的讨论，也许也更能为读者带来深度的思考：

邱震海：计划生育政策取消太晚，我把它归结成学者研究不力。

张燕生：不是，这项工作是由计生委直接负责，计生委是直接管理部门，曾经有计生委主任公开在媒体亮剑表态说，他认为计划生育的政策应该改变，那就说明这已经不是一个学者，而是主管部门领导在公开场合说的话，说明是整个决策部门和社会形成了广泛共识。这里涉及的是一个决议问题，所有的东西大家怎么来做？像计划生育政策实施之初，"人多好办事"这个东西是改革不了的。当时的说法是，21世纪初，计划生育这项重大的国策要进行调整。为什么调得这么晚？我认为还是最后下决心的问题，这里反映出很重要的问题。中国是个历史悠久的国家，因此它做每一个决策都很谨慎，改也是非常困难。刚才讲过去35年从总结经验教训的角度来讲，当时改革为了解决效率的问题，先让少数人富起来，第二句话是共同富裕。少数人富起来了，已经很富了，什么时候走向共同富裕？

邱震海：这也不尽然。1978年年底，邓小平勇于推进改革开放，花了多少时间？也就几个月的时间就打破了坚冰，达成了共识。如果也是拖上几年，甚至十几年，恐怕中国的国运就不是今天这个样子了。还是一个战略研判和推进决心的问题。

张燕生：这里会涉及一个问题，当有着广泛共识的一个问题，难道非要到不得不改的时候才解决吗？我也始终在想，我们改革开放35年是三个阶段，未来的改革可能也是要分三到四个阶段。连续改革的动力是什么？否则很可能像过去讲的延误十多年，甚至延误很长的时间，这里也会涉及在重大决策层面怎么更好体现。

二、关于中国经济一些弯路的思考（二）

无论是股市还是计划生育，抑或是2008年的救市措施，其背后都涉及两个方面的问题，那就是政府官员的管理水平。

而政府官员的管理水平又来自何方？答案只有两个字：视野。若再追问下去：视野又来自哪里？答案也只有两个字：教育。

我们在太多的地方，见过太多的事例，要么是基础设计建了拆，拆了建；要么是建好后，总觉得不伦不类。好好的高铁车站，内部宽敞先进，但车站外面的上车平台，却往往要兜上一两公里才能抵达；抑或是内部设计先进的口岸，但却偏偏建在沿街的路口，不但没有挡雨设施，每天都会造成大面积交通堵塞。

从某一个角度看，这些设计的背后，反映出明显的问题，即设计者的专业水准问题或者行政监管者的管理问题。

为何不交给专业人士？

2016 年 3 月在深圳，张燕生亲口告诉我一个故事：2015 年的股灾发生后，香港金融界的一位原高官对内地有关部门的人士说："发生那么大的事，你们为什么不问一下我们有哪些解决的经验？"

我和张燕生的对话，也就从这里开始：

邱震海：管理水准出现问题，教育的问题是深层的。官员不是万能的，重要的是发挥社会和专业协作。但具体应该怎么做？

张燕生：就要让党的十八届三中、四中、五中全会提出来的问题解决并落地。我一直思考、一直纠结的一个问题是，当衍生品到了高端市场，这部分金融市场的波动会产生超调，超调对实体经济产生过度冲击和过度影响。这种情况下是不是可以用过去"摸着石头过河"的方式呢？试错成本太高，一个不当的汇改影响全球的汇市，不能用过去边干边学、"摸着石头过河"的方式，高端市场的治理和管理、监管该怎么做？

当我们的制度基础设施没有那么发达时，应该更多地向中国香港，甚至国际社会借力。现在的沪港通、深港通借力的方案，"通"不仅是交易的通、双向交易的通，更重要的是透明度、信息披露的规定、中间规范这方面的"通"，对接下来的发展更重要。

邱震海：理想状态应该是小政府、强社会、大法治，像你刚才说的，政府授权让权威人士、高端人士组建行业委员会，由他们制定标准。以电信为例，4G 标准、5G 标准，现在全世界写 5G 标准，是专业人士共同组建的，不可能是政府当局、美国的官员写的标准，一定是大家共同写国际标准。这些写出来的国际标准，无论特朗普还是文在寅，都不能不认可的，是跟全世界接轨的东西，政府搭台，营造框架，由法治保证。

张燕生：这个事情完全可以这么做，但很难。难在公共改革，我们有一些公共产品和服务不一定自己做，可以授权独立机构来做，对政府的好处是形成防火墙。专业人员负责工作以后，公共的责任做不好，政府会批评你，都是世界上顶尖的专业人员，拿的是国际水平的高薪，如果这项工作做不好，对政府、对全民、对国际社会是没有价值的。任何一件事情都要有防火墙，都要把责任授权给某些机构。从这个角度讲，最大问题是政府职能的进一步改革。

邱震海：政府职能转型，那么多年知易行难，危机来临时往往政府跑到第一线，2015 年 "6·26" 股市大跌，7 月 8 日、9 日股市大跌，那时总理在东欧访问，大家盼着李总理赶紧回来，我开玩笑说 "全国股民盼解放"，一定要政府出来救市。风和日丽之下，谁都能奢讲改革；但危机一来，很多人首先想到的还是体制的力量。

张燕生：我认为表面看起来政府在救场，但实际上政府是在替代市场。但是我们可以有一个基本的判断，旧常态的东西是在退出的过程中吗？越来越多的救场已经成为临时性的措施而不是长期的措施。中国一步一步转向新常态。举两个例子，刚才讲的 "8·11 汇改"，我们批评它，批评它是半夜鸡叫，批评它事先没有市场规划。

从 "8·11" 到现在，美国市场上传闻，美国有可能在 6 月某一个时点加息，但看中国的汇市、汇价比 "8·11" 要稳定得多。"8·11" 改革是不可预见的冲击，事先没有想到。但出台以后，现在人民币汇率形成机制，越来越多地按照汇改市场化的方式决定它的汇率。

邱震海：边干边学的方式，有没有专业人士受到政府的授权？政府官员何德何能，一个科长、处长、局长就能做出专业的决策。专业的决策还是要交给社会专业人士，而政府则是负责搭建框架。

　　张燕生：市场开始越来越多由自己决定，但市场决定时涉及市场监管的方式怎么改，这是下一步要解决的。

　　邱震海：还有一个问题，2016 年 1 月一周两次熔断的问题，当时大家都很震惊。但事后一看这个机制的设计，当时为什么会做出如此不合理的设计？

　　张燕生：这样也很正常，现在还像 1979 年，1979 年有很多可笑的事，比如苏联的改革，500 天要完成市场经济突变式的改革，今天看来很可笑。一人发 1 万卢布的代金券。我们的改革从四个特区开始，深圳开始作为特区修了一道关、二道关，特区改革怎么改？一道关放开，深圳跟香港一体；二道关管住深圳，和内地分开。现在看当时很多改革措施，从初始阶段是可笑的，但 35 年后回过来看，就发现很多东西变得越来越理性，越来越合理。现在也是这样，我们现在看到很多可笑的措施，也包括现在跨境电商税收，这些东西严格讲是政府一些部门用旧的方式解决新的问题。

　　因此，要想建立刚才我们讲的一套政府的经济管理方法，我个人认为需要一个过程，政府要适应，企业要适应，老百姓要适应，包括我们自己。现在"八项规定"出来以后大家不能喝酒，报销更困难了，很多事情不让做了，每一个人都面临着从不适应到适应的过程。

智库的作用在哪里？

　　进入对政府职能改革的思考，我们的角度有所不同，但这都不影响我们在各自的范围和领域里进行思考。

　　我们的对话在继续：

　　邱震海：我认为，不能仅以"需要一个过程"来为所有的的问题做出宽容的解释。中国发展到现在，挑战日益巨大，但各级官员都是过去 40 年里的大学毕业生，教育程度不低，国际视野不窄。显然，这里的问题不仅出在个体，而更多的是出在政府的角色没有转换，亦即我们常说的政府职能没有根本转型。那么多年，政府在很多决策中充当的角色，有时是越位、有时缺位。所谓越位就是大包大揽，而所谓缺位是该做的不做。

张燕生：我同意。

邱震海：讲到政府越位、缺位以及与之相关的改革的问题，我们就以老百姓关心的住房、教育、医疗为例。这是在20世纪90年代末推出的，全面市场化，有它的必要之处。市场经济年代，教育、医疗、住房都是国家大包大揽，铁板一块，显然是不行的。但全面推向市场化过程中忘了一点：这三者都属于公共服务产品。公共服务产品涉及人的基本尊严，不管是贫是富，是健康还是生病，不管能力大还是能力小，都要有享受这三项公共服务的基本权利，需要政府兜底。当时，我们从一个极端走向另外一个极端，从国家大包大揽到全方面推向市场，忽略了政府应该承担的公共服务的职能，导致现在骑虎难下。

当市场已经把房价推得那么高，我经常开玩笑说，现在中国只有两种人，不是男人和女人，而是有房的和没房的。有房的和没房的心态完全不同，有房的希望房价暴涨，没房的希望房价跌，甚至希望房价全线崩溃。现在骑虎难下，房价上不去下不来，最近出现了一二线城市分化的局面。

当年某种程度是在改革推进过程中，由于前瞻性的研究不到位，一下子推倒了市场化，有阶段性的问题。您刚才说我们都是摸着石头过河，未来35年继续像这样摸着石头过河我们依然会成功，但付出代价将太大。

关于计划生育取消，2002年就应该推出。从人口学角度来说，在20世纪转换的时候进入新千年应该全面取消计划生育国策，因为经济增长速度和人口增长率一定可以通过数学研究计算出来。中国16—59岁劳动力总数2012年就达到峰值了；即便再推5年退休，16—64岁健康劳动力总数2015年也达到峰值了。今天全面放开"二孩"政策，等新生儿到 18 岁已经是 2036 年，这 18 年要在没有人口红利的情况下发展。如果说1997—1999 年学者计算这些数据很容易的，他们应该建议决策者全面取消计划生育国策，这样的话，那个时候生出来新千年的小孩到现在已经快 18 岁了，应该可以接上人口红利下降的趋势。

张燕生：1993 年我听了美国一位诺贝尔获得者经济史学家诺斯的演讲，当时诺斯讲中国的市场化改革，他认为是大有希望的，因为当时刚刚南方视察，他非常看好中国。他评价俄罗斯改革的时候就讲，40 年没戏。

为什么他讲中国改革大有希望，俄罗斯改革会遇到很大的问题呢？背后理论讲叫"路径依赖"。如果你的改革过去、现在、将来，是沿着一个脉络往下走，那么你的改革成功的可能性就大。如果你是断层断代式的改，像俄罗斯的改，把社会主义前 70 年的东西抛掉，用休克式疗法，想 500 天构建出市场经济，诺斯讲这样很难，这样就会在相当长的时间找不到北。

你刚才说公共产品公共服务，我想到诺斯的理论。反思也可以看到，比如改革开放前再偏远的农村都有农村小学校、农村公共合作社，现在都没有了。

邱震海：坦率地讲，在实行市场化之前的时代，有些公共配套设施还是相当齐全的，比如农村的"赤脚医生"，虽然其专业训练的程度有待大大提高，但作为一种公共设施，却是应当肯定的。当然，当时计划经济已经搞得民不聊生，实行市场化是势在必行。但在后来实行的是纯市场化，以致把社会公共服务产品也砍掉了。这个弯路和教训是极其深刻的。

张燕生：后来主管部门想重建，发现成本无限大，很难。重建要花太多的钱、太多的时间，还要去解决太复杂的问题，才能够建成满足基本需求的公共服务体系。改革开放前，无论是哪个行业，大的、小的行业，都有共性技术和公共技术的研究院所，金融有金融研究院、纺织有纺织研究院、造纸有造纸研究院，20 世纪 90 年代改革时把这个变成市场化，212个科研院所被称为第四个国际创新点。

邱震海：各个行业还有技术情报所，我的不少大学同学都被分配到那里工作。在那个年代，技术情报所人浮于事，后来都撤销了。但现在我们在科技革命的新形势下，那样的各行各业的技术情报所其实是非常需要的。

张燕生：像种子一样好好浇点水会蓬勃成长，要是没有，从零做起就太困难了。改革开放前我们有职业大学、高品质职业中专，后来没有了。从路径依赖角度，在市场化改革过程中间，实际上是让过去很多的满足基本需求的公共服务和公共保障产品无法继续下来。

邱震海：某种程度上有点像俄罗斯的休克疗法，一夜之间全方位取消，全面推向市场经济。我们以为市场经济是灵丹妙药，这是对市场经济的一知半解，欧洲强调政府监管机制，德国社会市场经济，强调必要时政府监管，可能时尽量要对市场多干涉。

张燕生：再加上改革开放以后，像你刚才讲这个问题，房子、养老、医疗、教育，公共产品、公共服务确确实实发生了很大的偏差。比如住房，住房其实是有双重属性的，既是商品，同时又有社会属性，叫"居者有其屋"。从这个角度来讲，保障性住房政府做得太少，因此导致了房价过分的商品化。从教育、医疗的角度来讲，很多地方是以改革的名义，比如江苏的宿迁，所有公立变成私立，都变成公立就能解决问题了吗？无论宿迁还是佛山都走这条路，把公共产品变成市场化以后，再用贵得多的成本重新建立公立体系。

反思过去失误，保障未来稳健

我们上面谈论的问题，看上去似乎有点吹毛求疵，其实意义不在于追究过去，而是为了未来。

中国未来的发展进程，挑战无疑更大。如何在未来的发展进程中，避免重蹈"犯错纠错"的覆辙？如何加强顶层设计的专业性、科学性、合理性和可持续性？这不但是对各级政府官员提出的挑战，同时更是对体制改革提出的要求。

我们的对话在继续：

邱震海：你当年建言决策层，也做过近距离观察。现在回头看，当时造成这种局面，究竟是由于学者研究不够，专业性不足，还是由于其他的原因？

张燕生：跟专业研究关系不太大。原因非常简单，这方面有成熟的国际经验，甚至这方面有整套成熟的改革方案。做不做？什么时候做？怎么做？实事求是地说，从中国改革开放的发展路径来看，从历史上看，我个人觉得还是跟有段时间政府的公共产品的供给能力不够有很大关系。因为中国改革开放很重要的一个特征，是我们怎么能够从计划经济走向市场经济，我们的做法是简政放权。

从简政放权能够看到一种现象就是，凡是市场经济因素培育好的地方，都是简政放权、放水养鱼、藏富于民做得好的地方。简政放权，藏富于民的中央税收是留给本地的，像广东到1994年的改革为止，改革的红利都是留给本地。这就产生两个问题，国家两个比重急剧下降，一个是财政在经济的比重，还有中央在整个财政的比重急剧下降，急剧下降导致政府在20世纪90年代中期以前，财力是持续下降的，因此很多地方打白条，1992年朱镕基总理一个接一个地方谈判怎么能够改变这种局面。刚才讲公共服务会有一段时间大幅度减少，跟这个因素是相关的。

邱震海：于是就有了1994年的分税制改革，中央的税收和权威得到保障了，但地方却开始入不敷出。于是，地方政府就开始以天文数字举债和出售土地，这就是持续到现在的地方债和土地财政的来源。这些年的改革中，经常是一个问题解决了，另一问题产生了；或者说，经常是用解决一个问题的钥匙导致另一些问题的产生。这是否属于在改革中缺乏顶层设计？

张燕生：从计划转到市场，公共财政的建立，私人物品和公共物品财政分类化是相当晚才做的。理论和研究已经说明应该怎么建立，但现实能够做到的实际上是很晚才达到的。李克强总理在2015年的"两会"中讲到中国经济的"双引擎"，两个发动机，一个引擎是"双创"，即大众创业、万众创新；还有一个引擎是政府增加公共产品公共服务的供给。

我个人看，人民对"双创"讨论得多，增加公共产品、公共服务的问题谈得太少。政府应该在这个方面负更多的责任，这个问题是下一步应该解决的问题，这个问题涉及政府改革，如果成立公共、独立、依法设立、依法操盘、高透明度的法定公立机构，会牵扯大量的人力财物，会涉及整个政府架构的改变。这个改变恐怕是下一步要解决的非常重要的问题，而且这个部分也是法治和公共治理的问题。

几千年中华文明，中国曾是世界上最强大的国家，却在近代落后了，这也是导致我们没有走向现代文明的一个很重要的问题。我们要有充分的供给，这是未来35年比前35年难度更大而且更困难的原因。

邱震海：举个例子，无论2002年改革，还有部分分税制问题，这里不能光指责当事人为什么不改，其实是一个连续性或长远性、连贯性顶层设计的问题，有些改革是迫不得已阶段性的，只能必须这样做。现在不能坐着说话不腰疼，那时如果不推向市场化，今天中国就不可能是这样的富裕和强盛局面。

但是，在设计市场化的时候，要知道什么时候完成公共服务产品。像刚刚说的邓小平改革，开始让一部分人富裕起来，但同时有共同富裕问题，什么时候抓共同富裕问题？同样，1994年不推出复税制，中央财政不能保证，但什么时候要照顾到地方财政？连贯性从专业的设计、专业的研究，提出相对独立的研究能不能做到？

从现在开始，我们迈向未来35年时，要知道2025年开始干什么，2035年开始做什么，宏伟蓝图2050年应该发展成什么样。微观调整是可以的，不能到2035年来个重大调整，一发生重大危机就调整。

张燕生：未来35年三个推进的过程中间，不连续改革的风险是什么？刚才讨论的新35年充满不确定性的风险。这里一个最重要的问题是，未来的35年，中国将会成为一个现代化国家，成为法治的国家、创新的国家、全球负责任的国家，而且是更加绿色的国家。我的看法是，它实际上是深度融入世界和与国际高标准接轨的过程。很多的国际经验都是可以借鉴的。

三、关于中国经济一些弯路的思考（三）

当我们谈到"很多的国际经验都是可以借鉴"的时候，如果回溯很多年以前，恐怕没有人会对这句话有任何质疑。但放在很多年后的今天，对这句话恐怕就会见仁见智，有不同看法了。

我在2015年出版的著作《迫在眉睫：中国周边安全的内幕与突变》一书的前言，曾经讲过这么一个故事：

2014年秋天，我在机场买到一份《上海译报》。这是让一份我久违而又感到十分亲切的报纸。将近30年前，我曾是这份创办不久的报纸的译者之一。我早期的一些译作，大都是在这份报纸上首先发表的。那是一个中国如饥似渴般获取外部资讯的年代，西方的管理经验、文学流派、哲学思潮、民间百态，就这样通过我们稚嫩的译笔，通过这份草创不久的报纸，为知识分子、政府官员、城市白领和大中学生所喜闻乐见。报纸的发行量一度飙升至40多万份。因此，我见到这份报纸后的亲切之情是难以言表的。

然而，这份亲切之情，很快就被震惊和失望所取代。打开报纸，从第1版到第16版，全部是准备打仗的消息，而且是准备与美国打、与日本打，甚至与印度打、与韩国打、与澳大利亚打……

这已经不是我所认识的当年的那份报纸。透过纸背，一股战争的风云似乎正迎面滚滚扑来，一种与西方世界决战的架势正在慢慢摆开。

我在《迫在眉睫》一书里讲完这个故事后，写了这么一段话：

30 年前，中国年轻人关心的西方管理经验、文学流派、哲学思潮、民间百态，都到哪里去了？

那时的中国，是那么的弱小，中国与世界的依存度很低，但我们与世界的关系却是那么的和谐、亲密；今天的中国，已经或即将跃居世界第一大经济体，中国与世界的依存度很高，但我们与世界似乎怒目相视，剑拔弩张。

更重要的是，那时的我们很穷，但我们的心灵却很开放；今天我们富裕了，但我们的心灵却封闭了。

这个故事与经济本身没有直接的关系。但这个故事背后的情绪，却与今天和未来中国的许多逻辑都紧密相连。

在经济领域里，你如果捧着本书一路读到这里，也许就会发现，今天中国的许多成就是 30 多年前所完全不可想象的。如果说，30 多年前的中国，招商引资是一个非常重要的工作，那么当 2014 年中国对外投资总额已经超过引进外资总额后，中国是否依然需要外资和外部技术？当然，今天的中国需要对外部对华投资进行结构性挑选，需要引进更高技术含量的投资，这都是中国发展至今的题中之义。但是，用以前常说的那句话来说，中国是否需要"继续吸收人类一切先进文明的成果"？这在今天和未来的中国，对许多人来说，确实不是一个那么容易回答的问题了。

中国企业："领孩子"还是"养孩子"？

我和张燕生在这方面的对话，是从一个很小的切入口展开的，那就是中国企业的模式究竟是"领孩子"还是"养孩子"？

我与张燕生的对话在继续：

邱震海：我们从一个小的切入口来谈吧，也许可以把问题看得清楚一些。过去 30 多年，中国企业成长的总体模式是怎样的？

张燕生：从过去 35 年来看，中国发展模式分为两种，一种是"领孩子"的模式，实际上很大程度是营造一个好的环境、投资环境，然后把全球的境外的好的企业引进来，或者是把别的地方好的民营企业、好的国有企业、好的央企引进来发展。这个模式成功的地方就在于，领来的"孩子"往往都是"好孩子"。它的问题是，往往领来的"孩子"不亲，你给他好条件他就来了，当你的条件发生变化时他就走了。

还有一种模式叫"养孩子"模式，培育内生性的增长因素。这种模式的优点就是，你培育的市场经济的因素往往是能够扎根的；但不好的地方就是，你本地的企业一把鼻涕一把泪养的"孩子"不一定是"好孩子"。我们会发现这两种模式，好比广东的东莞是"领孩子"模式多一些，而佛山则是"养孩子"模式多一些。

邱震海：现在回头看，哪种模式更好呢？

张燕生：这两种模式现在都在发生变化。东莞模式发生危机时很多人走了，领来的"孩子"不能扎根。领来的"孩子"要扎根，必须要在"领孩子"的时候培养扎根的因素。比如把研发中心、设计中心、人才中心、资讯中心引到本地来，把产业链都引过来、扎下根，这样要走就不容易。还有东莞松山湖开始培养本地的高新技术企业，包括华为。

邱震海：这个经验扩展开来就是，在引进国外先进经验的同时，就必须把它与中国的实际结合起来，而且要把国外先进经验的精髓与中国的实际结合起来，使之成为十指紧扣的状态，这样就无所谓中外之分、内外之别，拒斥不容易，逃走也不容易。

张燕生：还有"养孩子"的模式如佛山。佛山过去 35 年的工业总产值是广东第二，仅次于深圳多于广州。放在全国，佛山的工业总产值 2 万亿，GDP 8000 亿，在全国都是优等生。但是，佛山的活力更多的是创业的活力，而不是创新的活力。企业有创业活力，但大都是本土企业，视野有限，要想创业活力转向创新活力比登天还难，怎么办？于是，佛山就对标德国、对标欧洲，把全国能够使全球做大做强做好的工业服务，和跨国公司的产业链供应链都引到佛山来，来帮助自己的草根企业转型升级。

邱震海：这个经验扩展开来就是，任何本土的东西如果不与国际先进的经验相结合，或者无论从心理上还是情感上对外来的先进经验有拒斥，那就可能将永远停留在本土的层次，视野、格局都将有限，发展潜力也将有限。

张燕生：这样一来你就会发现，无论是"领孩子"的模式，像东莞发生的变化，还是"养孩子"的模式，像佛山发生的变化，一种模式走向极限时，它便开始向另外一种更好的模式学习。因此，新35年要想做好顶层设计，一方面就是怎么能够与国际规范现代法治、现代市场经济、现代开放文明对接，也就是说我们讲的叫"领孩子"模式，开门学习；另一方面，同时要"养孩子"，怎么把本地的内生的增长因素，让它走向现代，走向未来。

邱震海：这其实是一个顶层设计的过程，而这个顶层设计的过程需要视野、格局、境界和胸怀。

张燕生：35年的顶层设计，实际上是要创造，在一个更高的层次和水平上中国特色和国际规范之间的混合和对接。目的就是，把国际规范的好的东西，和本地内生性的因素结合起来，然后使它们强强联合，与国际接轨，同时又有中国的路径依赖。就这一点对我们的未来来讲，是未来35年顶层设计能不能成为方向或成为未来的模式。

专业化、国际化和顶层设计

我们的讨论一路进行到现在，一直没有脱离两大轨道，即：中国发展和世界趋势。在今天的新形势下，所谓的中国发展，首先是经济转型和持续改革；而所谓的世界趋势，既包括全球化浪潮，同时更包括科技革命的发展趋势。两者相加，有一些关键词就呼之欲出了，比如"终身学习""持续改革""解放思想"，再比如"顶层设计"等。

这些关键词看似老生常谈，其实对中国未来的发展至关重要。

写到这里，我又想起一个故事。

2012年春天，一位内地战略情报界的负责人士到香港特别行政区，在凤凰卫视总部接受了我的独家专访。由于身份的原因，这位人士出访境外需要层层审批。节目一播出，立刻在观众中引起了前所未有的反响和好评。"有料""有高度""思维缜密""战略眼光独到"等，都是观众发来的对这位人士的观点的好评。

"我常看你们的节目，对我很有启发。"没想到，这位战略情报界的负责人士居然如此谦虚。

"我们的评论都是站在局外人角度的看法。身处境外，我们不了解情况，在你们看来一定都是外行话或说不到位。"我这样回答他，说的有点谦虚，不过也确实是实情。

出乎意料的是，这位负责人士这样说："有时候，不了解情况反而能直接说出真理。了解情况当然有了解情况的好处，但也容易被湮没在情况里。不了解情况，有时反而能从更人性和更实际的角度提出问题。"

……

这么些年过去了，这位战略情报界的老将早已退出了工作岗位，但他当年说的这几句话，我却始终记得，不光是由于他的谦虚，更由于他说出的这份真理。

由此，我想起，我自己当年在主持谈话节目和邀请嘉宾时，有时也会刻意邀请一些局外人士。比如，2007年我主持一场关于两岸政治框架的电视讨论时，就刻意邀请了一位经济学家。这位经济学家在讨论中提出的思路，完全颠覆了两岸问题学者们常年的思维窠臼，令人耳目一新。再比如，在有关中国经济的电视讨论中，我会时常邀请一些经济学以外的人士：有一次我组织了一场《经济学家对话家庭主妇》的电视讨论，每当家庭主妇们对经济学家冗长、学究的分析提出人性的质疑时，其实给观众带来的是更多的思维冲击和扩展。

记得有一位企业咨询界的前辈曾对企业家们说："合作伙伴尽量不

要是同一个领域的，要跨界，而且跨得越远越好。"

……

战略情报界如此，企业管理界如此，那么其他各行各业的逻辑，其实也是大致相同、相通的。

我与张燕生的对话在继续：

邱震海：跨界、整合的思维，无论对今天的理政治国等宏观层面，还是对企业管理的微观层面，其实都是十分需要的，而且随着时间的推移，还将越来越显示出其重要性和迫切性。

张燕生：刚才讲的一个是顶层设计，还要讲讲新35年连续推动改革的动力是什么，如果不能够连续推动改革，风险是什么。这个风险就是：无论在哪个阶段，只要停顿了，动态学习、动态进步的动力就可能会落入"中等收入陷阱"，也可能像日本那样落入高收入国家陷阱，就会停顿到一个点上。

从这个角度来讲，中国人要想能够解决自己新35年，避免我们陷入中等收入或高收入陷阱，能够在新35年的三个不同阶段能连续推动下去，我的第一个看法就是开放。因为你只有在全方位开放过程中间，才能够不断地跟上世界进步的步伐。而且只有开放的过程中间，才能满足不同阶段进步的结构，比如创新。新35年要变成创新驱动的国家，开放的氛围极其重要。有一个中国台湾地区的朋友，他是工研院过去的高管，他曾经问过我一个问题，大陆做研究的是大陆人，美国做研究是全世界的人，中国人做研究能够做到顶尖呢，还是全球人做研究做到顶尖？一定是全球人。

邱震海：李光耀讲过一句话，中国人是在14亿人中寻找人才，美国是在全世界的人中间寻找人才。两者相比，高低立现。不过，这一点在目前中国顶级的科学研究中已经有所改变，比如在前面谈到的人工智能领域里，包括百度在内的一些公司已经在全球范围内物色顶级的全球科学家参与研究。但是，在一些非顶级的领域里，中国吸纳全球人才的大门却似乎依然没有敞开。

张燕生：也不能这样说。我在调查中看到，中国优秀企业和优秀地方政府，他们现在已经开始从全球选人才。像浙江萧山一个民营化工的小企业，一年销售额四五亿元人民币，它引进了两个团队。一个团队是美国人，其中有六个人来自美国杜邦集团的技术研发的团队，在那已经工作了六到七年。还有一支团队来自日本，日本的精益管理。地方的高新区出现越来越多的外国人。中国正在不断地转型升级往上走，开始通过全方位的逻辑合作支持往上走。那么，重要的是，我们用什么方式才能吸引到全世界最优秀的人才？要想吸引全球最优秀的人，首先要有能够吸引他们的平台和环境。

邱震海：这是一个可喜的变化。这几年，中国发生的变化看似潜移默化，其实聚集起来就是一个很大、很实质性的变化。这几年，在中国几乎每一天都能感受这种变化，有时一两个月就可能发生很大的变化，不保持开放、敏锐、终身学习的态度，很可能一两个月你就落伍了。

张燕生：这种感受很切实，也很能说明问题。中国下一步要打造"世界级城市群"，无论在长三角、珠三角、京津冀、长江中游城市群，还是东北城市群，现在这些城市群在竞赛，在新35年谁能率先成为世界级的城市群，谁就能率先成为世界城市。也就是说看谁能够在高端领域，研发创新的领域、金融领域、行业领域，包括专业服务，在这方面吸纳全球最优秀的人才、最优秀的企业、最优秀的市场，开展这种竞赛。

邱震海：我一直认为：中国民间目前的状态很好。但是，要进一步发展，就需要在机制上加强改革。这就又回到了刚才我们讨论的问题，即官员的开放、专业程度要加强，体制的开放、国际化程度要加强，改革的持续推进要加强。

张燕生：同意！要打造世界级的城市群和世界城市，首先是体制机制的问题，生态、绿色、环保、环境，及国际化的环境。因此，下一步中国想获得连续增长的动力，必须要开放。

第二个下一步要解决的问题，还是要构建出一个法治的、公平的、透明的和更好的体制机制。什么概念呢？未来的发展，现在香港地区就遇到一个大问题，老百姓、年轻人、妇女都不高兴，房子太贵，他们获得的利益不多；中国台湾地区遇到同样的问题。美国遇到什么问题，中国遇到什么问题，也是这个问题。发展不是每个人都有机会参与，不是每一个人都有机会共享发展的成果，就是现在讲的发展的共享、包容。它总是让大企业能够获得更多的利益，金融能够获得更多的利益，上层民众获得更多的利益，这样的话就会缺少市场的扩大分散的和来自民间的动力。从这个角度来讲，下一步的改变，就是十八届五中全会提出的新发展理念，创新、协调、绿色、开放、共享。

第三个下一步要解决的问题，在哈萨克斯坦参加阿斯塔纳论坛的马云在论坛发表演讲，马云在 2016 年 3 月博鳌论坛也做了同样的演讲。马云最近推的是电子商务的国际化，这种国际的开放的平台，有点类似"EWTO"或"EWPI"。什么概念呢？"互联网+"和新一代数字技术，"互联网+"也好、新一代数字技术也好，都是分散化、定制化和智能化的技术，会产生无论国内行政区划还是国际的跨越边界，是小企业和普通人参与的以现代的信息技术打造的信息的全球化。这样一来，完全是自下而上的，是以现代技术形成的，因此对中国来讲怎么把握住时机，才能在新 35 年使未来的改革往前推进，而不是陷入"中等收入陷阱"，必须要有内在的力量和外部的压力，迫使你往前走。

邱震海：还有一个相对重要的，像我们常说的一个年龄段要做这个年龄段该做的事，20 岁不能做 40 岁的事，40 岁不能重复 20 岁的事。20 岁做 40 岁的事不现实，年轻时要有激情，中年时要有理性。年轻人有理智就没有激情了，年纪大有激情又没有理智了，只做好改革，目前看是有后遗症的，但只能这样改。像住房改革那个阶段只能这样改。问题是我们还看不到 10 年以后的后果，但 10 年以后、5 年以后发现问题却不能及时纠正，就会形成后遗症。

像分税制改革，从当年情况看这步是必需的，但后来没有及时调整。现在来看，未来35年一定不能按照这个模式走，不能说未来35年还是在第35个年头才做这个事，后35年发现有后遗症，再去解决后遗症留下的许许多多的问题，最好能有顶层设计，微观可以微调，但宏观要有大的设计。党的十八大后提出现代国家治理体系的问题，这涉及方方面面，除了经济上的协调、内外压力等，还有法治、社会，关于怎么协调专业人士、政府、社会还有公民之间的关系，其中法治的进程涉及几千年的文化，涉及体制，这一步不走完不开启肯定不行。